LUFTBILDARCHÄOLOGIE

Archäologische Spurensuche aus der Luft

ARCHÄOLOGIE IN DEUTSCHLAND

Baoquan Song, Klaus Leidorf und Eckhard Heller

LUFTBILDARCHÄOLOGIE

Archäologische Spurensuche aus der Luft

Methoden und Techniken – Klassisch und virtuell

wbg THEISS

144 Seiten mit 120 Farb- und 37 Schwarzweißabbildungen

Die Deutsche Nationalbibliothek verzeichnet diese Publikation in der Deutschen Nationalbibliografie; detaillierte bibliografische Daten sind im Internet über http://dnb.de abrufbar.

wbg Theiss ist ein Imprint der wbg.

Die Herausgabe des Werkes wurde durch die Vereinsmitglieder der wbg ermöglicht.

Umschlagabbildung: Das römische Kastell Abusina (im Hintergrund) mit dem dazu gehörigen Vicus (im Vordergrund), bei Eining, Landkreis Kelheim, Niederbayern, aufgenommen am 05.07.1988 von Klaus Leidorf.
Frontispiz: Vorgeschichtliche Grabhügel bei Bruckberg; Landkreis Landshut, Niederbayern, aufgenommen am 29.01.2011 von Klaus Leidorf.
Gestaltung: Melanie Jungels, Satz | Layout | Bild, Gensingen
Herstellungsbetreuung: Ilka Schmidt, wbg, Darmstadt
Redaktion: Eva Pasch und Holger Kieburg, wbg, Darmstadt
Repros: Helmut Ludwig, Satz | Layout | Bild, Gensingen

Gedruckt auf säurefreiem und alterungsbeständigem Papier
Printed in Europe

Besuchen Sie uns im Internet: www.wbg-wissenverbindet.de

ISBN 978-3-8062-3887-7

INHALT

Dieses Buch ist dem großen Luftbildarchäologen
Herrn Dr. h.c. Otto Braasch gewidmet

VORWORT

Die Idee zu dem vorliegenden Einführungswerk „Luftbildarchäologie" ist aus meiner Praxis der langjährigen Lehr- und Forschungsarbeit an der Ruhr-Universität Bochum entstanden. Sie ist die einzige deutsche Universität, in der das Fach der Luftbildarchäologie in der Forschung und im Lehrbetrieb seit etwa zwei Jahrzehnten personell etabliert ist. Schon vor Jahren begannen Klaus Leidorf und ich uns über ein gemeinsames Buch zum Thema Luftbildarchäologie auszutauschen. So wollten wir die themenbezogenen Gegebenheiten sowohl in Süd- als auch in Norddeutschland, entsprechend unserer hauptsächlichen geographischen Arbeitsbereiche (Klaus Leidorf im Süden, ich im Norden) wiedergeben.

In den 1980er und 90er Jahren wurde europaweit umfangreiche Fach- und Sachliteratur zur Luftbildarchäologie und deren Forschungsergebnisse veröffentlicht. Dies führte nicht nur zu einem großen Fortschritt in der Methodik, sondern steigerte auch die Bekanntheit der Luftbildarchäologie im Fach- und Interessentenkreis enorm. Im vergangenen Jahrzehnt nahm die Anzahl der Veröffentlichungen jedoch wieder stark ab. Neue Forschung und Entwicklungen wurden bestenfalls als Aufsätze publiziert. Im Allgemeinen kann festgehalten werden, dass bisher ein aktuelles und umfassendes Überblickswerk zur Luftbildarchäologie fehlt.

Die Methoden und Techniken, die der Luftbildarchäologie zugrunde liegen, entwickelten sich seit der Jahrtausendwende ausgesprochen rasant. Digitalfotografie, computerbasierte Luftbildauswertung, GPS, GIS, LiDAR/Airborne laserscanning und 3D-Technologie sowie maschinelles Lernen/neuronale Netze – nur um einige Beispiele zu nennen – finden heute eine breite Anwendung in der Archäologie. Das Zeitalter der digitalen Luftbildarchäologie hat schon längst begonnen und zudem eröffnet der freie Zugang zu vielfältigen Geodaten durch verschiedene Geoportale wie Geobasis NRW, Tim-online, Google Earth usw. sowie standardisierte Schnittstellen wie der Web Map Service (WMS) der archäologischen Forschung schier unendliche Möglichkeiten. Es stellt sich nun auch die Frage, wie zukünftig mit diesen technologischen Errungenschaften, die in ausschlaggebendem Maße über die Zukunft der archäologischen Forschung und deren Erfolge bestimmen können, umgegangen wird. Das vorliegende Buch stellt somit auch einen Versuch dar, Antworten und Hinweise auf diese Fragestellung zu finden.

Seit den 1990er Jahren wurden naturwissenschaftliche Techniken und Methoden in großen Schritten und im breiten Spektrum in die Archäologie integriert. Neben den klassischen Methoden wie C^{14}-Datierung und Dendrochronologie kommen eine Reihe neuer Verfahren wie beispielsweise Thermolumineszenzdatierung, Isotopenanalyse bei der anorganischen und organischen Materialanalyse, DNA-Untersuchungen im Bereich Paläogenetik, regionale Herkunftsbestimmung durch die Analyse mitochondrialer und Y-chromosomaler Haplotypen oder forensische Untersuchungen zum Einsatz.[1] Die Integration geschieht seit jeher in enger Zusammenarbeit zwischen Naturwissenschaftlern unterschiedlicher Disziplinen und Archäologen. Für diese Interdisziplinarität ist die archäologische Prospektion mit geophysikalischen Messungen wie Magnetik, Elektrik, Bodenradar (GPR) ebenfalls ein gutes Beispiel. Dabei beschäftigen sich Geophysiker einerseits zunehmend mit archäologischen Fragestellungen, andererseits lernen Archäologen immer mehr mit Prinzipien, Methoden und Techniken der Geophysik umzugehen. Messgeräte wurden nicht nur kleiner und handlicher, sondern auch durch den Einsatz moderner Informationstechnik von Fachfremden leichter bedienbar. Dies führt dazu, dass geophysikalische Messungen nicht nur von Geophysikern, sondern auch zunehmend von Archäologen selbstständig durchgeführt werden. Vor allem bei der Auswertung und Besprechung der gemessenen Daten findet ein intensiver Austausch zwischen Naturwissenschaftlern und Archäologen statt. Auf diese Art und Weise werden geophysikalische Verfahren, ähnlich wie die stratigraphische Methode, die ursprünglich von der Geologie entlehnt wurde, durch die Archäologie adaptiert.

Die chinesische Kalligraphie des Künstlers LIN Deqian bedeutet sinngemäß übersetzt: „Wie der sagenhafte Vogel Rock, der zehntausend Meilen weit fliegt, so möge der Luftbildarchäologe eine glänzende Karriere vor sich haben."

Dies wird durch eine große Anzahl von erfolgreichen Einsätzen in jüngster Zeit belegt.[2]

Was die Luftbildarchäologie betrifft, so scheint ihre Integration in die Archäologie etwas zögerlicher zu verlaufen. Luftbildarchäologie galt lange Zeit als ein Hilfsinstrument der Forschung und Denkmalpflege und gehörte als solches zu den Prospektionsmethoden. In der Wahrnehmung vieler Archäologen war bzw. ist sie eine rein technische Angelegenheit, die häufig Vermessungsingenieuren oder Piloten überlassen wurde und wird. Diese fehlende Anerkennung kann die oft parallele Entwicklung der Luftbildarchäologie und Feldforschung erklären; auch das Potential der Luftbildarchäologie kam dadurch kaum zur Geltung. Sie enthält in der Tat viele naturwissenschaftliche Komponenten, ist allerdings keine reine Nutzung technischer bzw. naturwissenschaftlicher Techniken. Natürlich erfordert sie spezielle technische Kenntnisse, im Grunde genommen stellt sie jedoch selbst eine Anwendung in der Archäologie dar. Wie erfolgreich diese Anwendung ist, hängt nicht nur von der Qualität der Techniken ab, sondern vor allem von der Fachkompetenz derjenigen, die sich dieser Techniken bedienen, d. h. Luftbildarchäologie kann nur erfolgreich betrieben werden, wenn Archäologen selbst lernen, die entsprechenden Techniken zu „beherrschen" oder auch umgekehrt, durch „Techniker", die sich zusätzlich archäologisches Fachwissen aneignen und sich mit archäologischen Fragestellungen beschäftigen.

Das vorliegende Buch kann in solchen Fällen vielleicht Abhilfe schaffen. Es soll einerseits Archäologen ermöglichen, sich mit relevanten Methoden und Techniken vertraut zu machen, andererseits soll es Wissenschaftler aus den Natur-, darunter insbesondere den Geo- und Ingenieurswissenschaften, mit notwendigem archäologischem Fachwissen ausstatten. Es soll im Studium und in der Forschung als Lehrmaterial mit praxisbezogenen Beispielen dienen, gleichzeitig soll es auch interessierten Laien eine völlig neue und spannende Perspektive der Archäologie eröffnen. Hierbei wurde insbesondere Wert auf eine Auswahl eindrucksvoller und qualitativ hochwertiger Luftbilder von vielfältigen archäologischen Objekten und Monumenten gelegt.

Durch digitale, informationstechnische Fortschritte und die damit gewonnene politische Liberalisierung wird es möglich, in immer mehr Ländern bzw. Regionen Luftbildarchäologie durchzuführen bzw. zu etablieren. Dieses Buch bietet daher auch eine Übersicht über die methodischen Einsatzmöglichkeiten der Luftbildarchäologie in verschiedenen Natur- und Kulturlandschaften. Das verwendete Luftbildmaterial stammt überwiegend aus jüngsten Forschungsprojekten in China, Deutschland, Georgien, Iran, Italien und Japan.

Ich bin sehr froh darüber, Klaus Leidorf und Eckhard Heller als Co-Autoren für das vorliegende Werk gewonnen zu haben. Klaus Leidorf ließ sich mit Unterstützung der Gesellschaft für Archäologie in Bayern von dem namhaften Luftbildarchäologen Otto Braasch in Landshut ausbilden. Seit 1989 fliegt er als Freiberufler für das Bayerische Landesamt für Bodendenkmalpflege. Mit Hunderten von Flugstunden pro Jahr prospektierte er nicht nur Landschaften in Bayern, sondern auch andere Regionen in Hessen, Thüringen, Sachsen und Niedersachsen. Seine Leistung besteht nicht nur in zahlreichen neuen Entdeckungen, sondern vor allem in der systematischen Untersuchung und Dokumentation der betroffenen Regionen. Im Laufe der Zeit entwickelte er ein tieferes Verständnis und eine Bewunderung für die beflogenen Kulturlandschaften und weiß, wie man sie mit fotografischen Mitteln aus der Vogelperspektive am besten vermittelt.

Eckhard Heller ist Dipl.-Ing. für Vermessungswesen mit den Schwerpunkten Satellitengeodäsie, Fernerkundung und Photogrammetrie. Bereits seit seiner Studienzeit interessiert er sich für die Luftbildarchäologie. Neben seiner beruflichen Tätigkeit bei einer Landesbehörde in Niedersachsen betreibt er leidenschaftlich die von ihm geprägte „Virtuelle Luftbildarchäologie", bei der man mit Hilfe zahlreicher Luft- und Satellitenbilder, die verschiedene Geoportale kostenfrei anbieten, nach archäologischen Spuren aus verschiedenen ur- und frühgeschichtlichen Epochen sucht. In seinen zahlreichen, auch internationalen Fachpublikationen nutzt er Methoden der Geoinformatik und der digitalen Bildverarbeitung. Die hier gesammelten Erfahrungen könnten uns dabei helfen, künftig mit den unendlichen, multivariaten Fernerkundungsdaten umzugehen.

Kapitel 1.1, 1.2.1, 1.2.2, 1.3, 2, 3 und 5.2 wurden von mir verfasst; hierbei wurden die Inhalte der Kapitel 2 und 3 intensiv mit Klaus Leidorf abgestimmt. Kapitel 1.2.3, 1.2.4, 4.1, 4.2, 5 und 6 wurden von Eckhard Heller und mir gemeinsam, und Kapitel 4.3, 4.4, 4.5, 4.6 und 5.1 von Eckhard Heller geschrieben. Klaus Leidorf und ich stellten jeweils etwa die Hälfte der im Buch verwendeten Luftbilder zur Verfügung, während eine kleine Anzahl von Luftbildern (Beispiele zu zweckfremden Luftbildern) von dritten Herstellern stammt.

Beim Schreiben erhielt ich tatkräftige Unterstützungen von Kollegen und Freunden an der Ruhr-Universität Bochum. An dieser Stelle bedanke ich mich bei Michael Benecke, unserem ehemaligen Fotografen im Institut für Archäologische Wissenschaften, für die nützlichen Ratschläge zum Thema Fotografie und beim Archäologen Thorsten Rabsilber M.A. für den Test mit der 3D-Modellierung der Altstadt Aachen. Bei den Geographen Prof. Dr. Carsten Jürgens, Dr. Judith Lazewski-Heering M. Sc. und Nicolai Moos M. Sc. der AG Geomatik der Fakultät für Geowissenschaften bedanke ich mich ganz herzlich für die langjährige Zusammenarbeit im Bereich der Landschaftsforschung und GIS-Anwendung. Bei Marten Stübs B.A. Sc. bedanke ich mich für den intensiven Erfahrungsaustausch und die Zusammenarbeit im Bereich geophysikalischer Messungen. Von dem Klimatologen Malte Fliegner erhielt ich dankenswerterweise wichtige Wetterdaten für unsere methodischen Untersuchungen.

Bei Martin Schaich M.A., Fa. ArcTron, möchte ich mich für das eingehende Beratungsgespräch zum Thema Airborne Laserscanning ganz herzlich bedanken. Nur dank des geduldigen und frequentierten E-Mail-Verkehrs mit ihm konnten wir u. a. Parameter für die Befliegung in Südjapan festlegen und den ersten Test erfolgreich durchführen. Auch dank seiner Empfehlung arbeiten wir nun eng mit Prof. Dr. Michael Doneus von der Universität Wien bei der Auswertung der Testdaten zusammen.

Eckhard Hellers Dank gilt Dipl.-Ing. Frank Thiemann vom Institut für Kartographie und Geoinformatik der Leibniz-Universität Hannover, der ihn bei der Behandlung des Themas „Machine Learning" beriet, zum anderen Dr. Hildegard Nelson und Dr. Utz Böhner vom Niedersächsischen Landesamt für Denkmalpflege für die Unterstützung in Sachen Archäologisches Informationssystem (des NLD-ADABweb). Sein Dank gilt im Besonderen Prof. Dr. Walter Schuhr für die vielen fruchtbaren Gespräche und Diskussionen zur Archäologie und Photogrammetrie zu Beginn der 80er Jahre an der Leibniz-Universität Hannover, die Hellers Anfänge in der Luftbildarchäologie unterstützten. Desweiteren wird Dr. Karsten Jacobsen gedankt, der es ermöglichte, im Rahmen seiner Diplom-Arbeit die Luftbildarchäologie unter dem erweiterten Aspekt der Fernerkundung zu betrachten.

Baoquan Song
Bochum, 15. 06. 2018

1 EINLEITUNG

Luftbildarchäologie fungiert heute in vielfältiger Form als eine Prospektionsmethode in der Archäologie und Bodendenkmalpflege. Im Laufe der Zeit sind verschiedene Methoden entwickelt worden. Zum Standard gehören mittlerweile die Flugprospektion, Luftbildinterpretation und Luftbildmessung. Im Zuge des Digitalisierungsprozesses kommen immer mehr neue Verfahren hinzu. Einzeln oder kombiniert eingesetzt machen sie es möglich, archäologische Feldforschung in ausgedehnten Regionen schnell, effektiv und auf finanziell vertretbarer Basis durchzuführen.

Die Stärke der Luftbildarchäologie liegt in der nicht-invasiven Erkundung unterschiedlich erhaltener Bodendenkmäler, die anhand von Merkmalen (direkte oder indirekte Spuren) aufgespürt, untersucht, vermessen und erforscht werden. Basierend auf den am Boden gewonnenen Kenntnissen und Geländeerfahrungen werden Merkmale zuerst funktional bestimmt, d. h. als Spuren von Siedlungen, Gräberfeldern, Befestigungen oder Infrastrukturen wie Wegen, Straßen, Wasserleitungen etc. identifiziert und klassifiziert, und dann mit Hilfe einer Charakterisierung der Luftbildbefunde (Befundtypologie) zeitlich und kulturell bestimmt und eingeordnet. In diesem Zusammenhang ist an dieser Stelle zu betonen, dass nur die Feldarbeit am Boden letztendlich Belege bzw. Hinweise auf die endgültige Verifizierung der Luftbildansprache liefert.

Ergebnisse der Luftbildarchäologie werden in jüngster Zeit mit Hilfe Archäologischer Informationssysteme im Bereich Datenerfassung, Datenverarbeitung und Datenverwaltung sowie Raumanalyse und Ergebnispräsentation sowohl quantitativ als auch qualitativ ausgewertet und nutzbar gemacht. Diese Verfahren bilden die solide Basis, um Kulturlandschaften durch fast die gesamten ur- und frühgeschichtlichen Epochen hindurch zu erforschen.

1.1 Was ist eigentlich Luftbildarchäologie?

Luftbildarchäologie wird als eine der wichtigsten Methoden der archäologischen Prospektion angesehen. Archäologische Prospektion bedeutet heutzutage sowohl die Erkundung neuer als auch die eingehende Untersuchung bereits bekannter Fundstätten bzw. Bodendenkmäler prähistorischer und historischer Kulturen, ohne diese auszugraben. Gerade weil die Prospektionsmethoden im Gegensatz zu Grabungen berührungslos und somit zerstörungsfrei arbeiten, spielen sie in der Archäologie und vor allem in der Bodendenkmalpflege eine immer bedeutendere Rolle.

Die Archäologie baut auf den materiellen Hinterlassenschaften einer mehr oder minder weit zurückliegenden menschlichen Vergangenheit auf. Aus diesem Grund ist diese geisteswissenschaftliche Disziplin ein sich ständig erweiterndes Fachgebiet, das auch der Mitwirkung einer Vielzahl naturwissenschaftlicher Verfahren bedarf. Genau aus diesem Grund rangiert die Luftbildarchäologie zwischen Geistes- und Naturwissenschaften. Sie ist ein Einsatzgebiet interdisziplinärer Wissenschaft. Die betreffenden Naturwissenschaften leisten der traditionellen Archäologie hierbei aber mehr als nur eine Hilfestellung. Der Kontakt mit den immer weiter fortschreitenden Naturwissenschaften beeinflusst im erheblichen Maße die Art und Weise luftbildarchäologischer Arbeit. Eine direkte Folge hiervon ist zwangsläufig die ständige Modifizierung ihrer Methoden und Forschungskonzepte.

Die Luftbildarchäologie ist im weitesten Sinne ein Anwendungsgebiet der Fernerkundung. Da die Methoden der Fernerkundung infolge technischer Neuerungen ständig verbessert und erweitert werden, gibt es im Laufe dieser Entwicklungen eine Reihe von Bezeichnungen und Definitionen für ihre Anwendungsform in der Archäologie.

1.1.1 *Begriffe – Luftbildforschung und Archäologie aus der Luft*

Mit der Erfindung der Fotografie und des Flugzeugs entstand Anfang des 20. Jahrhunderts eine Wissenschaft, die man als Luftbildforschung bezeichnete. Darunter verstand man die Gewinnung von Informationen für diejenigen wissenschaftlichen Disziplinen, welche die Vorzüge der Vogelperspektive ausnutzen und die hiermit verbundenen grundrissmäßigen Abbildungen der Erdoberfläche auswerten. Bezüglich der Methoden beinhaltete die Luftbildforschung zwei große Bereiche, nämlich die Luftbildinterpretation und die Luftbildmessung. Die Luftbildinterpretation ist auf die visuelle Deutung von Luftbildinhalten ausgerichtet, während die Luftbildmessung, die im Fachjargon als Photogrammetrie bzw. Aerophotogrammetrie bezeichnet wird, eine Messmethode darstellt, mit der man Lage, Größe und Form von Objekten mit Luftbildern mathematisch durch Triangulation rekonstruiert. In der Praxis kann man die beiden Methoden oft nicht streng voneinander trennen.

Für die Anwendung der Luftbildforschung in der Archäologie wurden im Laufe der Entwicklung verschiedene Bezeichnungen benutzt. In früheren deutschen Publikationen begegnet man Begriffen wie *Archäologische Luftbildforschung*, *Archäologie aus der Luft*, *Archäologische Luftbildprospektion* oder *Luftarchäologie*; im Englischen *aerial archaeology* oder *air photo-archaeology*, im Spanischen *arquelogía aérea* und im Französischen *archéologie aérienne*. Zurzeit liest man in deutschsprachigen Publikationen immer häufiger den Begriff Luftbildarchäologie, obwohl manche Forscher diesen Begriff für „im höchsten Maße irreführend" halten.[3] Diese Bezeichnung ist in der Tat nicht streng wörtlich zu nehmen und bedarf genauerer Erläuterung. Darauf werden wir im nächsten Abschnitt eingehen.

Die Luftbildforschung entwickelte sich weiter und erreichte dank der modernen Technik eine neue Dimension. Seit den 1960er Jahren liefert die Weltraumfahrt auch Informationen über die Erde. Für diese indirekte Gewinnung von Informationen aus dem fernen Weltraum wurde im Weltraumfahrtzentrum der USA der Begriff „remote sensing" geprägt, den man später mit „Fernerkundung" übersetzte. Obwohl ursprünglich nur auf die Informationsgewinnung aus dem Weltraum mittels Satelliten bzw. anderer Raumfahrzeuge beschränkt, hat sich der Begriff im Laufe der Zeit auch für die Informationsgewinnung aus Flugzeugen eingebürgert. So versteht man heute unter Fernerkundung allgemein „die Gewinnung von Information über Art und Eigenschaften entfernter Objekte", ohne mit ihnen in direkten Kontakt zu kommen.[4]

Hiermit schließt die Fernerkundung definitionsgemäß die Luftbildforschung ein und kann deshalb als eines ihrer Anwendungsgebiete betrachtet werden. Wegen der hohen Kosten wurden die meisten Methoden und Techniken der Fernerkundung bis Ende der 1990er Jahre im kulturellen Forschungsbereich jedoch nur selten eingesetzt. Daher verstehen die europäischen Luftbildarchäologen, welche auf eine lange Forschungstradition zurückblicken können, unter der Fernerkundung nur diejenige Methoden, die sich der allerneusten Techniken bedienen,[5] während z. B. Wissenschaftler in den Vereinigten Staaten von Amerika schon längst allgemein von der Archäologischen Fernerkundung oder von der Fernerkundung in der Archäologie sprechen.[6]

Um die Jahrtausendwende setzt sich die digitale Fernerkundung langsam durch und die Bedeutung der Geoinformationssysteme (GIS) bei der Verarbeitung und Auswertung der Fernerkundungsdaten nimmt zu. Infolge dessen spricht man heute anstelle von Fernerkundung immer häufiger von Geomatik. Derzeit werden diese beiden Begriffe oft für denselben Inhalt bzw. dieselbe Methodik verwendet, obwohl sie geringfügige Unterschiede aufweisen. Während die Fernerkundung die „Informationsgewinnung aus der Ferne" betont, liegt der Schwerpunkt bei der Geomatik in der digitalen Erfassung, Verwaltung, Modellierung, Darstellung, Verbreitung und Vermarktung von raumbezogenen Informationen. Hierbei spielt die Fernerkundungstechnologie nach wie vor eine entscheidende Rolle. So gesehen wäre es nur eine Frage der Zeit bzw. der technischen Entwicklung, inwiefern man an Stelle von Luftbildarchäologie von Archäomatik sprechen kann. Methodisch gesehen werden sich die archäologische Prospektion, Feldforschung und Felddatengewinnung inklusiv Ergebnisse der Ausgrabungen auf jeden Fall mit Hilfe der Archäoinformatik allmählich zu einer methodischen Einheit weiterentwickeln. Dann würde man wohl von Archäomatik sprechen dürfen. Bis dahin ist es noch ein langer Weg und wir sollten zumindest vorläufig weiterhin den Begriff Luftbildarchäologie benutzen.

1.1.2 Definition – Was bedeutet der Begriff „Luftbildarchäologie"

Die erste Definition stammte von dem englischen Archäologen, O.G.S. Crawford aus der Pionierzeit der Luftbildarchäologie. 1938 bezeichnete er die Luftbildforschung in der Archäologie als die „Verwendung von Luftbildern für die Zwecke der archäologischen Bodenforschung".[7] Ein Jahr später gab Carl Troll eine ähnliche, etwas detailliertere Definition – sie lautet: „Die Anwendung von Bildern für archäologische Zwecke, gleichgültig wo und wann sie gemacht oder vom wem sie ausgewertet werden."[8]

Vor dem Zweiten Weltkrieg spielte die im Rahmen archäologischer Bodenforschung durchgeführte Auswertung (Interpretation, Messung und Kartierung) von Luftbildern, die für andere Zwecke (z. B. militärische Aufklärung, Vermessungsarbeit etc.) hergestellt worden waren, eine dominierende Rolle, obwohl Crawford und einige andere Forscher sich ständig um speziell archäologische Befliegungen und damit um Luftbilder mit archäologischer Zielsetzung bemühten. Einzelne Fundstellen, welche entdeckt, untersucht und dokumentiert wurden, standen im Mittelpunkt der damaligen Luftbildarchäologie.

Nach dem Zweiten Weltkrieg und insbesondere seit den 1960er Jahren wurde und wird die archäologische Befliegung, auch Flugprospektion genannt, in vorhandene Konzepte für Forschung und Denkmalpflege einiger Länder eingegliedert. Die Flugprospektion wird jetzt verstanden als „die Prospektionsmethode mit den Hilfsmitteln der Fliegerei und Fotografie zur Entdeckung und zur Dokumentation vermuteter archäologischer Fundstellen."[9]

Obwohl der Einsatz der Luftbildarchäologie den regionalen Verhältnissen und Möglichkeiten entsprechend Unterschiede in einzelnen Ländern aufweist, kann aber festgestellt werden, dass die Luftbildauswertung und die Flugprospektion bis heute als die grundlegenden Methoden der Luftbildarchäologie gelten, wobei die Flugprospektion in dicht besiedelten und von der Landwirtschaft stark geprägten Regionen, wie etwa Mittel- und West-Europa, eine größere Rolle spielt. In Osteuropa war Flugprospektion lange Zeit aus politischen Gründen nicht erlaubt. Nach dem Fall des Eisernen Vorhangs in den 1990er Jahren wurde die archäologische Befliegung erst im ehemaligen Ostdeutschland, in Polen, Tschechien, der Slowakei, Ungarn, Rumänien, Georgien etc. möglich. Dort haben sich die oben genannten beiden Methoden ebenfalls erfolgreich bewährt.

Methodisch bedingt ist einerseits in vielen Regionen eine ständig wiederholte Befliegung notwendig. Mehr als punktuelle Einsichten ergeben sich nur durch geduldige, jahrelang immer wiederkehrende Flüge im gleichen Gebiet zu verschiedenen Jahres- und Tageszeiten. Andererseits ist die Flugprospektion eigentlich nur eine von vielen Arbeitsvorgängen der Luftbildarchäologie, auch wenn sie so erfolgreich im Einsatz zu sein vermag. Die Luftbildarchäologie kann sich keineswegs nur auf die Flugbeobachtung und Luftbilddokumentation beschränken. Die Techniken zur Luftbildaufnahme und Fernerkundung können generell nur als ein Hilfsinstrument in der Archäologie fungieren, da sie der ständigen Überprüfung und der fachspezifischen Erfahrung auf dem Boden bedürfen. Erst wenn sie mit anderen archäologischen Verfahren zusammen eingesetzt werden, kann man die Kombination als ein wirkungsvolles feldarchäologisches Forschungsinstrument – die Luftbildarchäologie – betrachten. Wie Crawford einmal richtig betonte, besteht die luftbildarchäologische Arbeit in der Luft (Erkennen und Dokumentieren durch Flugprospektion und Luftbildauswertung), am Boden (Archivieren, Nachprüfen, Verifizieren, Analysieren und Interpretieren durch Recherche und Feldarbeit inklusive Feldbegehung und Ausgrabungen) und in der Publikation (Nutzung der Forschungsergebnisse u. a. durch Veröffentlichung). Es wäre also nicht korrekt, die Befliegung oder Luftbildinterpretation und Luftbildmessung einfach mit dem Begriff Luftbildarchäologie gleichzusetzen.

Luftbilder sind neuartige Dokumente von speziellem Wert und treten neben den bisherigen archäologischen Zeugnisformen wie z. B. Oberflächenfunden oder Grabungsfunden und -befunden auf. Aber die Informationen auf Luftbildern, die Luftbildbefunde, gleichen vor ihrer Auswertung verstreuten Mosaiksteinchen. Dies betrifft vor allem unzählige Schrägaufnahmen der Flugprospektion. Wir können sie normalerweise erst dann richtig verstehen und nutzen, wenn sie gründlich überprüft und anschließend kartografisch aufgearbeitet werden. Das bedeutet, die bei der Flugprospektion und Bildauswertung entdeckten Spuren sind in der Regel zunächst nur Anhaltspunkte für die Vermutung, dass es sich dort um archäologische Fundstellen bzw. Bodendenkmäler handeln könnte; für die Feststellung und gegebenenfalls für die zeitliche und kulturelle Einordnung von Bildbefunden ist nahezu immer eine eingehende Untersuchung am Boden erforderlich. Nur wenn die Flugprospektion bzw. die Auswertung zweckfremder Luftbilder mit den traditionellen Methoden der Archäologie langfristig auf einer vernünftigen Basis kombiniert angewandt wird, können die Möglichkeiten der Luftbilder als ein rein technisches Mittel erst sinnvoll und effektiv genutzt werden.

Der Begriff Prospektion stammt ursprünglich aus der angewandten Geophysik und wird dort als Bezeichnung für die Lokalisierung von Erz- oder Erdöllagerstätten verwendet. In der Archäologie bedeutet dieser Begriff erstens die Suche und das Aufspüren von unbekannten und zweitens die eingehende Untersuchung von bekannten Fundstellen mit Überresten vergangener Kulturen ohne Bodeneingriff.[10]

Die Luftbildarchäologie als Prospektionsmethode hat im Gegensatz zur traditionellen Methode nicht nur das Ziel, einzelne Fundplätze, die durch Ausgrabungen erforscht werden sollen, zu lokalisieren und die ersten Informationen über die Grabungsstelle zu liefern. Viel mehr besteht die Zielsetzung der Luftbildarchäologie in der systematischen Landesaufnahme und darauf basierend die Untersuchung von Kulturlandschaften. Das seit den letzten Jahrzehnten angestrebte Verfahren, das die traditionellen Prospektionsmethoden wie Feldbegehung, Survey, Bohrkernanalyse, mit den naturwissenschaftlichen Methoden wie z. B. Fernerkundung und geophysikalischen Messungen kombiniert, sollte den Aufbau einer soliden Grundlage hinsichtlich der archäologischen, geographischen und geomorphologischen Informationen mit weniger Zeit- und Personalaufwand ermöglichen. Hierbei wird die Luftbildarchäologie den Masseninput, den das Archäologische Informationssystem (die künftige Archäomatik) benötigt, liefern. In dieser Systematik besteht die Möglichkeit, die notwendigen Geländearbeiten, wie Ausgrabungen und Denkmalpflegemaßnahmen, rationeller und effektiver zu gestalten. Auf diese Art und Weise versuchen wir uns dem Forschungsziel der Archäologie anzunähern, die Besiedlungsgeschichte ausgedehnter Regionen und somit auch den Entwicklungsprozess der Naturlandschaften zu Kulturlandschaften zu erforschen und zu rekonstruieren.

1.2 Forschungsgeschichte – Seit wann gibt es die Luftbildarchäologie?

Luft- und Satellitenbilder sind heute für Archäologie und Denkmalpflege kaum wegzudenken. Sie helfen uns nicht nur unsere Feldforschung effektiv zu gestalten, sondern bieten vor allem Möglichkeiten zur Lösung von Problemen, die infolge rasanter Veränderungen unserer Landschaft durch intensive Landnutzung entstehen. Aber seit wann gibt es eigentlich die Luftbildarchäologie und wie hat sie sich im Laufe der Zeit bis zum heutigen hoch standardisierten Forschungsstand entwickelt?

Die Voraussetzung für die Entstehung der Luftbildarchäologie waren zwei technische Entwicklungen, nämlich die Erfindung der Fotografie und des Flugzeugs. Die Technik der Fotografie vom Ballon bzw. Flugzeug aus wurde vor und während des Ersten Weltkriegs im Grunde nur für militärische Zwecke entwickelt; im Zweiten Weltkrieg wurde die Luftbildtechnik noch einmal erheblich verbessert. Zugleich schuf die Militärluftaufklärung überall auf der Welt umfangreiche Archive, die zum Teil archäologisch auswertbare Luftbilder enthalten. Gerade in der Anfangsphase der Luftbildarchäologie vor und während des Zweiten Weltkrieges bestanden zeitweise enge technische wie personelle Beziehungen mit der Militärerkundungsfliegerei. Nach dem Zweiten Weltkrieg wurde die Luftbildtechnik der Zivilnutzung freigegeben und es entstand die Luftbildforschung, die von zahlreichen Geowissenschaften sowie der Archäologie angewandt wurde.

Seit den 1960er Jahren wurde die Satellitentechnik immer mehr weiterentwickelt und verfeinert. Heute verfügen die Satellitenbilder über eine Auflösung, die mit der von Luftbildern vergleichbar ist. Darüber hinaus wurde das sichtbare Licht der konventionellen Luftbildtechnik durch die Fernerkundungstechnik auf ein erheblich breiteres Spektrum erweitert. Neben Farbbildern können nun multispektrale Satellitenbilder mit Dutzenden von Kanälen inklusive Infrarot- und Radarsignalen genutzt werden. Dadurch wurde unsere visuelle Wahrnehmung wesentlich erweitert. Ähnlich wie die Luftbildtechnik vor dem Zweiten Weltkrieg wurde auch die Fernerkundungstechnik während des Kalten Krieges vom Militär vorangetrieben. Nach dem Ende des Kalten Krieges kam diese Technik auch der Zivilnutzung zugute. Während die Satellitenbilder bzw. Fernerkundungsdaten bis Ende der 1990er Jahre noch teuer käuflich erworben werden mussten, stehen heute hochauflösende Satellitenbilder kostenfrei im Internet zur Verfügung. Gleichzeitig schreiten die Informations- und Digitaltechnik in den letzten Jahrzehnten mit immer größeren Schritten voran. Das digitale Zeitalter hat schon seit Längerem angefangen und ein Ende dieser Entwicklung ist nicht abzusehen. Wir werden in den folgenden Abschnitten versuchen, die Forschungsgeschichte der Luftbildarchäologie infolge der technischen Weiterentwicklung nachzuzeichnen und das Forschungspotential im Digitalzeitalter zu erfassen.

1.2.1 Der Beginn vor 100 Jahren

Die Luftbildarchäologie blickt mittlerweile auf eine 100jährige Forschungsgeschichte zurück. Schon während des Ersten Weltkrieges nahmen Piloten der deutschen Fliegertruppe von 1916 bis 1918 unter der Anweisung des deutschen Archäologen Theodor Wiegand (1864–1936) Luftbilder für Feldforschung und Denkmalschutz im Nahen Osten auf. So wurden die ersten Erfahrungen mit der damals neuen Technik für die Dokumentation von oberirdisch sichtbaren Ruinenstätten gesammelt.[11] Als Prospektionsmethode zum Aufspüren von überwiegend nur noch unterirdisch erhaltenen Kulturdenkmälern wurde die Luftbildarchäologie erst in den 1920er Jahren von dem englischen Archäologen Osbert Guy Stanhope Crawford (1886–1957) und seinem französischen Kollegen Antoine Poidebard (1878–1955) entwickelt, beschrieben und jeweils in Großbritannien und Syrien angewandt.[12] Kurz vor dem Zweiten Weltkrieg gab es im Jahr 1938 Überlegungen, die Luftbildforschung zentral organisiert in die Archäologie und die Bodendenkmalpflege in Deutschland zu integrieren. Diese wurden aber infolge des Kriegsausbruchs nie umgesetzt.[13]

In Europa entstanden die ersten Luftbilder eines archäologischen Monuments 1906: zwei Bilder von Stonehenge. Ein Schräg- und ein Senkrechtbild dieses prähistorischen Baudenkmals wurde von einem englischen Offizier namens P.H. Sharpe bei einem Übungsflug vom Militärballon aus fotografiert.[14]

In den Jahren 1908–1911 fotografierten Ingenieur-Offiziere vom Ballon aus sowohl das Forum Romanum als auch die antike Hafenstadt Ostia.[15] Die damals von G. Boni auf dem Forum Romanum geleiteten Grabungen waren die ersten in der Geschichte der Archäologie, die durch Luftbilder unterstützt wurden. Ebenfalls vor dem Ersten Weltkrieg stellte Henry Wellcome Kastendrachen mit ferngesteuerten Kameras her und versuchte, seine Grabungsflächen im Sudan aus der Luft aufzunehmen. Crawford nahm an diesen Ausgrabungen teil. Beim Ausbruch des Krieges musste das Experiment leider aufgegeben werden.[16]

Alle diese früheren Luftaufnahmen ermöglichten zum ersten Mal einen Überblick über die betroffenen Kulturdenkmäler bzw. Ausgrabungen und besaßen hohen Dokumentarwert, allerdings führten sie nicht zur

Entdeckung von neuen Spuren. Denn die Einsatzmöglichkeiten der von Ballonen getragenen Kameras waren für die archäologische Prospektion und Forschung noch stark begrenzt.

Eine Wende in der Luftbildforschung bedeutete der Erste Weltkrieg, der die Entwicklung von Flugzeug- und Luftbildtechnik in hohem Maße vorantrieb. Neben militärischer Luftaufklärung (im Englisch „reconnaissance" genannt) wurde diese neue Technik bewusst im Rahmen von Denkmalschutzkommandos für die Archäologie eingesetzt. Eine direkte Verbindung von zivilen und militärischen Behörden ermöglichte in einigen Regionen sogar, die archäologische Geländearbeit mitten im Krieg durch notwendige Militärmaßnahmen zu gewährleisten. Bei den ersten archäologischen Lufterkundungen handelte es sich verständlicherweise um auffällige, oberirdische Kulturdenkmäler im Mittelmeerraum und im Mittleren und Nahen Osten.

Auf militärischen Luftbildern von Makedonien suchte der französische Archäologe Leon Rey nach antiken Siedlungsstätten. Die Luftbilder halfen dabei, die Frage der Ausdehnung und der geographischen Lage von sichtbaren Tells zu klären.[17]

Eine andere Initiative ging von dem deutschen Archäologen T. Wiegand, Chef des Deutsch-Türkischen Denkmalschutzkommandos, aus. Er ließ als erster Archäologe in großem Umfang Altertümer aus der Luft fotografieren. Wiegand trat mit dem Leiter der Feldflieger, Hauptmann Felmy, in Verbindung und veranlasste ihn zu Luftaufnahmen der Wüstenstädte. So entstand eine große Anzahl technisch erstklassiger Luftbilder spätrömischer und byzantinischer Ruinen in der Negev-Wüste und auf der Sinai-Halbinsel und sie diente „dem Zweck der Beschaffung eines möglichst umfassenden Materials zur Beurteilung des Denkmälerzustandes". Bei dieser Unternehmung wurde klar, dass man über schon bekannte, zum großen Teil völlig vom Sand verwehte Bodendenkmäler durch Luftbilder weitere Erkenntnisse erhalten konnte. Alte Karten und Stadtpläne wurden korrigiert und ergänzt.[18] Ein anderer deutscher Archäologe, Carl Schuchhardt, verwendete auch Reihenluftbilder deutscher Fliegertruppen für seine Arbeit über den Römischen Limes in der rumänischen Dobrudscha.[19]

In Mesopotamien beobachtete der englische Oberstleutnant G.A. Beazeley bei seinem Flugeinsatz über der Ebene des Tigris und des Euphrat scharfe Konturen alter Kanäle und Städte. Während seiner Vermessungsarbeit auf der Basis von Luftbildern fiel ihm auf, dass alte Ruinen, die praktisch am Boden unsichtbar oder unkenntlich waren, auf Luftbildern deutlich zu sehen und ziemlich leicht zu vermessen waren.[20] Bei allen oben genannten Untersuchungen wurden Luftbilder nie als endgültige Materialquelle benutzt, sondern stets im Rahmen der jeweils durchgeführten Geländebegehungen und Vermessungen.

Die Aufsätze von Beazeley über die Möglichkeiten zur Untersuchung archäologischer Fundstellen mittels Luftbilder erweckten das Interesse von Sir Marc Aurel Stein (1862–1943) an der Luftbildarchäologie.[21] Er bedauerte es sehr, dass er kein Flugzeug während seiner Expedition im chinesischen Turkestan (dem heutigen Autonomen Gebiet Xinjiang) zur Verfügung hatte. Es gibt nämlich entlang der Seidenstraße zahlreiche archäologische Kulturdenkmäler, die bis heute aufgrund der großen Ausdehnungen und schwierigen Zugangsmöglichkeiten kaum systematisch erforscht werden konnten.

Die wichtigste Anwendung der Luftbildforschung in der Archäologie, nicht nur als Methode zur Untersuchung von oberirdischen Fundorten aus einem erhöhten Beobachtungswinkel, sondern auch als solche zur Prospektion von unterirdischen Fundstätten, wurde eigentlich erst nach dem Ersten Weltkrieg im Jahr 1922 von O.G.S Crawford bei seiner Kartierungsarbeit richtig erkannt und erfasst. „It is the great merit of air photographs that they reveal earthworks upon ploughed land which are invisible to the observer on the ground, or which appear to him only as a confused tangle ... from the air an orderly system is visible. The bands of lighter coloured soil are the field boundaries of a vanished agricultural community; they consist of broad low banks; and their lighter colour is caused by the admixture of small grains of chalk. (Es ist das große Verdienst von Luftfotografien, dass sie Erdwerke auf gepflügtem

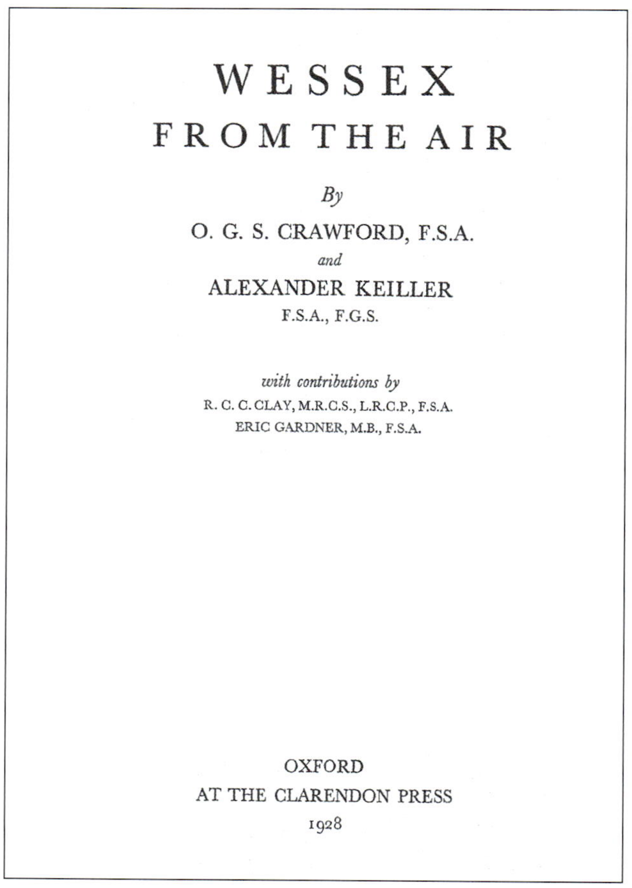
WESSEX
FROM THE AIR

By

O. G. S. CRAWFORD, F.S.A.

and

ALEXANDER KEILLER
F.S.A., F.G.S.

with contributions by
R. C. C. CLAY, M.R.C.S., L.R.C.P., F.S.A.
ERIC GARDNER, M.B., F.S.A.

OXFORD
AT THE CLARENDON PRESS
1928

Abb. 1
Titelseite des von O.G.S. Crawford und A. Keiller verfassten Buches „Wessex from the Air" aus dem Jahr 1928, ein Meilenstein in der Geschichte der Luftbildarchäologie.

Land offenbaren, die für den Beobachter auf dem Boden unsichtbar sind oder die nur ein unverständliches Gewirr zu sein scheinen … aus der Luft ist ein geordnetes System sichtbar. Die Streifen des heller gefärbten Bodens sind die Feldgrenzen einer verschwundenen landwirtschaftlichen Gemeinschaft; sie bestehen aus breiten niedrigen Banken; und ihre hellere Farbe wird durch die Beimischung von kleinen Kreidekörnern verursacht.)“[22] Crawford sah zum ersten Mal, dass Archäologen durch Erschließung der Luftbildtechnik ein Instrument nutzen konnten, das bei der Entdeckung verschwundener archäologischer Bodenstrukturen jeder Untersuchung am Boden weit überlegen ist.

In England kam die Luftbildarchäologie erst durch den gemeinsamen Flugversuch von Crawford und Keiller 1924 zur richtigen Entfaltung. Die Ergebnisse dieser Flüge wurden 1928 unter dem Buchtitel „Wessex from the Air“ veröffentlicht (Abb. 1). Die in dieser Flugaktion entstandenen Luftbilder sind beispielhaft und von hoher Qualität. Zum ersten Mal wurden Luftbilder von Archäologen selbst für ihren Zweck aufgenommen. Dazu meinte Irwin Scollar 40 Jahre später und gemessen an heutigen Maßstäben: „Der Erfolg ist verblüffend und ist es heute noch. Die Bilder entsprachen den höchsten Ansprüchen … Keine noch so sorgfältige Durchsicht bestehender Luftbilder zeigte solche Ergebnisse wie eigene Flüge mit eigenen Aufnahmen.“[23]

Methodisch haben Crawford und Keiller in dieser Arbeit die drei wichtigen Merkmale für die Flugprospektion und Luftbildinterpretation festgelegt, nämlich „shadow sites“ (Schattenmerkmale), „soil marks“ (Bodenmerkmale) und „crop sites“ (Bewuchsmerkmale), eine methodische Definition, die bis heute gültig ist. Darüber hinaus wies das Buch auf den richtigen Forschungsweg hin. Wie Crawford Jahrzehnte später selber zusammenfasste: „It was the work done in Britain in the air, on the ground and in publications that laid the foundations of the new technique between 1922 and 1927. (In Großbritannien war es die Arbeit, die in der Luft, am Boden und in Publikationen geleistet wurde, die zwischen 1922 und 1927 den Grundstein für die neue Technik legte.)“[24] Die in diesem Satz genannten drei Arbeitsgänge waren das Grundkonzept der späteren Luftbildarchäologie. An dieser Stelle muss man aber leider feststellen, dass diese drei Bestandteile in der heutigen Praxis nicht immer in angemessenen Proportionen beachtet werden.

Fast gleichzeitig kam der französische Forscher Antoine Poidebard bei der Arbeit in den Steppen und Wüsten Syriens zu der gleichen Schlussfolgerung wie Crawford. Poidebard erkannte auch den Vorteil des horizontal einfallenden Lichtes am frühen Morgen und am Abend, wenn lange Schatten kleinste Unebenheiten im Bodenrelief sichtbar machen. Er benutzte ebenfalls die Verfärbungen und Wachstumsunterschiede des Bewuchses für das Auffinden verborgener Monumente. Poidebard war der erste Forscher, der auf die Idee kam, Luftbilder für die Untersuchung und Erforschung von Ruinen unter Wasser einzusetzen. Im Auftrag der Französischen Geographischen Gesellschaft zur Erforschung des ökonomischen Potentials des nördlichen Syrien gelang es ihm, ab 1925 mit Unterstützung der französischen Luftwaffe nicht nur das gesamte ehemalige römische Wasserversorgungssystem einschließlich dessen Quellen, Zisternen, unterirdischen Kanälen und Staubecken zu rekonstruieren, sondern auch das komplette System der römischen Grenzbefestigungen im Bereich des Limes mit dem Flugzeug ausfindig zu machen.[25]

Die Methoden der Luftbildauswertung und der Flugprospektion wurden bis Anfang der 30er Jahre in ihren wesentlichen Grundzügen erarbeitet und veröffentlicht. In den folgenden Jahren wurde eine große Anzahl von Luftbildern für die Archäologie erstellt.

England stand weiterhin an der Spitze. Angeregt durch die Arbeit von Crawford beflog Major G.W.G. Allen (1891–1940), Ingenieur und Besitzer einer Firma, die Region um Oxford. Mit von ihm selbst verbesserter Fotoausrüstung und seinem eigenen Flugzeug begann Allen 1930 sämtliche Gebiete im Umkreis von 40 km seines Heimatflughafens Oxford zu erforschen. 1940 verunglückte Allen mit seinem Auto tödlich. Sein Werk „Discovery from the Air“ wurde posthum im Jahr 1984 in der Fachzeitschrift „Aerial Archaeology“ publiziert.[26]

Von 1938 bis 1939 hatte Aurel Stein mit offizieller Unterstützung der Regierung und der Iraq Petroleum Company die Möglichkeit, in Jordanien und im Nordirak zu fliegen. Die Royal Air Force stellte ihm Pilot, Flugzeug und Bodenpersonal für seine Erkundungsflüge des Limes im Irak und in Transjordanien zur Verfügung. Aurel Stein starb im Jahr 1943 und hinterließ einen ausführlichen Bericht seiner Arbeit, der 1985 ebenfalls posthum publiziert wurde.[27]

Die Ergebnisse einer etwa gleichzeitigen amerikanischen Kampagne der Flugprospektion im Iran unter der Leitung von Erich F. Schmidt wurden in einem großen Band mit vielen prächtigen Illustrationen veröffentlicht.[28] Der Zweite Weltkrieg und die nachfolgenden politischen Umstände verhinderten später, die Luftbildarchäologie im Mittleren und Nahen Osten weiterhin zu betreiben; eine Ausnahme stellte Israel dar.[29] Erst ab Ende der 1990er Jahren bestand allmählich wieder die Möglichkeit, luftbildarchäologische Forschungen in dieser Region durchzuführen.[30]

Besonders bemerkenswert ist, dass zwischen den Jahren 1933 und 1936 ein deutscher Pilot, Wulf Dieter Graf zu Castell, im Rahmen seiner Arbeit für die Eurasia Fluglinien Luftbilder von China aufnahm, die u. a. auch verschiedene Kulturdenkmäler wiedergaben.[31] Diese Bilder besitzen heute hohen Dokumentationswert, weil die meisten Denkmäler infolge der Sied-

Abb. 2
Kaisergrabanlage der Song-Dynastie bei Gongxian (heute Gongyi), Provinz Henan, Zentralchina (aufgenommen in den 1930er Jahren von Wulf Dieter Graf zu Castell).

lungsausdehnung planiert und überbaut worden sind (Abb. 2, 3, 4 und 5).[32]

In Deutschland wurde ab 1935 eine engere Zusammenarbeit zwischen den Archäologen und der Luftwaffe gefördert. Angesichts des enorm gestiegenen Interesses an Luftbildern veranstaltete die Lilienthal-Gesellschaft für Luftfahrtforschung in Kooperation mit den dafür zuständigen Ministerien am 21. und

Abb. 3
Stadt Luoyuan mit der Befestigungsmauer aus der Ming-Zeit, Provinz Henan, Zentralchina. Heute ist die historische Stadtanlage den modernen städtischen Baumaßnahmen zum Opfer gefallen (aufgenommen in den 1930er Jahren von Wulf Dieter Graf zu Castell).

22. März 1938 in Berlin eine Fachtagung über Luftbilder in der vorgeschichtlichen Forschung zum Austausch praktischer Erfahrungen in diesem Gebiet, und anschließend fand eine Luftbildausstellung statt. Die Vorträge der Tagung und die ausgestellten Luftbilder wurden mit einer Zusammenfassung der Tagungsergebnisse publiziert.[33] Leider konnten die organisatorischen und technischen Maßnahmen, die als Ergebnis der Tagung gemeinsam beschlossen worden waren, durch Ausbruch des Zweiten Weltkrieges nicht mehr in die Tat umgesetzt werden.

Die luftbildarchäologische Forschung ist während des Zweiten Weltkrieges, abgesehen von wenigen Ausnahmen in Großbritannien oder der Schweiz, überall in Europa zum Stillstand gekommen.

1.2.2 *Nach dem Zweiten Weltkrieg*

Im Zusammenhang mit dem Zweiten Weltkrieg, in der Vorbereitung und im Krieg selbst, wurde die Flug- und Luftbildtechnik rasant weiterentwickelt. Vor allem wurde das Verfahren für senkrechte und stereoskopische Serienbilder/Reihenbilder verbessert. Davon profitierte in der Nachkriegszeit u. a. auch die Archäologie. Die Methoden der Luftbildarchäologie wurden verfeinert. In England, unter Einfluss von Crawford, fotografierten noch während des Krieges die sog. Amateurarchäologen, die in der Regel als Piloten bei der Royal Air Force tätig waren, bei Militärübungsflügen archäologische Fundstellen. Derrick Newton Riley (1915–1993) war einer von ihnen. Er arbeitete damals als Fluglehrer auf einem Flugplatz von Oxford, sah fast täglich archäologische Fundplätze aus der Luft und nahm sie alle auf. Er berichtete regelmäßig von seinen Forschungen und behandelte zum ersten Mal in seinem Aufsatz „The Technique of Air Archaeology“ die Zusammenhänge der Boden- und Getreidearten, der klimatischen Verhältnisse und Jahreszeiten für die Ausprägung der Bewuchsmerkmale.[34]

Abb. 4
Buddhistischer heiliger Ort „108 Pagoden“ am Gelben Fluss im Kreis Qingtongxia, Autonomes Gebiet Ningxia (aufgenommen in den 1930er Jahren von Wulf Dieter Graf zu Castell).

Abb. 5
„108 Pagoden“ mit Tempelruinen am Gelben Fluss, durch Überflutungen sind die Tempelanalgen heute nicht mehr zu sehen (aufgenommen in den 1930er Jahren von Wulf Dieter Graf zu Castell).

Nach dem Krieg wurden die archäologische Luftbildinterpretation und Flugprospektion vor allem in Europa durchgeführt. Zahlreiche Denkmäler konnten dabei entdeckt und dokumentiert werden. Deren Schutz und spätere Erforschung war so entsprechend den Möglichkeiten der jeweiligen nationalen Organisation für die archäologische Forschung und Denkmalpflege gewährleistet. Senkrechte Luftbilder, die für die Aufklärung und später für die Vermessung in großer Menge aufgenommen worden waren, wurden für die archäologische Forschung ausgewertet. Der Erfolg einer solchen Luftbildauswertung hing zum Teil vom Erhaltungszustand der Denkmäler ab. Konnte man die Denkmäler noch an der Erdoberfläche erkennen, wie z. B. in vielen Mittelmeerländern, waren diese Bilder eine wichtige Quelle. Archäologische Flugprospektionen wurden meist dort praktiziert, wo feine Details der Bodendenkmäler auf kleinmaßstäbigen Messbildern nicht mehr sichtbar oder wo sie schon als unterirdische Merkmale nur noch unter günstigen Bedingungen zu finden waren. Institutionen wurden angesichts des wachsenden Interesses und des Bedarfs an Luftbildern gegründet. Solche Einrichtungen sollten dafür sorgen, dass die Luftbildarchäologie auch in der Bodendenkmalpflege intensiviert und mit anderer archäologischer Feldarbeit koordiniert wurde.

Sehr gute Forschungsarbeit leisteten wiederum englische Forscher. Zwei Offiziere der Royal Air Force, John S.P. Bradford und Peter Williams-Hunt, die sich für die Archäologie interessierten und als Luftbildauswerter im Krieg gedient hatten, machten in Italien und Jugoslawien sehr wichtige Entdeckungen. Bevor die Royal Air Force Italien verließ, konnten sie für eine befristete Zeit über Apulien fliegen und zahlreiche Senkrecht- und Schrägbilder aufnehmen. Die Senkrechtbilder boten hier den großen Überblick, ihnen folgten die Schrägaufnahmen von mutmaßlichen Spuren, die auf den Senkrechtaufnahmen zu sehen waren.[35] Die Luftbilder von Bradford und Williams-Hunt bewiesen, dass das Prinzip der Bewuchs- und Bodenmerkmale, das sich in England bewährt hatte, zumindest gebietsweise auch in Italien galt.

Nachdem Italien 1950 seine Lufthoheit wieder zurückerlangte, benutzten auch die italienischen Archäologen zunehmend die Luftbildtechnik. Die Entdeckung der in historischen Quellen erwähnten antiken Hafenstadt Spina war ein Verdienst der Luftbildauswertung. Diese schon längst von der Erdoberfläche verschwundene Stadt zeigte sich auf Luftbildern durch ein System von Bodenverfärbungen und Bewuchsveränderungen.[36]

Bradford dehnte seine Forschung nach seiner Rückkehr aus Italien auf andere Gebiete am Mittelmeer aus und bemühte sich darum, Senkrechtbilder der Alliierten zu sammeln und auszuwerten. Als Angestellter des Pitt-Rivers-Museums in Oxford hielt Bradford regelmäßig Lehrveranstaltungen zum Thema Luftbildarchäologie. Aus einer Vorlesungsreihe erwuchs sein Buch „Ancient Landscapes“, in dem er nicht nur einen Überblick über die Archäologie im Mittelmeerraum, sondern auch ein neues methodisches Konzept schuf: Landschaften als Biotop und topographische Einheit, die das Sich-Anpassen des Menschen an seine naturräumliche Umwelt und die komplette Geschichte einer Region dokumentieren.[37]

Parallele Arbeiten gab es in anderen Mittelmeerländern. So wurden römische Flursysteme in Tunesien von A. Caillemer[38] und römische Militär- und Zivilniederlassungen in Algerien von J. Baradez[39] umfassend dokumentiert und kartographisch aufgearbeitet. Politische Änderungen in Nordafrika, ähnlich denen im Mittleren Osten, unterbrachen dort die archäologische Luftbildforschung.

Die flächendeckende Prospektion mit Hilfe der Luftbildarchäologie wurde in den meisten westeuropäischen Ländern eigentlich erst seit Anfang der 1960er Jahre betrieben. Ausschlaggebend scheinen dafür zwei Faktoren gewesen zu sein. Der eine ist die dringende Notwendigkeit der archäologischen Landesaufnahme als Grundlage für eine effektive Bodendenkmalpflege; der andere ist der Zugang zu dem umfangreichen Luftbildmaterial und zur Fliegerei. Mit dem Ausbau der Allgemeinen Luftfahrt wurde es für westeuropäische Wissenschaftler immer einfacher, sich in die Luft zu begeben. Vor allem Archäologen vor Ort, die sich auf eine bestimmte Arbeitsregion konzentrierten, nutzten diese Chance.

In Frankreich wurde die Luftbildarchäologie in den 1950er Jahren mit großem Erfolg eingeführt. Neben der Auswertung vorhandener Senkrechtbilder[40] wurde Flugprospektion praktiziert. Dabei arbeiteten die Archäologen in den einzelnen Regionen äußerst sorgfältig und dokumentierten – ähnlich wie in England – die Fundstellen mit schrägen Luftbildern. Vor allem sind die Ergebnisse und Erfahrungen von Roger Agache (1926–2011) in Nordost-Frankreich von besonderer Bedeutung. Agache entdeckte eine große Anzahl von Fundstellen, vor allem gallisch-römische Villen, auf den ausgedehnten Lössgebieten Frankreichs durch Bewuchs- sowie Boden- und Feuchtemerkmale.[41]

Bevor das von den Alliierten nach dem Krieg über Deutschland verhängte Motorflugverbot im Jahr 1955 aufgehoben wurde, versuchte man hier, die von den Alliierten im Krieg angefertigten Luftbilder der Luftaufklärung für die Archäologie auszuwerten.[42] Nach dem Aufheben des Flugverbotes wurden in den meisten Bundesländern zunächst vereinzelt Luftbilder für Grabungsobjekte oder regional begrenzte Forschungsvorhaben angefertigt.[43] Die systematische Prospektion aus der Luft im Sinne der Luftbildarchäologie wurde erst allmählich nacheinander in mehreren Bundesländern eingesetzt.

1959 begann I. Scollar vom Rheinischen Landesmuseum in Bonn aus die systematische Flugprospektion im Rheinland durchzuführen.[44] In Süddeutschland blieb die Luftbildarchäologie zunächst der Initiative einzelner, in den regionalen Außenstellen tätiger Archäologen und weniger Sportflieger überlassen, die von Seiten des Bayerischen Landesamtes für Denkmalpflege und vom Deutschen Archäologischen Institut gefördert wurden.[45] Im Jahr 1976 gab es einen trockenen und heißen Sommer, der zahlreiche Spuren mit Bewuchsmerkmalen in Deutschland bescherte und der Luftbildarchäologie dadurch einen Anschub gab. 1980 bzw. 1982 wurde die flächendeckende Flugprospektion von Otto Braasch in den beiden Bundesländern Bayern und Baden-Württemberg im Denkmalamt institutionalisiert.[46] Seit 1983 wurden Prospektionsflüge in Westfalen zur Inventarisierung archäologischer Bodendenkmäler unternommen.[47] Einige andere Bundesländer wie Hessen, Niedersachsen usw. folgten nach.[48]

Eine ähnliche Entwicklung war in Belgien,[49] den Niederlanden,[50] Österreich,[51] Griechenland[52] und in der Schweiz zu beobachten.[53] In den Ländern Westeuropas, wo Archäologen freien Zugang zu Luftbildern hatten und im Rahmen der Allgemeinen Luftfahrt frei fliegen durften, konnte die Luftbildarchäologie intensiviert werden. Dies führte zu einer „Explosion“ von Informationen. Dadurch wurde die Zahl der Denkmalbestände enorm erhöht und unzählige Notgrabungen durch Luftbilder ausgelöst. Luftbildarchäologie wurde hier für die Bodendenkmalpflege unentbehrlich. Gut bewährt ist die Kombination von Flugprospektion und geophysikalischer Prospektion. Während die Flugprospektion eine flächenhafte und systematische Prospektion in ausgedehnten Gebieten ermöglicht, liefert die geophysikalische Prospektion mehr Detailinformation von durch Flugprospektion neu entdeckten Fundstellen.[54]

Hingegen wurde in den meisten ost- und außereuropäischen Ländern bis dahin nur sehr wenig für die systematische Erfassung archäologischer Kulturlandschaften geleistet. Auch wenn die dafür verbliebene Zeit in einigen Regionen angesichts der zunehmenden Zerstörung von Denkmälern immer knapper wurde, gab es dort aufgrund strenger Geheimhaltung und Reglementierung bezüglich der Luftbildnutzung nur begrenzte Möglichkeiten für die Luftbildarchäologie.

Eine kontinuierliche Luftbildarchäologie wie in Westeuropa gab es in den USA nicht, eher einzelne Aktionen. Die dortige Situation ist bis heute in mancher Hinsicht anders als in Europa. Die gewaltige Ausdehnung des Landes stellt ein großes Problem dar. Der große Abbau von Ressourcen im Westen, insbesondere in den Rocky Mountains, erfordert beispielsweise jährliche Surveys bzw. die Inventarisierung von Kulturdenkmälern in Gebieten von mehreren hunderttausend Morgen. Die Mehrheit der betreffenden Denkmäler ist durch traditionelle Geländearbeit am Boden nur schwer erfassbar. In den 1970er und 1980er Jahren hat die Gesetzgebung der Bundes- und Staatsregierung eine engere Zusammenarbeit der Archäologen mit Anthropologen, Historikern und Architekten gefördert. Das Ziel dieser Anstrengung war vor allem die Erforschung, Behandlung und Verwaltung der sog. cultural ressources aus der prähistorischen und historischen Zeit. Um dabei rasch und effektiv arbeiten zu können, wurden die Techniken der Fernerkundung auf eine vielfältige Art und Weise angewandt. Während groß- bis mittelmaßstäbige Luftbilder für die Entdeckung, Identifizierung und Kartierung zahlreicher Kulturdenkmäler immer noch von großer Bedeutung sind, werden kleinmaßstäbige Luftbilder und Daten aus dem Weltraum vor allem für die Erfassung naturräumlicher Lebensbedingungen der früheren Zeit ausgewertet und analysiert. Weltraumdaten, welche in erster Linie von den Satelliten des Landsat-Projekts stammten, wurden für die großräumige Testarbeit bei der Klassifizierung der Landschaften und der darauf basierenden Untersuchung über die Verbreitung verschiedener Denkmäler erfolgreich angewandt. Hierfür lieferten die archäologischen Prospektionen des National Park Service des Innenministeriums im National Petroleum Reserve Alaska und im San Juan Basin von New Mexiko sehr gute Beispiele.[55]

Seit den 1960er Jahren wurden große Fortschritte in der Fernerkundung durch die rasante Entwicklung der Weltraumfahrt erzielt. Neben der konventionellen Luftbildtechnik mit Analogkamera und Film wurden nun andere Sensorsysteme entwickelt, welche die reflektierte elektromagnetische Strahlung über das sichtbare Licht hinaus messen und aufzeichnen. Als ein „zweckfremder“ Vorläufer in der Erfassung archäologischer Stätten kann das Apollo-Vorprogramm in den 1960er Jahren gesehen werden. Mit der Zielrichtung geowissenschaftlicher Aspekte wurden mit Hilfe einer „hand-held“ Hasselblad-Kamera (500C, Zeiss-Objektiv) aus dem Gemini-V-Weltraumflugprogramm hochqualitative Farbaufnahmen gemacht, auf denen sich in der Persischen Gebirgslandschaft Persepolis – die Stadt des Altertums – abzeichnete, samt ihren Tausende von Jahre alten, groß parzelliert bebauten Landstrichen.

Ähnlich wie die Luftbildtechnik wurden die sog. Erdbeobachtungssatelliten zunächst vom Militär für Spionagezwecke entwickelt. Die 1960 gestartete Serie der Keyhole-Satelliten gehörte zu den ältesten militärischen Erdbeobachtungssatelliten der USA. Für die zivile Nutzung wurden solche Systeme seit den 1970er Jahren zuerst von der staatlichen Weltraumbehörde (NASA) in verschiedenen Projekten mit Erderkundungs- und Vermessungssatelliten entwickelt und eingesetzt. Das beste Beispiel für die Anfangsphase sind das Landsat-Projekt der NASA und das französische Spot-Satellitenprogramm. Seit 1972 sind bereits acht Satelliten der Landsat-Serie gestartet worden; der Start von Landsat 6 ist 1993 beim Start fehlgeschlagen und der Satellit verloren gegangen. Zuletzt wurde Landsat 8 im Jahr 2013 in den Weltraum gebracht. Mit dem Start des französischen Satelliten Spot im Jahr 1986 bekam Landsat zum ersten Mal Konkurrenz im Bereich der zivilen Erderkundungssatelliten. Aktuell liefert Spot 6 seit September 2012 Fernerkundungsdaten über die Erde.[56] Von Anfang an hat man solche Fernerkundungsdaten testweise für die Archäologie ausgewertet. Einsatzbeispiele dafür sind in zahlreichen Ländern der Welt zu finden.[57]

1.2.3 Nach dem Ende des Kalten Krieges

Die Wende brachte Anfang der 1990er Jahre den eisernen Vorhang zu Fall, der die Blöcke von West- und Osteuropa trennte; somit wurde der mehr als 30 Jahre dauernde Kalte Krieg beendet. Diese veränderte politische Lage stellte gleichzeitig einen Wendepunkt für die Einsatzmöglichkeit der Luftbildarchäologie sowohl im Westen als auch im Osten dar.

In der Bundesrepublik Deutschland ist die Genehmigungspflicht für Luftbilder durch ein Verfahren zur Luftbildfreigabe seit dem 1. Juli 1990 nach Artikel 37 des 3. Rechtsbereinigungsgesetzes entfallen. Davor mussten alle Luftbilder durch die Behörde auf militärisch relevante Information geprüft werden. Nur die bedenkenlosen und somit freigegebenen Luftbilder bekamen jeweils eine Freigabenummer und durften benutzt und publiziert werden. Die Luftbildfreigabe stammte aus den Zeiten des Kalten Krieges und beeinträchtigte die Arbeit der Luftbildarchäologie bis dahin auf eine sehr lähmende Art und Weise. Da beispielsweise zur Aufgabe der Luftbildarchäologie u. a. die Beobachtung der Baustellen gehörte, und die dabei aufgenommenen Luftbilder zur Entscheidung für Notbergungsmaßnahmen immer mehr Bedeutsamkeit gewannen, war meistens Eile beim Informationsaustausch zwischen der Luftbildarchäologie und den zuständigen Stellen innerhalb der Denkmalpflege geboten. Das Aufheben der Genehmigungspflicht erleichterte bzw. beschleunigte diese Arbeit der Luftbildarchäologen erheblich. Allerdings tragen seitdem alle Luftbildfotografen zugleich selbst die Verantwortung für ihre Bilder. Nach § 109 g Abs. 2 des Strafgesetzbuches dürfen Wehrmittel sowie militärische Vorgänge, Einrichtungen und Anlagen nicht aus Luftfahrzeugen fotografiert werden, wenn dadurch „die Sicherheit der Bundesrepublik Deutschland oder die Schlagkraft der Truppe" gefährdet wird. Außerdem ist es nach dem geltenden deutschen Recht nicht zulässig, mit Luftbildern in die geschützte Privatsphäre einer Person einzudringen. Gerade beim UAV-Einsatz (Unmanned Aerial Vehicle, „Drohnen") ist besonders darauf zu achten, dass kein privates Leben ohne Bewilligung der betroffenen Person aufgenommen und veröffentlicht wird.

Noch größere Veränderungen im Hinblick auf die freie Luftbildaufnahme und -nutzung gab es nach der Beendigung des Kalten Krieges für die osteuropäischen Länder. Otto Braasch war der erste Luftbildarchäologe, der wenige Tage nach dem Fall der innerdeutschen Grenze in das Gebiet der ehemaligen DDR einflog, umfangreiche Prospektionsflüge unternahm und zahlreiche neue Fundstellen entdeckte. Dazu gehören beispielsweise die Kreisgrabenanlagen von Goseck und Kyhna. Darüber hinaus versuchte er den neuen Bundesländern sowie den osteuropäischen Ländern, wie Polen, Ungarn, Tschechien usw., beim Aufbau der lokalen Luftbildarchäologie tatkräftig Beistand zu leisten. Als Maßnahmen wurden internationale Symposien zum Thema Luftbildarchäologie veranstaltet und Ausstellungen organisiert. Außerdem wurden durch Schulungskurse, bei denen auch Klaus Leidorf mitbeteiligt war, vor allem junge Kollegen der ehemaligen Ostblockländer mit notwendigen Fachkenntnissen versehen. Schwerpunkt der Schulung waren sowohl die Luftbildauswertung als auch die Flugprospektion, und teilweise wurden solche Kurse durch EU-Mittel gefördert. Die durchgeführten Schulungsveranstaltungen wurden in Zusammenarbeit mit der AARG (Aerial Archaeology Research Group) aus Großbritannien an verschiedenen Orten in Europa organisiert, so z. B. im Juni 1996 in Siófok (Ungarn), im Mai 2001 in Siena, im Mai 2004 und 2007 in Foggia und im Mai 2005 in Grosseto. Dabei wurden zahlreiche Studierende aus vielen europäischen Ländern in der Theorie am Boden und auch in der Praxis im Flugzeug bei der Erstellung von Luftaufnahmen ausgebildet. Auf diese Art und Weise konnte in den Heimatländern der teilnehmenden Studierenden der Grundstein für die Luftbildarchäologie gelegt werden.

Ähnlich wie in den alten Bundesländern nehmen seit der deutschen Wiedervereinigung die jeweiligen Ämter für Bodendenkmalpflege in den neuen Bundesländern die Aufgabe der Luftbildarchäologie wahr. Hervorragende Arbeit wurde vor allem in Sachsen und Sachsen-Anhalt geleistet. Dort setzen mittlerweile Archäologen vor Ort die archäologische Flugprospektion, die durch Otto Braasch begonnen wurde, fort. Zeitweilig übernahm Klaus Leidorf in großem Umfang die Aufgabe der Luftbildarchäologie in Thüringen.

Schon in den 1990er Jahren war die digitale Revolution auch in der Luftbildarchäologie bemerkbar. Angefangen mit der digitalen Bildverarbeitung, vor allem Luftbildentzerrung bzw. Georeferenzierung auf einem PC oder einer Workstation. Auch kartographische Arbeiten, wie Kartierung archäologischer Luftbildbefunde, wurden zunehmend digital mit entsprechenden Programmen auf der Basis der Raster- oder Vektorgraphik erledigt. Mit der Software Erdas Imagine, einem geographischen Informationsprogramm, konnten wir im Rahmen eines von der VW-Stiftung geförderten

Projektes den ersten archäologischen Luftbildatlas von China erstellen.[58] GPS wurde zunächst nur als Beihilfe für die Flugnavigation sowie für die Flugdokumentation angewandt, z. B. um Flugrouten aufzuzeichnen. Erst nach der Jahrtausendwende wurde GPS zusätzlich zur Bestimmung von Kamerastandorten mit Koordinaten und Höhenangabe benutzt. Ebenfalls erst ab diesem Zeitpunkt wurde die digitale Kameratechnik immer weiter entwickelt und verbessert, bis sie schließlich die analoge Kameratechnik vor einigen Jahren übertraf.

Auch im Bereich der Fernerkundung wurden große Fortschritte erzielt. Heute geht es dabei nicht mehr nur um die Abbildung der Erdoberfläche in verschiedenen elektromagnetischen Spektralbereichen, sondern vielmehr um die Gewinnung von Geo-Information aus Satellitendaten für wissenschaftliche und wirtschaftliche Anwendungszwecke. Zunächst wurden Satelliten von den Raumfahrtorganisationen wie NASA bzw. ESA betrieben und primär für die Wetter- und Klimaforschung sowie für die Aktualisierung der topographischen Karten und die Landnutzungskartierung eingesetzt. Nach der Jahrtausendwende hat sich, infolge der Entwicklung hochauflösender Sensorsysteme und Radartechnik, ein kommerzieller Markt etabliert, bei dem Firmen selbst Satelliten betreiben und deren maßgeschneiderte Fernerkundungsdaten anbieten. Beispielsweise lassen sich diese Firmen gerade bei großen Ereignissen wie Naturkatastrophen für ihre aktuellen Satellitenbilder zur Schadensdokumentation gut bezahlen.

Ab 1995 erlangte das indische Satellitensystem IRS-1 (Indian Remote Sensing System) eine wachsende Bedeutung: Es leitete die Entwicklung einer immer größer werdenden Vielfalt an Fernerkundungssatelliten zur Erdbeobachtung (EOS, Abkürzung für Earth Observation Satellite) mit einer weiter zunehmenden Auflösung – radiometrisch wie geometrisch – ein. Multispektrale Kanäle/Daten haben – im Gegensatz zur spektralen – eine geringere geometrische Auflösung, zudem ist das menschliche Auge für die „high resolution“ (Grenze typischerweise bei kleiner als 5 m Auflösung) panchromatischer Grauwerte sensitiver. Weitere EOS der Klasse 5 m Bodenauflösung waren SPOT 4 von 1998 und Landsat 7 von 1999.

Noch interessanter für „luftbildarchäologische“ bzw. satellitenarchäologische Zielsetzungen wurde es mit dem Erreichen des Sub-Meter-Bereiches: Hierzu zählt seit 1999 das US-amerikanische Unternehmen GeoEye mit dem weltweit ersten kommerziellen Erdbeobachtungssatelliten IKONOS-2 (panchromatisch 0,82 m). Der indische CARTOSAT-2 stellt seit 2008 die gleiche Auflösung bereit. Eine nahezu gleiche Qualität liefern seit 2001 der QuickBird-2 und seit 2014 der WorldView-4 (0,3 m) – beide von Digital Globe. Ein französisches Produkt ist der Pléiades HR mit 0,7 m Bodenauflösung seit 2011 – konzipiert sowohl für den militärischen als auch zivilen Einsatz. Die Vielfalt ist groß, jedoch wären zivile Betreiber/Unternehmen ohne eine militärische Anbindung allein nicht überlebensfähig. Das schlägt sich auch in den Kosten der Bildbeschaffung nieder: In der Regel gibt es keinen kostenfreien „public access“, einzelne Bildszenen reichen bis in den vierstelligen Dollarbereich, für wissenschaftliche Zwecke können sie erschwinglicher ausfallen – im Allgemeinen ist es finanziell jedoch eher eine aufwendigere Angelegenheit. Google Earth- und NASA World Wind-Viewing auf der Basis „streaming technology“ gehören zu den wenigen Ausnahmen, die das Tor für eine allgemein zugängliche „Virtuelle Luftbildarchäologie“ öffnen.

Die Satelliten der deutschen Firma RapidEye (plus internationale Beteiligung) bieten seit 2009 eine Auflösung im niederen einstelligen Meter-Bereich, wo eine akzeptable Bildqualität erreicht wird und somit die Eignung für detailreiche „mapping applications“ – für lokale und regionale Maßstäbe – zur Verwendung in Verbindung mit Geographischen Informations-Systemen (GIS) gegeben ist.[59] So ist die Anwendung von Fernerkundung nicht mehr länger nur auf die Felder von Militär, Forstwesen, Landwirtschaft und Geologie begrenzt.[60]

Als ein Ende des Kalten Krieges und Öffnung zum Westen kann das russische Angebot von ehemals militärischen Schwarz-Weiß-Satellitenbildern/Weltraumfotografien verstanden werden – ursprünglich in den frühen 1980er Jahren von ihren geheimen „COSMOS-Conversion Satellites“ aufgenommen. Die Nutzbarkeit – auch für die Belange einer „Satellite Archaeology“ – ist im Kapitel 4.6.3 der Offline-Bilddienste eingehender beschrieben.

Die nun seit der Jahrtausendwende verfügbaren, sehr hochauflösenden „Sub-Meter“-Aufnahmen treten in Konkurrenz zu den eher „erdnahen“ Luftbildern. Lediglich ökonomische Aspekte und die Verfügbarkeit beeinflussen die Entscheidung, einen bestimmten Bildtypen zu wählen: „Satellite Imagery“ (~ 1 m Auflösung) oder „Aerial Photography“ (~ 0,1 m).

Alle Aufnahmesysteme und -scanner der verschiedenen Satellitentypen zeichnen sich durch Datenaufzeichnungen sowohl in multispektralen Kanälen als auch im panchromatischen Modus aus. Darüber hinaus spricht man von hyperspektralen Satelliten (z. B. EO-Hyperion), wenn zahlreiche und sehr enge Spektralbänder über die Empfindlichkeit des menschlichen Auges hinausgehen und im nahen, mittleren und sogar thermalen Infrarotbereich aufzeichnen – mit signifikanten Auswirkungen auf bzw. für eine archäologische Detektion/Prospektion.

Die erste internationale Konferenz für „Remote Sensing and Cartography in Archaeology“ fand bereits 1983 im Rahmen der Gründung der (heutigen)

ESA in Straßburg statt. „Die" heutige Vertreterin der „Satellite Archaeology" ist Sarah Parcak, University of Alabama. Sie begann bereits vor ca. 15 Jahren mit der Nutzung von NASA-Satellitenaufnahmen für archäologische Zwecke und führt die Berufsbezeichnung „Space Archaeologist". Ihre bis dahin umfangreichen Arbeiten zur Anwendung dieser Technik fasste sie in ihrem 2009 herausgegebenen Buch „Satellite Remote Sensing for Archaeology" zusammen.[61] Ab 2010 wurde über ihre Arbeit in Nachrichtenmagazinen und anderen Medien weltweit berichtet. Die „Satellite Archaeology" oder „Space Archaeology" macht sich zunächst ortsunabhängig auf die Suche nach bisher unbekannten menschlichen Spuren. So fand sie zahlreiche Pyramiden und Gräber in Ägypten mit Hilfe von IR-Weltraumaufnahmen aus 700 km Bahnhöhe und per RADAR-Scanning. In Gebieten des ehemaligen Römischen Reiches entdeckte sie antike Siedlungsgebiete, auf Neufundland eine zweite Wikingersiedlung in Amerika und Siedlungsbereiche verlorener Zivilisationen in Peru.

1.2.4 Digitales Zeitalter und Zukunftsaussichten – eine Bestandsaufnahme

Neben neuen Forschungskonzepten und organisatorischen Maßnahmen bietet die Informationstechnologie auch weitere, methodische Lösungsansätze für Probleme, die die rasante Veränderung der Landschaft aufgrund von intensivierter Landnutzung mit sich bringt. Der Computer wird in der Auswertung und Verwaltung der Luftbildinformationen erprobt. Archäologische Informationssysteme nehmen immer mehr Gestalt an. Die unüberschaubaren Informationen in Luftbildern und Kartenunterlagen können z. B. so gespeichert werden, dass sie für alle Forschungsinstitutionen und Behörden der Denkmalpflege jederzeit zur Verfügung stehen. Für Bodendenkmäler, die nur schwer durch Wörter oder durch Symbole gekennzeichnet werden können, stehen Grafikprogramme zur Verfügung, so dass die Informationen in grafischer Form vom Computer dargestellt werden können.

Die so systematisch erfassten Informationen können dann wiederum für die Planung und Kontrolle luftbildarchäologischer Arbeit verwendet werden. Für die rationalisierte Erforschung von einzelnen Fundstellen, Fundstellengruppen und kompletten alten Kulturlandschaften können luftbildarchäologische Informationen mit Daten aus anderen Quellen koordiniert werden. Die Entwicklung und der systematische Einsatz entsprechender Datenbanken und Archäologischer Informationssysteme für die statistische Analyse, Verarbeitung und Verwaltung umfangreicher Datenkomplexe der luftbildarchäologischen, geophysikalischen und konventionellen Prospektionen sowie traditioneller Bodenforschung werden auf jeden Fall Schwerpunkt der zukünftigen Arbeit sein.

Von Seiten der „Aufnahmeplattformen" werden die heutzutage schon hochauflösenden Satellitensysteme noch weiter in den archäologischen Fokus treten. Beginnend mit dem Landsat der 1970er Jahre, weiterführend mit dem französischen SPOT der 1980er und schließlich ab Ende der 1990er Jahre mit den sehr hoch auflösenden IKONOS- und Quickbird-Satelliten lässt sich ein weiterer „Nutzungssprung" nur erahnen. So vertrauen wir vielleicht erst auf die zahlreichen, auf niedrigen Umlaufbahnen fliegenden, erdumkreisenden, billigen „Schuhkartons" mit Smartphone-Technologie, wenn sie „die Erde täglich neu kartografieren": „Nanosats" – „Planeten-Scanner" – „Pocket Qubes" – „Microsatellites". Mit solchen (eigentlich zweckfremden) Werkzeugen ausgerüstet, werden wir nur noch auf ideale luftbildarchäologische Umgebungsbedingungen warten müssen, um den hoch multitemporalen Datenstrom abzugreifen. Dann werden der Luft- und der Weltraum noch mehr miteinander verwoben sein, wie es sich im Titel eines spanischen Fachbuches von 2014 wiederfindet: „Arqueología Aérea y Espacial". Und Bedenken, dass Satellitendaten einfach doch zu grobe Auflösungen für archäologische Belange bieten könnten, sei folgender Effekt/Erfahrungswert entgegengehalten: Selbst 5 m breite Straßenverläufe in der Wüste Sahara sind in 30 m Landsat-Daten erkennbar – allein, wenn der Kontrastunterschied zur Umgebung ausreichend groß ist.

1.3 Wo liegt das Potential der Luftbildarchäologie

Betrachtet man die heutige Praxis in verschiedenen Ländern, in denen die Luftbildarchäologie schon seit Längerem im Einsatz ist, so liegt ihr Potential sowohl in der archäologischen Forschung als auch in der Bodendenkmalpflege.

1.3.1 Forschung

Die Vorzüge der Luftbilder sind der schnelle und umfassende Überblick sowie die Möglichkeit zum Aufspüren von planierten bzw. verschütteten Strukturen, die durch menschliche Aktivitäten in der Vergangenheit entstanden sind. Außerdem stellen Luftbilder jene geographischen und geologischen Verhältnisse dar, welche wichtige Hinweise auf die Siedlungsbedingungen, Hydrologie, Ressourcen und Rohstoffvorkommen sowie Verkehrsanbindungen bieten. Zugleich sind die Flugprospektion und Luftbildauswertung in weitab liegenden und schwer zugänglichen Gebieten, Gebirgen, Wüsten- und Steppenregionen ökonomischer und effektiver als die Arbeit im Gelände. Verglichen mit der mühevollen Tätigkeit kleiner Survey-Teams oder kompliziert ausgerüsteter Expeditionen sparen sie Geld, Zeit und physische Strapazen.

Eine andere Einsatzmöglichkeit der Luftbildarchäologie besteht in der Feldforschung regionaler oder typologischer Art, den sog. Surveys. Sie dienen der Untersuchung bisher unerforschter Regionen sowie der vertieften Erforschung gut bekannter Gebiete. Die luftbildarchäologischen Surveys sind dank ihrer Schnelligkeit, Reichweite und Präzision allen anderen Arbeitsverfahren am Boden eindeutig überlegen. Ein gutes Beispiel stellt die systematische Landesforschung in Syrien durch A. Poidebard dar. An der Grenze zwischen fruchtbarem Land und Wüste hat Poidebard die Lebensräume von Hirten und Nomaden untersucht. Ein anderes, musterhaftes Beispiel war die Untersuchung durch seinen Landsmann J. Baradez. Aus einer Reihe von Senkrechtaufnahmen erarbeitete er die genaue topographische Karte einer Region des römischen Algeriens in einem Bruchteil der Zeit, die eine auf dem Boden arbeitende Forschungsgruppe dafür benötigt hätte. Die Ergebnisse seiner gründlichen Arbeit erwiesen sich als bedeutsamer Beitrag zur vergleichenden Erforschung der römischen Landwirtschaft.

Luftbildarchäologische Surveys sind besonders dort sinnvoll und erfolgreich, wo die regionale Verteilung, Streuung und Dichte eines bestimmten Monument- oder Siedlungstypus festgestellt werden soll oder wo bei einer Vielzahl gleichartiger Denkmäler zwar die Erfassung typologisch wichtiger Merkmale von Interesse ist, nicht aber eine detaillierte Freilegung. Wenn sie bestimmte Regionen mit solchen Fragestellungen untersuchte, wies die Luftbildarchäologie stets beeindruckende Erfolge auf. Selbst in der Altsteinzeit, wo der Mensch die Natur so gut wie überhaupt noch nicht beherrschte und keine Beweise irgendwelcher Bautätigkeit hinterließ, spielen Luftaufnahmen eine nicht unbeachtliche Rolle. Sorgfältige Analysen geographischer und geologischer Verhältnisse, die auf den Luftbildern leicht erkennbar sind, ermöglichen dem Forscher, natürliche Zufluchtsstätten und Lagerplätze zu finden. Alte Uferlinien von Flüssen, Seen und Ozeanen, die man in Frankreich anhand von Luftbildern ermittelte, erwiesen sich als ungewöhnlich reich an Ablagerungen paläolithischer Werkzeuge. Gerade für eine quantitative Auswertung typologischer Fragestellungen eignet sich die Luftbildarchäologie vorzüglich, denn mit ihr kann man leicht feststellen, wie oft ein Denkmaltypus in einer bestimmten Region vorkommt. Damit wurden Lage und Verbreitung verschiedenartigster Befunde im europäischen Raum untersucht – von bandkeramischen Langhäusern bis zu römischen Gutshöfen.

Die Luftbildarchäologie kann als neuartige Prospektionsmethode in einem Gesamtgebiet neben Monument- und Siedlungsspuren auch die ökologischen Gegebenheiten einer Kulturlandschaft (landwirtschaftliche Nutzung, Bewässerungsmöglichkeiten, Baumgrenzen u. a.) erfassen. Dabei lässt sich durch Kombination verschiedener Prospektionsverfahren meistens schon so viel an sachgerechter Information gewinnen, dass systematische Grabungen nicht mehr notwendig sind und Großflächenfreilegungen auf ein Mindestmaß reduziert werden können. Da im Grunde jede Grabungstätigkeit die irreversible Zerstörung der betreffenden Fundstellen bedeutet und sich vollständige Ausgrabungen außerdem, von wenigen Schwerpunktprojekten abgesehen, aus technischen und ökonomischen Gründen verbieten, kommt der Luftbildarchäologie eine nicht zu unterschätzende Bedeutung zu. In vielen Fällen kann sie bereits so genaue Ergebnisse liefern, dass eine ausgedehnte Untersuchung im Gelände oder gar eine Grabung überflüssig werden.

Sind Pläne größerer Spurenkomplexe, sei es neolithischer Siedlungen oder alter Stadtanlagen, durch Flugprospektion gesichert, so kann eine zeit- und kostenintensive Flächengrabung durch Schnitte und Teilgrabungen ersetzt werden, die nur der Befundsicherung und der Datierung des Bauwerks dienen. Dieses Verfahren ist eigentlich schon 1922 von Crawford bei der Untersuchung der Stonehenge-Straße angewandt worden. Wenn eine Ausgrabung unbedingt durchgeführt werden muss (Notgrabungen), so spielt die Luftaufnahme ebenfalls eine wichtige Rolle. Direkte Vorarbeit für die Grabungen leistet sie zuerst durch umfassende Übersichtsfotos. In einem ausgedehnten Gelände erhalten die Archäologen dadurch oft wichtige Anhaltspunkte für die Planung und Anlage einer Grabung. Wird anschließend gegraben, ist eine begleitende Luftbilddokumentation der einzelnen Grabungsphasen letztlich unerlässlich, besonders bei größeren Ausgrabungen.

Die Luftbildarchäologie kann auch die Grabungsarbeit beschleunigen und vereinfachen. Dies ist besonders dann von großer Bedeutung, wenn, wie es bei den meisten Notgrabungen der Fall ist, Bauprojekte auf die Fertigstellung der Grabungsarbeiten warten müssen. Neben anderen Techniken wie geophysikalischen Messungen ist hier vor allem die Methode der Aerophotogrammetrie für die Grabungsunterstützung unverzichtbar. Archäologische Pläne und Karten lassen sich in vielen Fällen mit Luftbildern schneller und gleichzeitig genauer erstellen als mit traditioneller Vermessungstechnik. Die mit Computer unterstützten Messverfahren kartieren z. B. aus Luftbildern in wenigen Minuten ein Gebiet, dessen Vermessung sonst monatelange, harte Arbeit im Gelände erfordern würde. Weite Bereiche der Mittelmeerländer und des Vorderen Orients, von denen es bisher kein für die Archäologie brauchbares, altes Kartenmaterial gab, sind in den vergangenen Jahren mit der Photogrammetrie genau vermessen worden. Es ist dabei möglich, aus der Luft zu nivellieren und so schon vor Beginn einer Grabung sehr nützliche Höhenlinien-Pläne zu erstellen. Da aber auch die besten Karten immer noch eine Vereinfachung des Gesamtbefundes sind, kann man senkrechte Luftbilder auch zur Ergänzung von Karten als Bildplan nutzen.

1.3.2 Denkmalpflege

Die nicht zu übertreffende Bedeutung der Luftbildarchäologie liegt schließlich in der Pflege archäologisch schutzwürdiger Bodendenkmäler. Der Wettlauf der Archäologen mit den Baggern und Bulldozern der Baufirmen war und ist ein sehr trauriges Kapitel der Kulturpflege in vielen Industrieländern. H. Borger sagte 1975 als Direktor des Rheinischen Landesmuseums in Köln Folgendes: „Natürlich kann man die Vergangenheit nicht unbedingt vor der Gegenwart retten. Aber die Umstellungen in unserem Land, die Ausuferung der Städte, der Autobahn- und U-Bahnbau, die ausgreifende Industrialisierung nach dem Kriege haben die deutsche Archäologie in eine Zwangslage gebracht. Wären nicht archäologische Prospektionsmethoden wie Luftbildarchäologie und Protonen-Resonanz-Magnetometer entwickelt und zum Einsatz gebracht und damit die archäologische Feldarbeit rationalisiert worden, hätte die Verlustliste noch größeres Ausmaß. So aber konnte nun die konventionelle archäologische Landesaufnahme, die in vielen Gebieten überhaupt noch nicht durchgeführt ist, intensiviert und das Ausgraben großer Komplexe entschieden ökonomischer verlaufen. Verschwiegen werden darf aber nicht, dass die deutschen Archäologen seit 1945 kaum mehr Forschungsgrabungen durchzuführen vermochten, vielmehr vor allem mit Rettungsgrabungen beschäftigt waren und es noch sind."[62]

Gerade weil Funde und Befunde im Einzugsbereich von Baumaßnahmen in den meisten Fällen reine Zufallsfunde sind, die im Rahmen von Erdbewegungen zutage treten, werden oft Sachzwänge geschaffen, bei denen die archäologische Wissenschaft zugunsten wirtschaftlicher Überlegungen das Nachsehen hat. Insbesondere ereignen sich diese bedauernswerten Vorkommnisse häufig auch in einer Phase, in der die Mittel knapp sind und vorwiegend zum wirtschaftlichen Aufbau benutzt werden müssen.

Eine vorbeugende Prospektion, wie sie für die aktive Denkmalpflege nötig ist, muss alle archäologischen Monumente erfassen sowie Unterlagen für das Maß ihrer Gefährdung und damit für die Forschungspriorität speichern. Diese Arbeit aber ist in der Praxis so umfangreich und kompliziert, dass sie nur durch den intensiven, organisierten und koordinierten Einsatz der Luftbildarchäologie ausführbar wird. Wir nehmen die Überwachung von gefährdeten Fundstellen auf Baustellen durch Flugprospektion als Beispiel. Sie erwies sich in Bayern als besonders wirksam. 1982 mussten 169 entsprechende Flugbeobachtungen an die zuständigen Außenstellen für Bodendenkmalpflege übermittelt werden, allein im südlichen Oberbayern wurden 6 von insgesamt 11 Notgrabungen durch Luftbilder ausgelöst. Damit die meist überraschenden und keinen Aufschub duldenden Nachrichten auch wirklich denkmalpflegerisch verwertet und umgesetzt werden können, ist zusätzlich eine entsprechend motivierte und reaktionsfähige Bodenorganisation erforderlich.

Archäologie und Denkmalpflege müssen mit immer weniger werdenden Finanzmitteln auskommen. Diese Situation wird sich in absehbarer Zeit vermutlich kaum ändern. Man kann sich daher nur mit der Frage beschäftigen, wie man langfristig gesehen die beschränkten Finanzmittel vernünftig und effektiv nutzt.

Wie wir alle wissen, sind die archäologischen Ausgrabungen, ob es sich um Forschungsgrabungen oder Notgrabungen handelt, unter allen Feldarbeiten am kostspieligsten. Durch den konsequenten Einsatz der Luftbildarchäologie können Grabungen beider Arten reduziert werden. Hiermit können nicht nur die direkten Kosten der Ausgrabungen gesenkt werden, sondern auch die Kosten für Restaurierung, Konservierung und Aufbewahrung zahlreicher Funde, die durch viele flächendeckende Grabungen zwar entdeckt, aber meist anschließend für lange Zeit in Lagern vergessen werden oder nicht bearbeitet werden können.

2 METHODEN

Luftbildarchäologie ist die einzige Feldmethode, die effektiv und schnell weiträumige Prospektion im freien Gelände im finanziell vertretbaren Rahmen ermöglicht. Infolge technischer Weiterentwicklungen, wie etwa Airborne Laser Scanning (ALS), stellen heutzutage auch Waldgebiete keine Einsatzgrenze mehr für die Luftbildarchäologie dar.

Die in den 1930er Jahren getätigte Aussage des englischen Archäologen O.G.S. Crawford, einer der Pioniere der Luftbildarchäologie, dass die Luftbildmethode für die Archäologie das leiste, was die Erfindung des Teleskops für die Astronomie bedeutet, gilt im Grunde bis heute noch.[63] Die Luftbildarchäologie spielt heute bei der aktiven Suche nach Spuren menschlicher Bodeneingriffe der Vergangenheit eine unentbehrliche Rolle. Systematisch betriebene Luftbildarchäologie vermag schnell Informationen über verschiedenartige Bodendenkmäler in ihrem naturräumlichen Kontext in großen Regionen zu liefern und somit binnen kurzer Zeit prähistorische Kulturlandschaften in ihrer Gesamtheit sichtbar zu machen.

Der Schwerpunkt der Luftbildarchäologie liegt in dem systematischen Aufspüren und der eingehenden Untersuchung verschiedenartiger und unterschiedlich erhaltener Bodendenkmäler. Im Laufe der Zeit wurde eine Reihe von Methoden wie Luftbildinterpretation, Flugprospektion, Luftbildmessung, Analyse von Fernerkundungsdaten etc. entwickelt und angewandt. Für die methodische Entwicklung bzw. Anwendung sind Faktoren wie Naturraum und Landnutzung, Bodendenkmal (Typ und Erhalt), archäologische und denkmalpflegerische Fragestellung (Zielsetzung und Aufgaben), technologische Fortschritte der Luftbildforschung (Flugzeug und Kamera/Sensor) und politische Rahmenbedingungen (Zugang zum Bild- und Kartenmaterial und zur Befliegung) und nicht zuletzt finanzielle Aspekte ausschlaggebend.

Luftbildarchäologie kann keine Lösung für alle feldarchäologischen Probleme liefern. Die Ansprache der Merkmale (die Spuren einer Fundstelle funktional sowie zeitlich und kulturell zu bestimmen) und die Luftbildinterpretation (das Herauslesen von archäologisch relevanten Informationen, die in meist nicht speziell für die Archäologie erstellten Luftbildern vorhanden sind) setzen am Boden gesammelte Fachkenntnisse und feldarchäologische Erfahrungen voraus. Luftbildbefunde lassen sich nicht immer durch Lage, Größe und Form identifizieren und klassifizieren. Man benötigt Funde und weitere Bodeninformationen. Der kombinierte Einsatz mit feldarchäologischen Methoden wie Feldbegehung, Bohrung, Sondierung oder Ausgrabung macht es oft erst möglich, Luftbildbefunde zeitlich und kulturell exakt einzuordnen. Luftbildarchäologie kann alle hier genannten Methoden nicht ersetzen, sie aber rationeller und effektiver machen.

2.1 Physikalische Grundlagen

Wie bereits im vorangegangenen Kapitel dargestellt, ist die Luftbildarchäologie im weitesten Sinne ein Anwendungsgebiet der Fernerkundung. Die grundsätzliche Verfügbarkeit, die maßstäbliche Flexibilität und die digitale Verarbeitung der Fernerkundungsdaten verbesserten sich in den letzten Jahrzehnten rasant und beständig. Diese Entwicklung führt dazu, dass wir heute vermehrt die Fernerkundung in der Archäologie anwenden, z. B. Nutzung von Satellitenbildern, die teilweise kostenfrei im Internet verfügbar sind. Um das Prinzip und System der Fernerkundung besser verstehen zu können, sollen hier ihre physikalischen Grundlagen kurz erläutert werden.

Die Fernerkundung bezieht sich auf eine Anzahl von Techniken/Methoden zur Aufnahme/Auswertung von Informationen über die Erdoberfläche aus einer bestimmten Entfernung, ohne diese unmittelbar berühren zu müssen. In der Archäologie ist nur die abbildende Fernerkundung von Bedeutung, d. h. Informationen über die zu untersuchenden Objekte werden direkt oder indirekt in Form von Bildern aufgenommen, verarbeitet, analysiert und benutzt, wie z. B. Luft- und Satellitenbilder. Solche Bilder enthalten Informationen über die geometrischen (Lage, Größe und

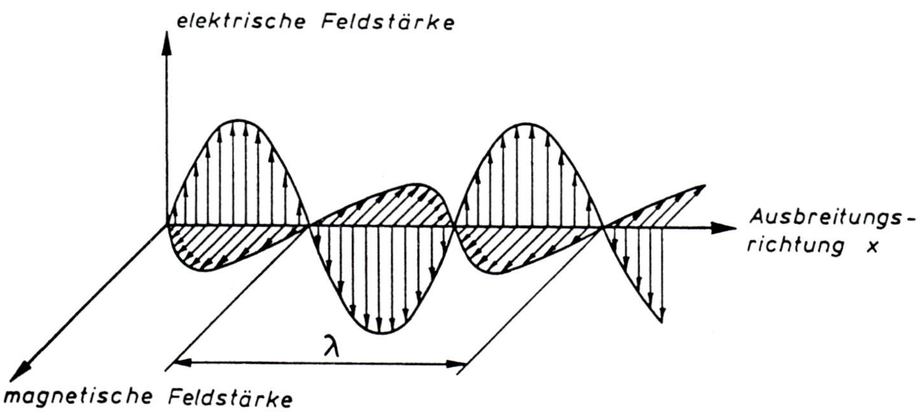

Abb. 6 Elektromagnetische Welle zu einem bestimmten Zeitpunkt (Kraus/Schneider 1988, 13, Bild 2.2-1).

Form) und radiometrischen (physikalischen) Eigenschaften betroffener Objekte.

Von höchster Bedeutung für die Luftbildarchäologie ist die Tatsache, dass die Fernerkundung es ermöglicht, elektromagnetische Strahlung als Bilder aufzuzeichnen, die für das menschliche Auge ohne technische Hilfe unsichtbar sind. Dadurch wird unsere visuelle Wahrnehmung erheblich vergrößert. Das sichtbare Licht, mit dem ein Luftbildarchäologe normalerweise arbeitet, gehört ebenfalls zur elektromagnetischen Strahlung, die in der Physik als eine Form der Energieausbreitung beschrieben wird. Alle elektromagnetischen Strahlungen sind physikalisch nämlich von der gleichen Art. Sie sind senkrecht zu ihrer Ausbreitungsrichtung, d. h. transversal schwingende elektrische und magnetische Felder, die sich mit Lichtgeschwindigkeit ausbreiten (Abb. 6). Das sichtbare Licht ist nur ein kleiner Teil der gesamten elektromagnetischen Strahlung verschiedener Wellenlängen, wobei die Strahlung je nach Wellenlänge verschiedene Eigenschaften hat und auch unterschiedlich bezeichnet wird.

Die Fernerkundung benutzt, bedingt durch atmosphärische Einflüsse, nicht alle Wellenlängenbereiche, sondern nur den Teil des Spektrums zwischen dem nahen Ultraviolett und dem Infrarot (fotografische, multispektrale und thermale Bänder) sowie Mikrowellenbereich.[64]

2.1.1 *Elektromagnetische Strahlung*

In der Fernerkundung erfolgt die Übertragung der Information eines untersuchten Objektes auf der Erdoberfläche zum Sensor im Luft- bzw. Raumfahrzeug durch sog. elektromagnetische Strahlung.

Die Gesamtheit der bei der elektromagnetischen Strahlung vorkommenden Wellenlängen wird im sog. elektromagnetischen Spektrum dargestellt (Abb. 7). Man teilt das gesamte Spektrum in verschiedene Bereichen ein, die ohne scharfe Grenzen ineinander übergehen und sich teilweise überlappen. Beginnen wir mit dem sichtbaren Licht, einem relativ kleinen Ausschnitt zwischen etwa 0,4 bis 0,7 μm Wellenlänge. In Richtung der kürzeren Wellenlänge schließt sich das nahe, dann das allgemeine Ultraviolett an, weiter die Röntgenstrahlen, die Gammastrahlen und schließlich die extrem kurzwellige kosmische Strahlung. Auf der langwelligen Seite folgt auf das sichtbare Licht die Infrarot-Strahlung, die Mikrowellen (etwa 1 mm bis 1 m) und die Radiowellen (ab 1 m). Die Infrarot-Strahlung wird wiederum untergliedert in das nahe Infrarot (0,7 bis etwa 1 μm), das mittlere Infrarot (etwa 1 bis 7 μm) und das ferne Infrarot (ab etwa 7 μm), das auch als Thermalstrahlung bezeichnet wird.

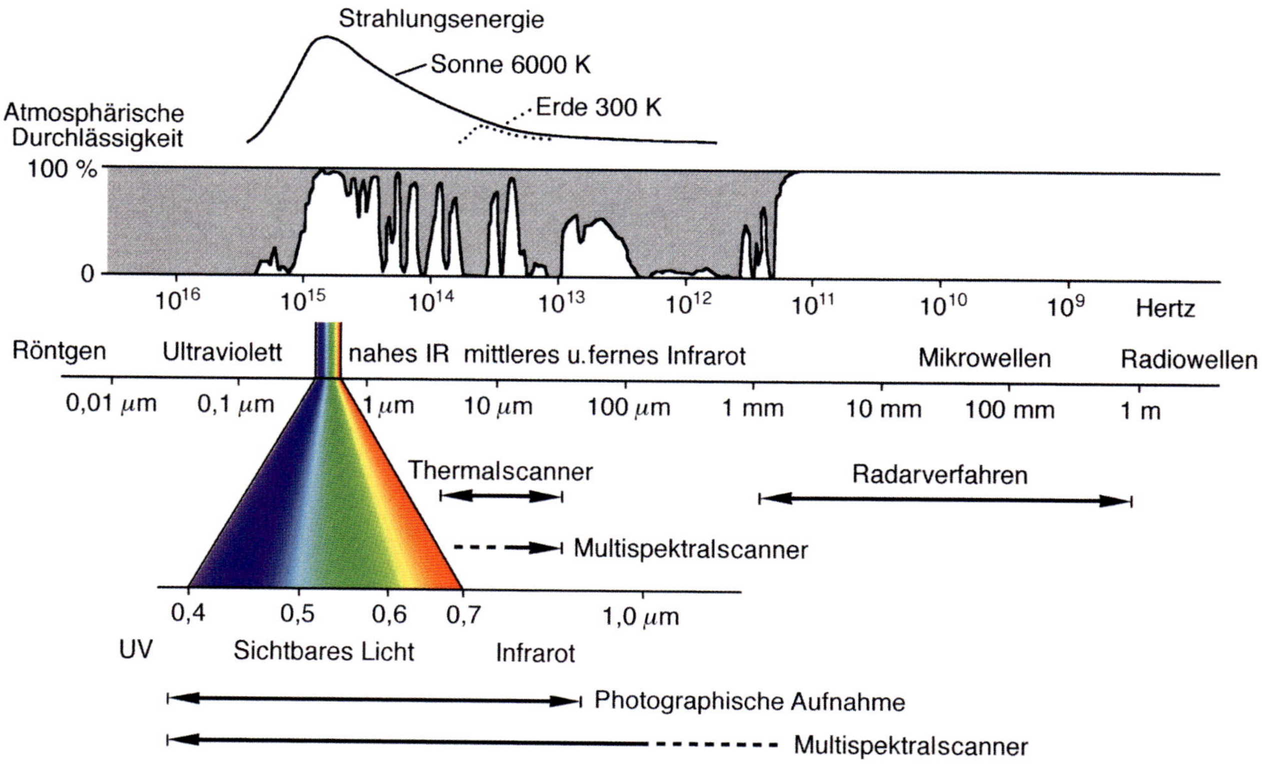

Abb. 7 Elektromagnetisches Spektrum und die von der Fernerkundung genutzten Bereiche (Albertz 2007, 11, Abb. 5).

2.1.2 *Einflüsse der Atmosphäre*

Eine bestimmte Strahlungsart ist nur dann für Fernerkundungszwecke nutzbar, wenn die Atmosphäre für sie transparent ist. Denn nicht alle natürlich vorkommenden Wellenlängen können, wie das sichtbare Licht, die Atmosphäre fast ungehindert durchdringen (Abb. 8). Das an ultravioletter Strahlung reiche Sonnenlicht wird unter 0,2 µm durch Sauerstoff (O2) fast vollständig, und unter 0,3 µm durch Ozon (O3) in großem Maße absorbiert, wodurch das Leben auf der Erde vor Schaden bewahrt bleibt. In den Bereichen des sichtbaren Lichtes und des Infrarot von 0,3 bis 14 µm zeigt sich eine gute Durchlässigkeit unterbrochen von verschiedenen Absorptionsbändern. Auffällig ist insbesondere ein breiter Absorptionsbereich von 5 bis 8 µm verursacht durch Wasserdampf (H2O).[65]

Entsprechend der Durchlässigkeit für die natürliche Strahlung und der Nachweismethoden der Strahlung wird, wie in Abbildung 7 schon eingetragen, das Spektrum bei der Fernerkundung in folgende Bänder unterteilt:

- Das fotografische Band von 0,3 bis 0,9 µm, das den sichtbaren Bereich (ungefähr 0,4 bis 0,7 µm) und den durch Fototechnik erfassbaren UV- und nahen IR-Bereich einschließt;
- Das thermale Infrarot-Band mit den Durchlässigkeitsbereichen von 3 bis 5 µm und von 8 bis 14 µm, in dem keine Fotokameras, sondern verschiedene für Wärmestrahlung empfindliche Sensoren eingesetzt werden müssen;
- Das Radarband im cm-Wellenlängenbereich, in dem nicht mehr die natürlich vorkommende oder emittierende Strahlung gemessen wird, sondern die von einer eigenen Strahlungsquelle des Messgerätes künstlich erzeugte.

Die konventionelle Luftbildarchäologie arbeitet bis heute fast nur mit der Fotografie im sichtbaren Bereich des Spektrums. Gilt es eine systematische Prospektion, zunächst einmal von Kostenfaktoren abgesehen, so weit wie möglich durch Fernerkundung zu verfolgen, so kann man neben den konventionellen Luftbildverfahren noch eine Reihe neuer Methoden moderner Fernerkundung in der Archäologie einsetzen. In erster Linie sind eben die neu entwickelten Aufnahmesysteme für Multispektral-, thermale Infrarot- und Radarbilder zu nennen.

2.1.3 *Prinzip und System der Fernerkundung*

Es gibt im Grunde genommen drei verschiedene Möglichkeiten zur Gewinnung von Informationen über entfernte Objekte (Abb. 9):

- die meist von der Sonne kommende Strahlung (1) fällt auf die Erdoberfläche und wird hier teilweise reflektiert. Die reflektierte Strahlung (2) trägt jetzt Informationen über Art und Eigenschaften von Objekten auf der Erdoberfläche zu einem Sensor (Fotokamera oder Scanner) in einem Flugkörper (Plattform). Hier wird die Strahlung vom Sensor erfasst und aufgenommen.
- die Erdoberfläche und die darauf befindlichen Objekte emittieren von sich aus Strahlung (3), die Informationen über Art und Eigenschaften der emittierenden Objekte zum Fernerkundungssensor trägt.
- Eine im Flugkörper neben dem Sensor eingebaute Strahlungsquelle sendet Strahlung (4) zur Erdoberfläche. Diese Strahlung wird teilweise reflektiert (5) und trägt ebenfalls Informationen über die reflektierende Oberfläche zum Sensor.

Fernerkundungssysteme, die gemäß dem 1. und 2. Fall nur mit der natürlichen elektromagnetischen Strahlung arbeiten, wie fotografische, multispektrale oder thermale Infrarot-Aufnahme- bzw. Aufzeichnungstechniken, werden passive Fernerkundungssysteme genannt. Demgegenüber spricht man im 3. Fall, wo die zur Erkundung dienende Strahlung – wie Radar oder LiDAR – künstlich erzeugt wird, von aktiven Fernerkundungssystemen.[66]

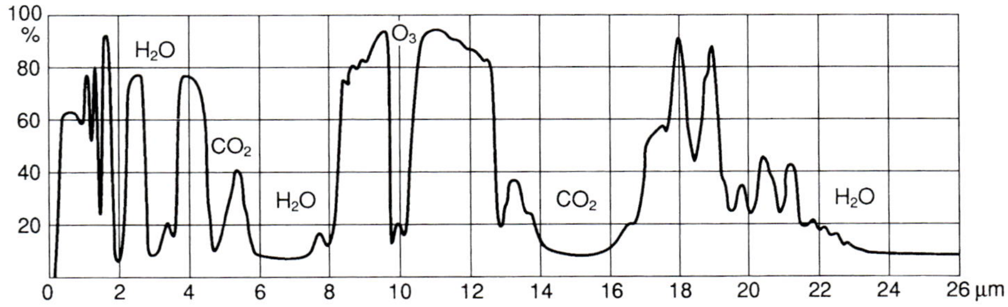

Abb. 8
Durchlässigkeit der Atmosphäre (Spektraler Transmissionsgrad) für die elektromagnetische Strahlung verschiedener Wellenlängen (Albertz 2007, 14, Abb. 7).

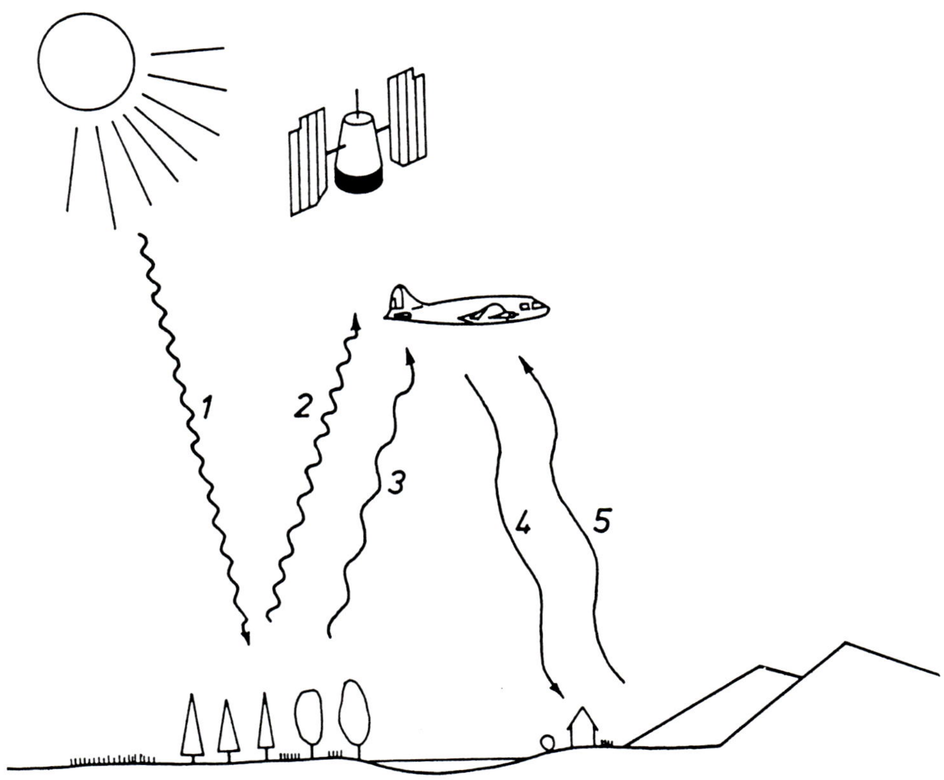

Abb. 9
Fernerkundungssysteme (Kraus/Schneider 1988, 10, Bild 2.1-1).

2.2 Methodische Grundlagen

Die Methoden der Luftbildarchäologie sind sehr komplex und ineinander übergreifend. Um diese recht unübersichtlichen Zusammenhänge besser verstehen zu können, erscheint es zunächst sinnvoll zu klären, welche methodischen Grundlagen der Luftbildarchäologie zugrunde liegen. Fasst man alle bedeutsamen Faktoren zusammen, so kann festgehalten werden, dass drei Tatsachen als methodische Grundlagen dienen, nämlich

- die Vogelperspektive,
- die Dauerhaftigkeit anthropogener Veränderungen im Boden
- und die visuelle Wahrnehmung.

2.2.1 *Vogelperspektive*

Die Feldforschung bildet seit dem Anbeginn die Grundlage der prähistorischen Archäologie und der Spaten ist längst zum Symbol dieser wissenschaftlichen Disziplin geworden. Statt am Boden zu graben, ist es jedoch in mancher Hinsicht für den bodenständigen Archäologen oft von Vorteil, sich in die Luft zu begeben. Die Vogelperspektive bietet oft eine einzigartige und unentbehrliche Möglichkeit, wenn Fundstätten in einem großräumigen Arbeitsgebiet schnell und effektiv erkundet und erforscht werden sollen.

Aus der Luft beobachtet ein fliegender Archäologe die Erde aus größerem Abstand und steilerem Winkel als es seinem Kollegen auf dem Boden jemals möglich wäre. Diese Vogelperspektive ermöglicht Einblicke in die archäologischen Kulturlandschaften, die dem aufmerksamsten Archäologen am Boden entgehen. Crawford verglich dieses Phänomen mit dem beschränkten Blickfeld einer Katze, die aus ihrer geringen Augenhöhe ein Teppichmuster betrachtet. Erst für den Menschen aus seiner größeren Augenhöhe fügen sich die für die Katze unverständlichen Linien und Flecken zum Teppichmuster zusammen (Abb. 10). Dies mag uns selbstverständlich vorkommen, aber die Praxis zeigt, dass diese einfache Erkenntnis keineswegs immer geläufig ist.[67]

Die Vogelperspektive gewährt die notwendige Übersicht, um „Chaos in Ordnung" zu verwandeln. Während archäologische Spuren dem Forscher am Boden wegen seines relativ bescheidenen Blickfeldes verschlossen bleiben müssen, fügen sie sich dem geübten Luftbildarchäologen aus seiner erhöhten Perspektive zu einer Ganzheit zusammen. Vor allem großflächige Spuren wie z. B. einer Stadtruine werden aus der Luft leichter erkennbar und interpretierbar, selbst wenn sie nur bruchstückhaft erhalten sind.

Wie die Katze auf dem Perserteppich befindet sich der Archäologe zu Fuß im Gelände in einer sehr ähnlichen Situation. Bei der Geländebegehung in der Ruinenstadt Zuzhou wurde das Bild 11-1 auf dem Dach einer etwa 3 m hohen Steinkammer aufgenommen. Trotz dieses erhöhten Standpunktes waren kaum klare Strukturen der Stadtanlage zu erkennen und die recht dichten Buschwerke verhinderten teilweise den Blick. Mehr oder weniger deutlich auf dem Bodenfoto zu erkennen sind jeweils zwei Hügelpaare im Vorder- und Hintergrund des Bildes. Erst in der Luft wurde die Gesamtstruktur der vor ca. 1000 Jahren erbauten Stadtanlage sichtbar und die Buschwerke schienen auf einmal fast komplett verschwunden zu sein (Abb. 11 und 12). Die Stadtmauer mit vier Eingangstoren, Straßen und Gassen sowie Fundamente zahlreicher Gebäude sind deutlich wahrnehmbar. In dem mit einem Mauerwerk gut geschützten Verwaltungsviertel (Innenstadt) zeichnen sich nicht nur die zwei Fundamente von großen Hallenbauten, sondern auch die der ringsum auf drei Seiten angeordneten Seitenkammern aus der Vogelperspektive deutlich ab. Die Hügelpaare, die bei der Geländebegehung auf dem Bodenfoto dokumentiert worden sind, erwiesen sich auf dem Luftbild als die abgestürzten Überreste von zwei Eingangstürmen der Innen- und Außenstadt. Zum ersten Mal wurden Siedlungen außerhalb der Stadtmauer durch Flugprospektion festgestellt. Ähnlich wie innerhalb der Stadtmauer wurden zahlreiche Wohnhöfe der Vorstadtsiedlungen mit einzelnen Mauerwerken abgeschirmt.

2.2.2 *Dauerhaftigkeit archäologischer Spuren im Boden*

Unabdingbare Voraussetzung für die Luftbildarchäologie – wie für die Archäologie generell – ist die Tatsache, dass jede von Menschenhand verursachte Veränderung der im Laufe von Jahrmillionen entstandenen, natürlichen Bodenschichten irreversibel ist. Ganz gleich, ob es sich um Pfostenlöcher, Mauerreste, Gräben, befestigte Wege bzw. Straßen oder Gräber handelt, die längst planiert und verfüllt sind, die betroffenen Bodenschichten werden niemals mehr die gleichen sein wie vorher. Anthropogene Bodenstörungen unterscheiden sich physikalisch wie chemisch von ihrer natürlichen Umgebung und können Tausende von Jahren überdauern. In einem Satz: Der Boden vergisst nie. Zu Recht sagte Carl Schuchhardt, der erste Ausgräber des römischen Legionslagers in Haltern, „Nichts ist eben dauerhafter als ein ordentliches Loch." Damit hat Schuchhardt in gewisser Hinsicht die Grundlage für die Untersuchung von Holz-Erde-Bauwerken erkannt und beschrieben.

Als Beispiel hierfür zeigt die Abbildung 12 die Grabungsfläche mit Gruben, Gräben und Pfostenspuren als dunklere Bodenverfärbungen einer neolithischen Siedlung bei Harting, Regensburg. Klaus Leidorf und Baoquan Song erlebten beide die Dokumentationsarbeit bei ihrem Ausbildungsflug an Bord von Otto Braasch und wurden von den erstaunlich gut erhaltenen Befunden beeindruckt.

Auch wenn solche Bodenveränderungen nicht immer durch das menschliche Auge wahrgenommen wer-

← Abb. 10
Vergleich unterschiedlicher Perspektiven: wie eine Katze aus ihrer Augenhöhe einen Perserteppich sieht (oberes Bild); dasselbe Muster, wie es der Mensch aus seiner Augenhöhe sieht (unteres Bild). Genau dieser Effekt dient der Luftbildarchäologie als essentielle Grundlage (Crawford 1938, 16f, Abb. 10 u. 11).

den können, so existieren sie dennoch im Boden und heben sich unter bestimmten Umständen von ihrer Umwelt mehr oder weniger deutlich ab. Daraus resultierende direkte und indirekte Spuren an der Erdoberfläche werden in der Luftbildarchäologie als „Merkmale“ bezeichnet, auf die wir im Abschnitt 2.4 noch näher eingehen werden.

2.2.3 Wahrnehmung

Viele Piloten wundern sich und stellen häufig die Frage, warum nur der Luftbildarchäologe zahlreiche interessante Spuren findet, während sie selbst in demselben Gebiet zur gleichen Zeit jedoch nichts bemerkt haben. Verfügen Luftbildarchäologen etwa über eine besondere Begabung oder gar übersinnliche Wahrnehmung? Die Antwort ist nein. Aber die Frage ist durchaus berechtigt und verlangt eine plausible Erklärung.

Hier soll anhand eines Beispiels des im Jahr 2011 entdeckten Römerlagers an der Lippe bei Olfen der Sache auf den Grund gegangen werden. Als der Luftbildarchäologe das Luftbild kurz nach der Entdeckung Kollegen vorlegte, meinten einige von ihnen, dass sie auf diesem Bild niemals ein römisches Militärlager erkennen würden, wenn man sie nicht explizit auf die Befunde hingewiesen hätte (Abb. 13). Der Grund dafür besteht keineswegs darin, dass auf dem Bild nichts zu erkennen wäre, im Gegenteil, es sind zahlreiche Spuren vorhanden und erkennbar. Es sind allerdings schlicht und einfach zu viele Spuren, die den Betrachter verwirren und seinen Blick ablenken. Hier sind „geschulte Augen“ erforderlich, um archäologisch relevante Spuren zu separieren. Dieses Phänomen wird auch als „selektive Wahrnehmung“, auf die später im Kapitel 4.3.1 noch eingegangen werden soll, bezeichnet. Um es einfach auszudrücken: Der Luftbildarchäologe hatte schon vorher eine Vorstellung im Kopf, wie das aussieht, was er sucht. Fachkenntnisse und Erfahrungen, die vor allem durch Feldarbeit am Boden und später in der Luft gewonnen worden sind, versetzen ihn in die Lage, archäologisch bedeutsame Spuren von anderen, irreführenden Bodenstörungen zu unterscheiden und Letzteres auszublenden. Im Laufe von Jahrtausenden wurden verschiedene mehr oder weniger tiefgehende Eingriffe im Boden gespeichert. Solche sich überlagernden Störungen natürlicher und anthropogener Art in verschiedenen Bodenschichten erscheinen unter günstigen Umständen auf der zweidimensionalen Erdoberfläche; in dem konkreten Fall des Römerlagers bei Olfen als Spuren auf einem Getreidefeld, die mit einem Luftbild dokumentiert wurden. Grundsätzlich können wir hier

← Abb. 11
Blick vom Boden auf die Ruinenstadt Zuzhou der Liao-Dynastie (907–1125), Innere Mongolei, China (oberes Bild; aufgenommen am 09. 10. 1997 von Klaus Leidorf); das einige Tage später am 18. 10. 1997 aufgenommene Luftbild von Zuzhou aus einer Flughöhe von ca. 500 m über dem Bodendenkmal (unteres Bild; aufgenommen am 18. 10. 1997 von Baoquan Song).

Abb. 12
Grabungsfläche mit Gruben, Gräben und Pfostenspuren einer neolithischen Siedlung bei Harting, Regensburg (aufgenommen am 08. 03. 1984 von Otto Braasch).

Spuren geologischer und menschlicher Ursprünge unterscheiden. Die dunkleren, tiefbraunen bis schwarzen Flecken stammen aus der jüngsten Zeit und entstanden wohl dadurch, dass der Bauer den Dünger nicht regelmäßig über das Feld gestreut hat. Am oberen Bildrand befinden sich die wohl ältesten, nämlich die geologischen Spuren, von einem ehemaligen Bach, der inzwischen verlandet ist. Außerdem sind Spuren einiger Feldwege und Feldkanten unbekannter Zeit zu erkennen. Erst wenn man all diese Störungen ausblendet, sieht man die Spuren von einem recht breiten Graben (nimmt man die Traktorspuren als Maßstab, so beträgt die Breite des Grabens ca. 3 m) mit zwei abgerundeten Ecken, was sehr charakteristisch für ein römisches Militärlager ist. Betrachtet man das Luftbild noch etwas genauer, so sind an manchen Stellen innerhalb des beschriebenen Grabens, und zwar parallel dazu, Spuren von zwei sehr dünnen Gräben als Fundamentgräbchen der Holz-Erde-Umwehrung auszumachen. Beide Luftbildbefunde konnten einen Monat später durch einen Grabungsschnitt verifiziert werden. Innerhalb des Lagerareals sind auch Spuren zahlreicher verfüllter Gruben sichtbar, die wohl als Überreste der Festbauten des später als Versorgungslager des römischen Militärs identifizierten Fundplatzes interpretiert werden können.

Für die Luftbildarchäologie sind die Vogelperspektive, die Merkmale und die visuelle Wahrnehmung drei voneinander abhängige Faktoren und bilden gemeinsam die wichtigen methodischen Grundlagen. Ohne den einen kommt der andere nicht zur Geltung. Die sinnvolle Kombination der drei Faktoren macht die Luftbildarchäologie erst zu der Methode, die in vielerlei Hinsicht den feldarchäologischen Methoden am Boden überlegen ist.

2.3 Naturraum und Methoden

Die Luftbildarchäologie ist traditionell ein spezielles Anwendungsgebiet der Luftbildtechnik. Fliegerei und Fotografie bilden die technische Grundlage. Luftbildarchäologische Methoden erfahren zwar infolge flug- und fototechnischer Fortschritte durchaus innovative Modifikationen, werden aber im Wesentlichen durch die Anpassung an spezifische archäologische Verhältnisse und an Zielsetzungen der archäologischen und

Abb. 13 Römisches Militärlager bei Olfen, Blick von Süden nach Norden (aufgenommen am 20. 06. 2011 von Baoquan Song).

denkmalpflegerischen Anwendungen gekennzeichnet. Daher gibt es nicht *die* Methode der Luftbildarchäologie *sensu stricto*, sondern eine Vielfalt von Methoden. Die Grundzüge ähneln sich: Befliegung bzw. Beschaffung von Luft- und Satellitenbildern, Auswertung, Nutzung in Forschung oder Denkmalpflege. Zu den bewährten Methoden gehören u. a. Flugprospektion und Luftbildauswertung. Letztere beinhaltet die thematische (Luftbildinterpretation) und die geometrische Auswertung (Luftbildmessung/Photogrammetrie). Die Analyse von Fernerkundungsdaten unter landschaftsarchäologischen Gesichtspunkten nimmt rapide zu und spielt eine immer bedeutendere Rolle.

Die Wahl geeigneter Methoden und deren Erfolge hängen, wenn man zunächst einmal vom archäologischen Forschungsstand und von speziellen Zielsetzungen absieht, im Wesentlichen von der betroffenen Landschaft und der Landnutzung ab. Sie üben einerseits großen Einfluss darauf aus, in welchem Zustand Bodendenkmäler bis heute erhalten bleiben, andererseits sind die naturräumlichen Verhältnisse als entscheidende Faktoren für die Luftbildarchäologie von Landschaft zu Landschaft unterschiedlich. In dieser Hinsicht scheint es sinnvoll zu sein, fruchtbare und unfruchtbare bzw. kultivierte und nicht kultivierte Landschaften zu unterscheiden. Fast überall auf der Welt werden fruchtbare Gebiete mit den besten naturräumlichen Bedingungen für den Getreideanbau schon seit vorgeschichtlichen Zeiten von Menschen bevorzugt besiedelt. Die Archäologie konzentriert sich auf solche Regionen. In heute wenig besiedelten Regionen sind entweder von jeher ungünstige Lebensbedingungen für die Menschen vorhanden gewesen, wie z. B. Wüsten- und Gebirgslandschaften, oder aber die naturräumlichen Verhältnisse jener Regionen haben sich im Laufe der Zeit für Besiedlungen stark verschlechtert. Wir interessieren uns insbesondere für den letzten Fall. In Gebieten, wo der landwirtschaftliche Anbau bis heute vorherrscht, sind Bodendenkmäler meistens beschädigt oder gar völlig eingeebnet. Eine schnelle Mechanisierung der Landwirtschaft mit Tiefscharpflug beschleunigt diesen Vernichtungsprozess in der modernen Zeit noch weiter. Demgegenüber sind zahlreiche Bodendenkmäler überwiegend dort über der Erdoberfläche erhalten geblieben, wo sich der Boden nicht für Ackerbau eignete oder bereits lange nicht mehr landwirtschaftlich genutzt wurde. Veränderungen der Lebensbedingungen, Rückgang der Bevölkerungszahl und Wandel der Siedlungsform haben im Laufe der Jahrtausende dazu geführt, dass unzählige Ortschaften verlassen wurden. Seit dem Verschwinden der Menschen sind diese Orte einem natürlichen Verfallsprozess ausgesetzt. Ruinen werden von Unkraut und Sträuchern überwachsen, in Wüsten und Steppen überdeckt sie Treibsand. Die meisten Fundplätze sind aber vor dem Ackerbau verschont geblieben und sind

Abb. 14
Ruinenstadt Qingzhou, Innere Mongolei, China (aufgenommen am 19. 10. 1997 von Baoquan Song).

oberirdisch mehr oder weniger gut zu erkennen. Dies zeigen Beispiele in Algerien, Syrien und einigen anderen Mittelmeerländern.[68] In kultivierten Gebieten sind Bodendenkmäler heute meist von Boden überdeckt und finden sich in einer Tiefe von wenigen Zentimetern bis zu mehreren Metern. Sie wurden durch Erosion, Überschwemmung oder Landwirtschaft zerstört und eingeebnet.[69]

Die Ruinenstadt Qingzhou, Innere Mongolei, China befindet sich in einer Übergangszone zwischen Ackerbau und Viehwirtschaft. Während die Mauer sowie Fundamente von Pagoden und Wohnbauten der Innenstadt, deren Fläche heute als Weide dient, fast komplett oberirdisch erhalten sind, sind die Mauer und Wohnviertel der Außenstadt zum großen Teil durch Ackerbau planiert und nur noch unterirdisch erhalten (Abb. 14).

In Deutschland werden die Hinterlassenschaft bzw. das Zeugnis der Kulturgeschichte durch die Denkmalschutzgesetze der Bundesländer definiert und in Denkmal bzw. Bodendenkmal unterteilt. Sie stehen jeweils unter Denkmalschutz bzw. Bodendenkmalpflege. Denkmäler beziehen sich meistens auf Baudenkmäler, die noch intakt sind und benutzt werden können, beispielsweise Burgen oder Fachwerkhäuser, die heute noch bewohnt werden. Solche Denkmäler werden geschützt und können nur unter strengen Auflagen benutzt und in Form gehalten werden. Bodendenkmäler sind heute nicht mehr intakt und bewohnbar, sondern nur noch als Ruinen oder im Boden verborgen. Sie stehen ebenfalls unter Schutz und werden gepflegt. Da die Luftbildarchäologie heutzutage in Deutschland primär für Denkmalpflege zur Denkmalinventarisierung eingesetzt wird, werden archäologische Spuren hier ebenfalls als Bodendenkmäler bezeichnet.

Um die methodische Formulierung in der Luftbildarchäologie zu vereinfachen, wird zwischen ober- und unterirdischen Bodendenkmälern unterschieden. Oberirdische Bodendenkmäler sind Bauwerke und Anlagen, die das natürliche Bodenrelief verändert haben, und dort bis heute wahrnehmbar sind (Städte- und Siedlungsruinen, Kult- und Bestattungsplätze, Ackerfluren und Feldwege, Gräben und Wälle von Befestigungsanlagen, befestigte Straßen mit Dämmen und Gräben, Burghügel usw.). Diese Kategorie ist heute überwiegend dort anzutreffen, wo kein Ackerbau betrieben wird, z. B. in Wald- oder Weidegebieten. In heute landwirtschaftlich aktiven Regionen sind oberirdische Bodendenkmäler nur noch in verschwindend geringer Zahl vorhanden. Sie sind in der Regel weitgehend abgetragen und vom Boden aus nur noch unvollständig oder gar nicht mehr zu erkennen. Sind sie schließlich ganz verschüttet oder an der Erdoberfläche völlig eingeebnet, dann spricht man von unterirdischen Bodendenkmälern. Dazu zählen u. a. Gräben, Gruben, Pfostenlöcher von Holzbauten

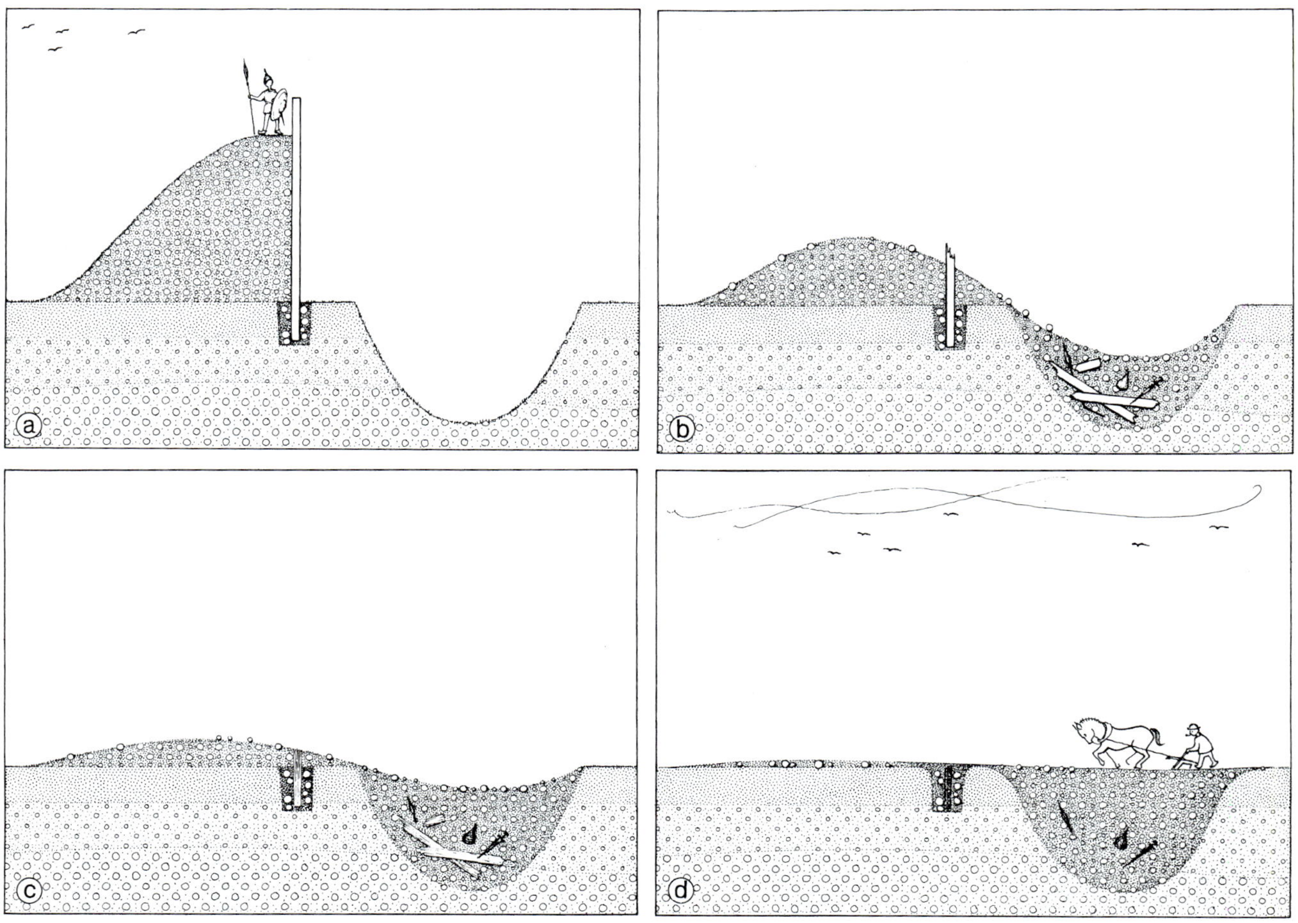

Abb. 15
Schematische Darstellung von ober- und unterirdischen Bodendenkmälern (Christlein/Braasch 1982, 29, Abb. 11).

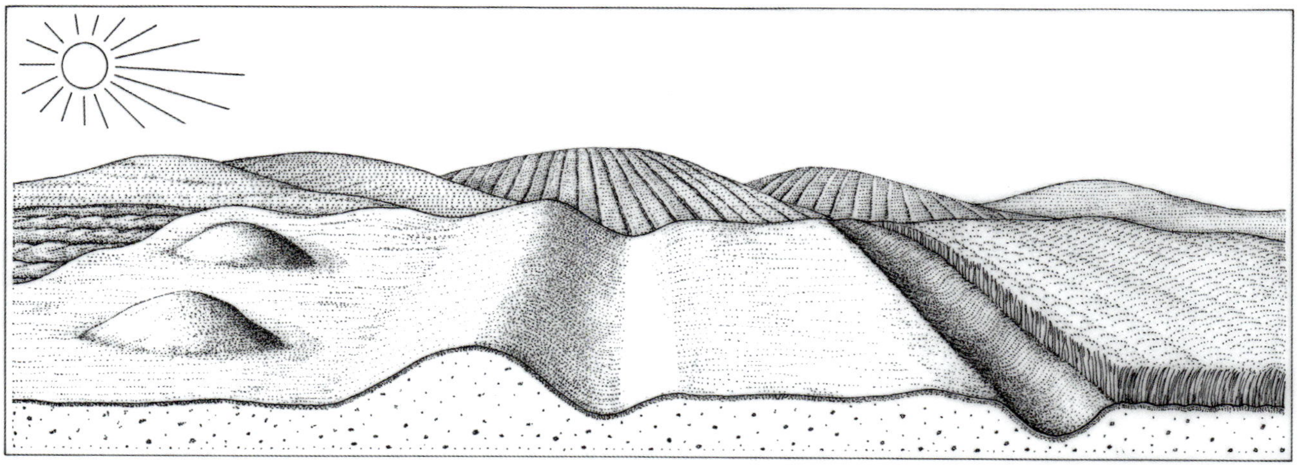

Abb. 16
Schematische Darstellung von Schattenmerkmalen (A. Kuczminski/ Ruhr-Universität Bochum).

sowie Fundamente in Form von verdichteten Bodenschichten oder Mauerresten aus Stein bzw. Ziegelstein (Abb. 15).

Die Luftbildinterpretation eignet sich in erster Linie zur Erschließung oberirdischer Bodendenkmäler, während die Flugprospektion zur Erfassung stark beschädigter oberirdischer und zum Aufspüren unterirdischer Bodendenkmäler entwickelt wurde. Die Luftbildmessung wird selten allein, sondern meistens mit der Luftbildinterpretation oder Flugprospektion zusammen für die Messung und Kartierung der entdeckten Bodendenkmäler benutzt. In der jüngsten Zeit kommt die Airborne-Laserscanning (auch unter dem Namen LiDAR bekannt) hinzu, die vor allem zur Erforschung oberirdischer Bodendenkmäler in bewaldeten Gebieten hervorragende Ergebnisse liefern kann.

2.4 Merkmale

Egal ob man Bodendenkmäler in der Luft von einem Flugzeug aus oder mithilfe von Luftbildern am Schreibtisch bzw. am Bildschirm erforscht, man braucht immer Anhaltspunkte, um sie zunächst einmal zu erkennen. Dazu bedient man sich der Merkmale, einer Art Erkennungshilfe, die im Bereich des sichtbaren Lichts

Abb. 17
Luftbild des hallstattzeitlichen Fürstensitzes Ipf bei Bopfingen, Ostalbkreis, Baden-Württemberg (aufgenommen am 23.08.2016 von Klaus Leidorf).

zu beobachten sind. Die direkten und indirekten Merkmale von ober- und unterirdischen Bodendenkmälern sind verschieden. Scharfe Trennungslinien lassen sich jedoch nicht immer eindeutig ziehen. Solange ein oberirdisches Bodendenkmal noch ein geringfügiges Bodenrelief aufweist, können Sonnenstrahlen mit ihrer Licht- und Schattenverteilung (Schattenmerkmale), Verlagerung von Schnee durch Windwirkung (Schneemerkmale) oder eine teilweise Überschwemmung (Flutmerkmale) die Unebenheit der Erdoberfläche hervorheben. Handelt es sich um unterirdische Bodendenkmäler, so können die im Erdreich verborgenen Spuren durch herausgepflügte Anteile als Bodenverfärbung (Bodenmerkmale) sichtbar werden. Auch durch Veränderungen in der Vegetation (Bewuchsmerkmale) und extreme Bodenfeuchtigkeit (Feuchtemerkmale) oder durch Unterschiede der Bodentemperatur (Schnee- und Reifmerkmale) geben Bodendenkmäler unter bestimmten Bedingungen ihre Lage, Größe und Gestalt preis.

2.4.1 Schattenmerkmale

Schattenmerkmale spielen bei der Erkennung oberirdischer Bodendenkmäler eine wichtige Rolle. Selbst geringfügige Bodenreliefs werden im Flachlicht bei tiefem Sonnenstand sichtbar. Je länger der Schattenwurf ist, umso deutlicher werden die Schattenmerkmale und somit die betroffenen Bodendenkmäler leichter erkennbar. Die Schattenlänge vom Bodenobjekt hängt von der Objekthöhe, dem Einfallswinkel des Lichtes und der Bodenneigung ab. Der Schattenwurf wird also durch Höhe, geometrische Gestalt und topographische Lage des Bodendenkmals sowie durch den Einfallswinkel des Sonnenlichtes bestimmt (Abb. 16).

In der Wirklichkeit ist dieser Merkmalstyp viel komplizierter, als es auf den ersten Blick aussieht. Die Vielfalt der Möglichkeiten ist durch die geometrische Gestalt und Lage des Objektes sowie den Einfallswinkel des Lichtes bedingt. Wenn das zu erforschende Denkmal nicht geradlinig verläuft, sondern in sich gekrümmt ist, wie dies bei der hallstattzeitlichen Ringwallanlage Ipf bei Bopfingen der Fall ist (Abb. 17), können verschiedene Abschnitte der Fundstelle auf demselben Luftbild ganz verschieden erscheinen, und manche Teile werden vielleicht gar nicht zu sehen sein. Solche Fundstätten erfordern mehrere Anflüge und Luftbildaufnahmen zu verschiedenen Jahres- und Tageszeiten, damit für die Erkennbarkeit einzelner Abschnitte nach Möglichkeit die jeweils beste Beleuchtung abgepasst wird. Nur so bekommt man ein annähernd vollständiges Bild des Grundrisses.

Das hallstattzeitliche Gräberfeld mit etwa 50 nachweisbaren Grabhügeln bei Bruckbergerau, erstreckte sich beiderseits der Bahnlinie München-Landshut (Abb. 18). Die durch Licht und Schatten deutlich wahrnehmbaren Grabhügel gehörten zu den wenigen ober-

Abb. 18
Luftbild des hallstattzeitlichen Grabhügelfeldes bei Bruckbergerau, Kreis Landshut, Niederbayern (aufgenommen am 27.04.1993 von Klaus Leidorf).

Abb. 19 Luftbild des römischen Kastells Abusina bei Eining, Landkreis Kellheim, in Niederbayern (aufgenommen am 29. 12. 1996 von Klaus Leidorf). Die Grundstruktur der vollständig untersuchten und rekonstruierten Wehranlage erscheint bei einer Schneedecke durch Schattenmerkmale besonders deutlich.

← Abb. 20-1 und 2 Luftbild der Stadtwüstung Alt-Büderich bei Wesel, Niederrhein, NRW (aufgenommen am 08. 12. 2012 und 21. 02. 2011 von Baoquan Song). Die Grundrisse der Stadtanlage, die beim Rückzug von Napoleons Russlandfeldzug aufgrund ihrer Nähe zu Festungen in Wesel und Büderich am Ende des Jahres 1813 dem Erdboden gleichgemacht wurde, kommt bei einer glatten dünnen Schneedecke durch Schattenmerkmale wesentlich deutlicher als ohne Schneedecke zum Vorschein.

Abb. 21 Luftbild der alten Burgruine Lipperode bei Lippstadt, Kreis Soest, NRW. Die Struktur der ehemaligen Wasserburg ist unter einer dünnen Schneedecke besonders klar zu erkennen (aufgenommen am 26. 01. 2013 von Baoquan Song).

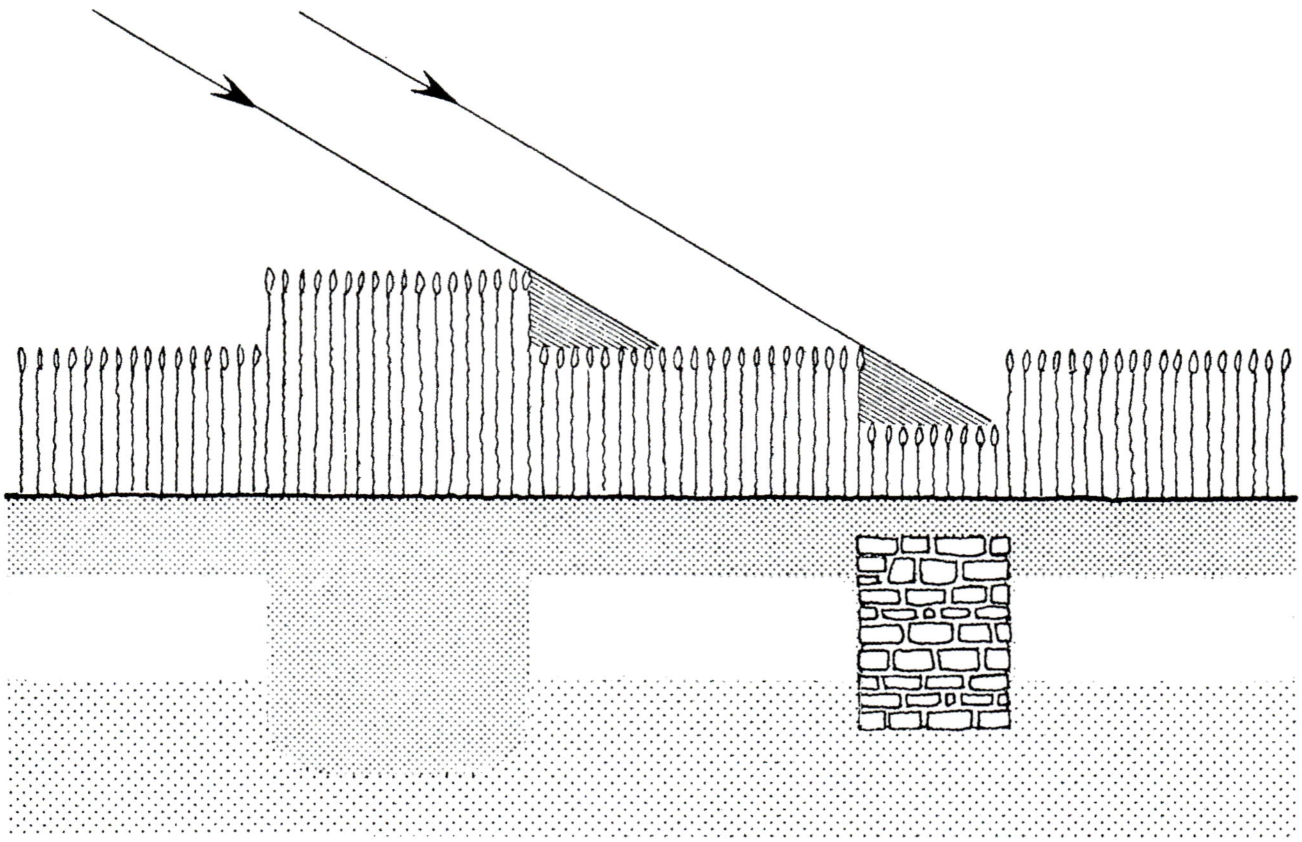

Abb. 22 Schematische Darstellung von Schattenmerkmalen in unterschiedlichem Getreidewuchs über einem verfüllten Graben und eingeebneten Mauerwerk (Christlein/Braasch 1982, Abb. 22).

Abb. 23
Schattenmerkmale einer frühmittelalterlichen Siedlung im Getreidefeld bei Aschheim, Landkreis München (aufgenommen am 16. 07. 2006 von Klaus Leidorf).

Abb. 24 ↗
Luftbild der hallstattzeitlichen Hügelgräber von Dittenheim, Landkreis Weißenburg-Gunzenhausen, Bayern (aufgenommen vom 20. 02. 1990 von Klaus Leidorf).

Abb. 25 →
Luftbild des Burgstalls bei Stolzenroth, Landkreis Bamberg, Bayern (aufgenommen am 23. 11. 2002 von Klaus Leidorf).

irdisch erhaltenen, aber nicht im Wald gelegenen Nekropolen, weil der Fundplatz in der Flur „Mooswiesen" sich lange Zeit in einer für die Landwirtschaft wenig geeigneten Lage befand und erst recht spät durch Ackerbau genutzt wurde. Seitdem wurden die Grabhügel immer mehr abgetragen und wiesen in Untersuchungen einen Durchmesser von 7 bis 16 m und eine Höhe von nur noch 0,2 bis 0,8 m auf. Das Gräberfeld wurde durch Grabungen in den Jahren 1984, 1985 und 1988 untersucht und in die Hallstattzeit datiert.

Durch die glatte Oberfläche des vom Schnee bedeckten Bodens erscheinen Schattenmerkmale deutlicher (Abb. 19, 20 und 21).

Unterirdische Bodendenkmäler können Unterschiede im Pflanzenwachstum verursachen. Im Getreide wurde eine Höhendifferenz von bis zu 50 cm beobachtet. Dadurch entstehen Schattenmerkmale, die das Höhenrelief in noch jungen, gleichmäßig grünen oder schon vollreifen, gleichmäßig gelben Kornfeldern plastisch herausarbeiten (Abb. 22, 23 und 55).

Meist lassen sich Einzelheiten der Schattenmerkmale im Gegen- oder Seitenlicht am besten ausmachen. Die Anwendung von Stereobildern bietet eine weitere Verbesserung für die Erfassung schwächerer Details. Wenn die Schatten nicht deutlich genug sind oder das Licht aus der falschen Richtung kommt, ist dies oft ein guter alternativer Weg, um Befunde näher untersuchen zu können. Seit Neuestem liefern die Daten des Airborne-Laserscannings ein digitales Geländemodell. Wenn ein solches Geländemodell von der Höhenauflösung ausreicht, so kann man selbst sehr geringfügige Erdunebenheiten darauf erkennen. Mittlerweile liegt die Höhenauflösung der digitalen Geländemodelle bereits im Zentimeterbereich.

2.4.2 Flutmerkmale

Eine ähnliche Rolle wie die Verteilung von Licht und Schatten kann Hochwasser spielen, bei dem nur noch kleinere Erhebungen über die Wasseroberfläche hinausragen. Man nennt sie *Flutmerkmale*. Sie tauchen nicht nur bei Überschwemmungen in Talniederungen und Flussauen auf (Abb. 24 und 25), sondern auch auf verhältnismäßig ebenen, höher gelegenen Ackerflächen, wenn sich dort über noch gefrorenem Boden plötzlich Tauwasser sammelt, das nicht versickern oder abfließen kann.

Die zum Teil sehr schwachen Kuppen hallstattzeitlicher Hügelgräber von Dittenheim, Landkreis Weißenburg-Gunzenhausen, Bayern, ragen ziemlich kontrastreich und scharf umrissen aus dem Hochwasser des Altmühltales hervor (vgl. Abb. 24). Die durch die Flut herangeschwemmte Spreu und Stroh bekränzen außerdem die Spitzen der Grabhügel und markieren so zugleich ihren Höchststand.

Spuren der Flutmerkmale sind normalerweise recht kurzlebig und lassen sich am deutlichsten im harten Gegenlicht und aus größerer Höhe ausmachen.

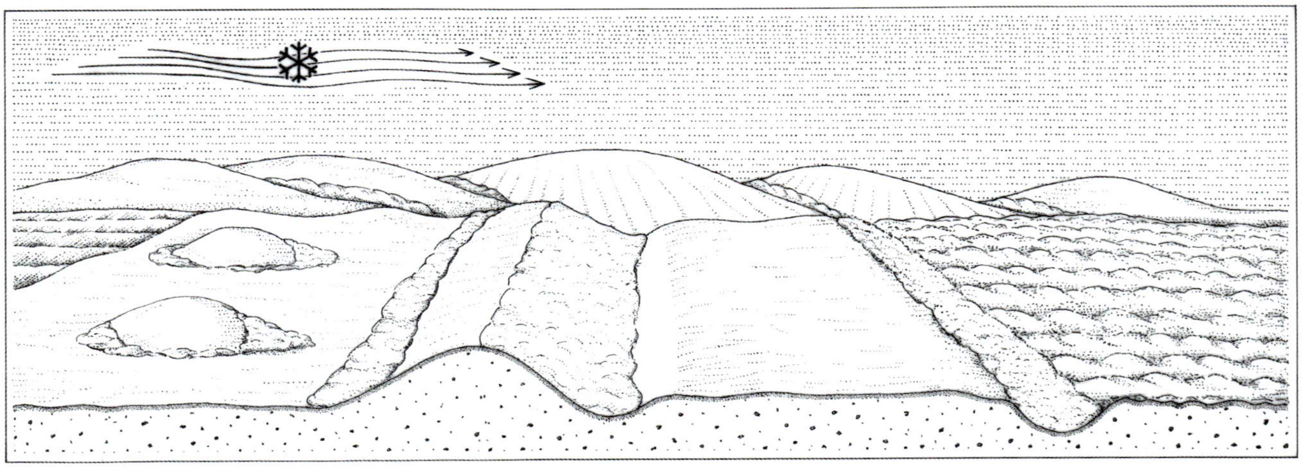

Abb. 26
Schematische Darstellung von Schneeablagerungen (A. Kuczminski/ Ruhr-Universität Bochum).

Abb. 27 →
Die oberirdisch nur noch geringfügig erhaltenen hallstattzeitlichen Hügelgräber von Dittenheim, Kreis Weißenburg-Gunzenhausen, Bayern, wurden durch Schneeverlagerung sehr kontrastreich auf dem Luftbild festgehalten (aufgenommen am 07. 02. 2005 von Klaus Leidorf).

Abb. 28 →
Luftbild der Burghügel mit Erdwällen, Vorgänger von Haus Villigst, Schwerte, NRW. Die Sonnenstrahlung ließ hier gerade den Schnee auf der Sonne zugewandten Seite der Burgwall schmelzen, während sich die Reste der Anlage noch unter einer Schneedecke befinden (aufgenommen am 07. 03. 2010 von Baoquan Song).

2.4.3 *Schneemerkmale*

Schnee- und Reifmerkmale begegnen uns sowohl bei oberirdischen Bodendenkmälern durch ihr unregelmäßiges Oberflächenrelief (Abb. 26, 27 und 28) als auch bei unterirdischen Bodendenkmälern, verursacht durch Differenzen in der Bodentemperatur (vgl. Abb. 29, 30, 31, 32 und 33).

Schnee lagert sich oftmals in Verwehungen am Fuß und im Windschatten von Erhebungen, Gräben und Mulden ab und markiert so klar Oberflächenstrukturen eines Fundplatzes. Ähnliche Bilder erzeugen Sonnenstrahlen bei Tauwetter, wenn dünne Schneebedeckungen oder Raureif auf den der Sonne zugewandten Flächen abschmelzen, im Schatten von Wällen und in Senken aber erhalten bleiben (vgl. Abb. 26–28).

Unterirdische Bodendenkmäler rufen durch Temperaturunterschiede Schneemerkmale hervor. Wenn die im feuchteren Material z. B. einer Grabenfüllung stärker gespeicherte Bodenwärme Schnee oder Raureif schneller abtauen lässt, wird diese gegenüber dem ungestörten Boden negativ markiert (negative Schneemerkmale). Der umgekehrte Fall tritt ein (positive Schneemerkmale), wenn die höhere Wärmerückstrahlung eines dicht unter der Oberfläche liegenden Mauerzuges zu einer stärkeren Auskühlung der bedeckenden Bodenschicht führt oder höhere Bodenfeuchte in einer Grabenfüllung nach längerem, tiefgreifendem Frost vereist ist und bei Tauwetter Schnee und Eis länger erhalten bleiben (Abb. 29).

Mit Ausnahme der durch Wind geformten Merkmale sind alle übrigen, insbesondere aber die Reifspuren, sehr kurzlebig. Die Beobachtung solcher von Temperaturunterschieden ausgelösten Merkmale erfordert deshalb im Winter ganz besondere Aufmerksamkeit in Bezug auf die Wetterentwicklung, damit der richtige Zeitpunkt für die Befliegung nicht verpasst wird. Andererseits kann man bei den oben angeführten Beispielen erkennen, dass Schnee- und Reifmerkmale in der Regel wegen ihres kontrastreichen und deutlichen Erscheinungsbildes grundsätzlich eher leicht zu fotografieren sind.

2.4.4 *Bodenmerkmale*

Bodenhorizonte entstehen durch Humusbildung, Verwitterung und Verlagerung von Humosierungsprodukten infolge natürlicher Ursachen wie Regen, Pflanzenwuchs, Wind, Schnee und Temperaturänderungen im Rhythmus klimatischer Einflüsse. Dies führte zur Bildung von Schichten im Boden, die einen unterschiedlichen chemischen und physikalischen Aufbau besitzen. Wenn der Mensch ein einfaches Loch im Boden aushebt, stört er dabei gewaltsam und unwiderruflich eine lange physikalische und chemische Entwicklung. Das Einsickern des fremden Materials in das Erdloch verstärkt noch diese Wirkung. *Bodenmerkmale* beruhen auf solchen anthropogenen Eingriffen. Einfachste Beispiele sind Siedlungsspuren wie Pfostenlöcher, Baugruben, Befestigungsgräben, welche später mit Fremdmaterial verfüllt worden sind. Bodenmerkmale zeigen in vegetationsloser Zeit unterirdische Störungen direkt als augenfällige Farbflecken an, die entweder durch die Umkehr der natürlichen Schichtenfolge, bei der Material aus tiefer liegenden Schichten an die Erdoberfläche gelangt, oder umgekehrt durch die Zufügung fremden Materials in den natürlichen Bodenhorizont entstehen. Diese Bodenmischung ergibt einen Kontrast zum ungestörten Boden (Abb. 34).

Im Süden des Stadtteils Dorsten-Holsterhausen werden hin und wieder im Frühjahr Bodenverfärbungen in einem großen Feld beobachtet. Es handelt sich um dunklere und hellere Verfärbungen im homogenen Ackerboden, die auf ehemalige Bauaktivitäten hindeuten (Abb. 37). Wesentlich deutlichere Hinweise lieferten letztendlich die Bewuchsmerkmale (vgl. Abb. 43).

2.4.5 *Feuchtigkeitsmerkmale*

Flachgründige und feinporige Ackerböden wie z. B. Löss oder Lehm, die frisch eingesät und gewalzt sind, lassen nach der Schneeschmelze oder nach kräftigem Regen die unter der Oberfläche liegenden archäologischen Überreste kurzzeitig als *Feuchtemerkmale* oder auch *Feuchtigkeitsmerkmale* sichtbar werden. Ursache hierfür ist das unterschiedliche Wasserspeicher-

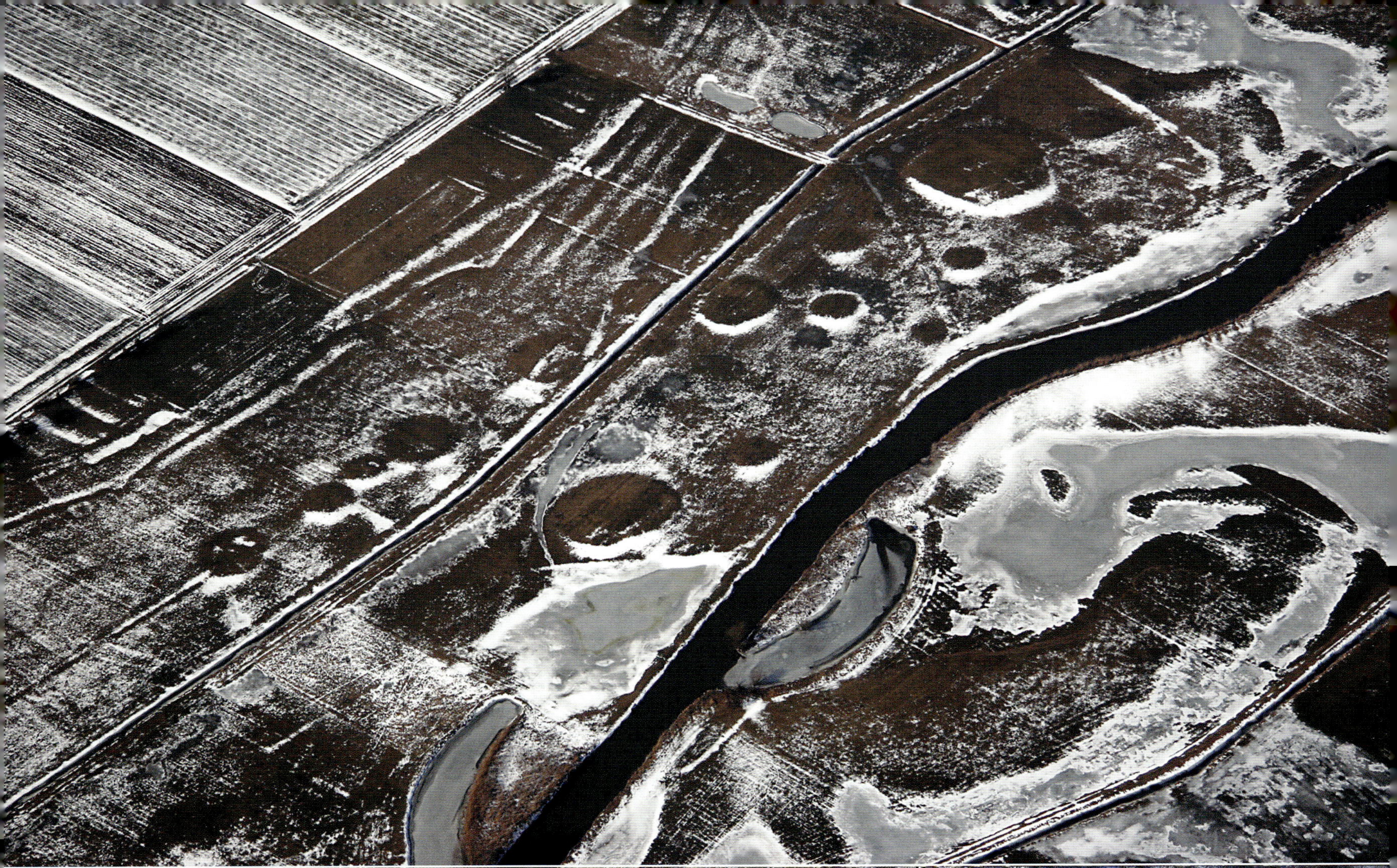

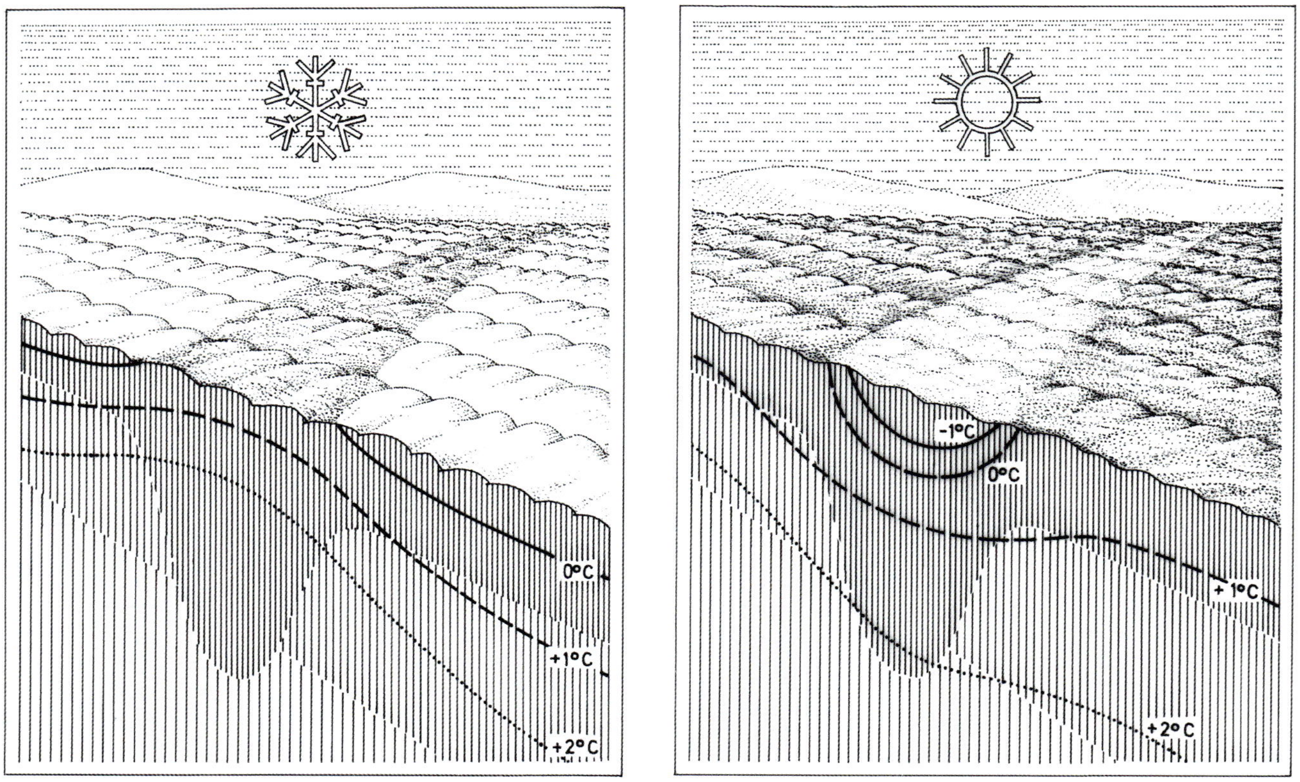

Abb. 29
Schematische Darstellung von positiven und negativen Schneemerkmalen (A. Kuczminski/Ruhr-Universität Bochum).

Abb. 30
Das unterirdisch erhaltene Grabenwerk von Altheim, Markt Essenbach, Landkreis Landshut, Niederbayern, tritt als positives Schneemerkmal fast vollständig für kurze Zeit ans Tageslicht (aufgenommen am 15. 12. 1996 von Klaus Leidorf).

Abb. 31
Mehr als die Hälfte des heute nur noch unterirdisch erhaltenen hallstattzeitlichen Herrenhofes von Ettling, Landkreis Eichstätt, Bayern, erscheint nach dem ersten Schneefall im Jahr 1996 als negatives Schneemerkmal (aufgenommen am 04. 12. 1996 von Klaus Leidorf).

Abb. 32
Die völlig planierte Viereckschanze Teufstetten bei Wörth, Landkreis Erding, Bayern erscheint über Wall als negative und über Graben als positive Schneemerkmale (aufgenommen am 15. 12. 1996 von Klaus Leidorf).

Abb. 33 Die fast schon planierte Motte von Schermbeck, Kreis Wesel, NRW wurde durch negative (über Gräben) und positive (über Wällen und Burghügel) Schneemerkmale entdeckt, während ihre nur geringfügig noch oberirdisch erhaltene Vorburg zum großen Teil durch Schattenmerkmale wahrnehmbar war (aufgenommen am 31. 01. 2015 von Baoquan Song)

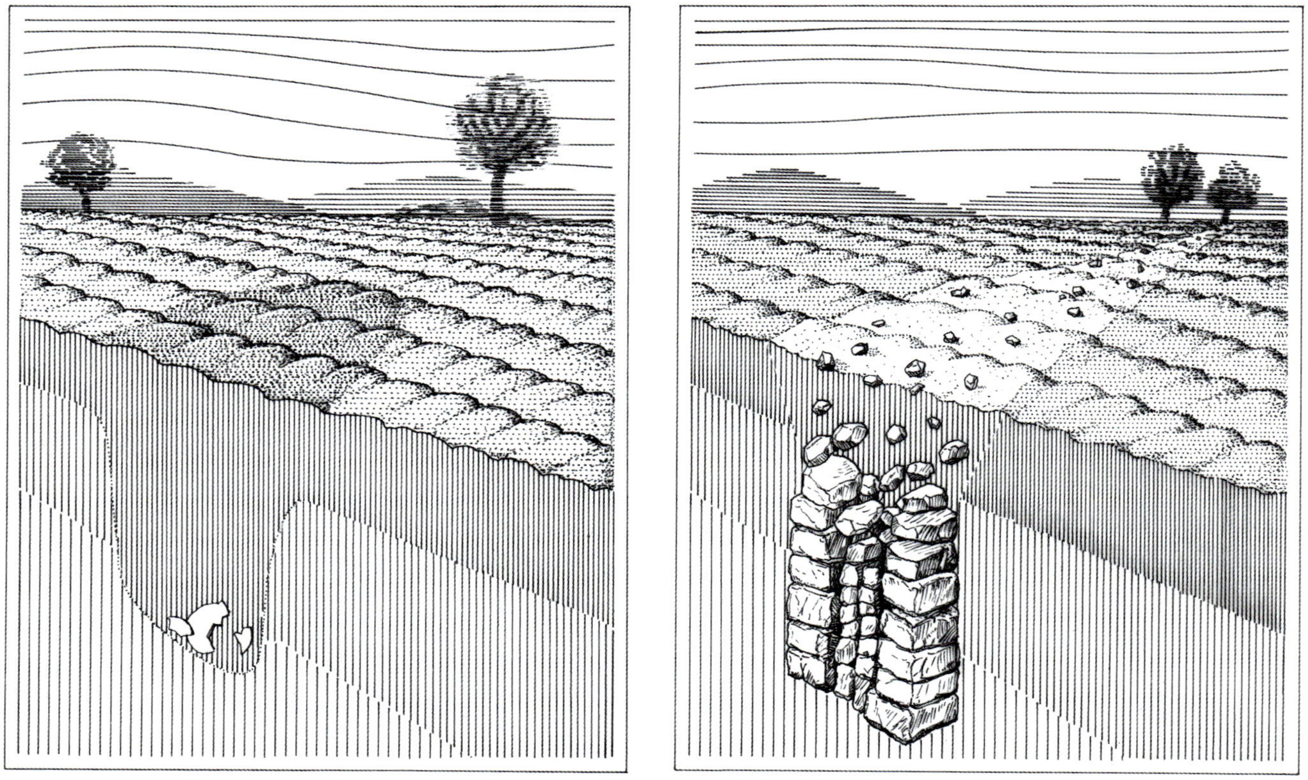

Abb. 34
Schematische Darstellung häufig anzutreffender Bodenmerkmale (A. Kuczminski/ Ruhr-Universität Bochum).

Abb. 35
Keltische Viereckschanze bei Holzhausen, Gemeinde Pfeffenhausen, Landkreis Landshut, Niederbayern, erscheint zum großen Teil als Bodenmerkmal, nur eine Ecke als Bewuchsmerkmal (aufgenommen am 12. 08. 2003 von Klaus Leidorf).

Abb. 36
Keltische Viereckschanze bei Holzhausen erscheint etwa je zur Hälfte als Boden- und Bewuchsmerkmal (aufgenommen am 23. 04. 2010 von Klaus Leidorf).

Abb. 37 Bauspuren ehemaliger Ziegelei bei Dorsten-Holsterhausen, NRW, traten nach dem Pflug als Bodenmerkmale auf (aufgenommen am 19. 04. 2011 von Baoquan Song).

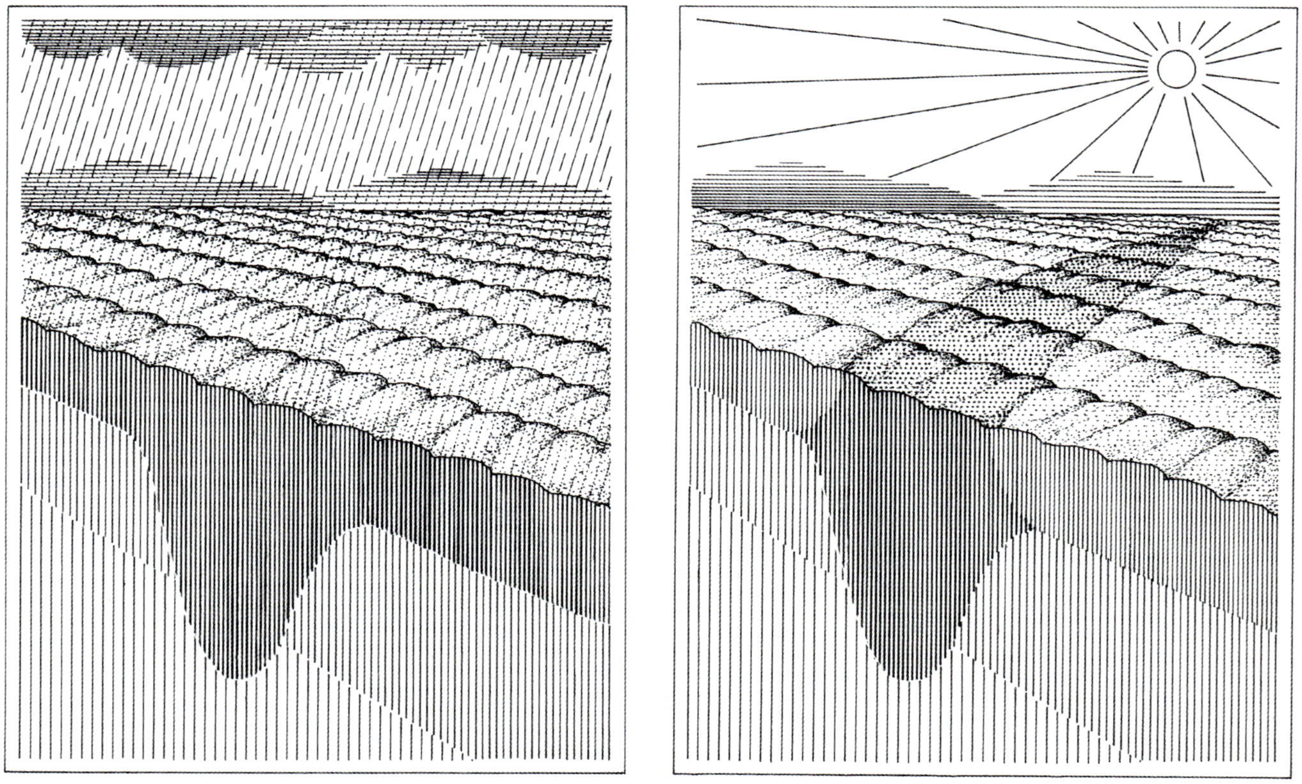

Abb. 38
Schematische Darstellung von Feuchtigkeitsmerkmalen (A. Kuczminski/Ruhr-Universität Bochum).

Abb. 39
Die neolithische Kreisgrabenanlage von Eching-Viecht, Landkreis Landshut, Niederbayern, erscheint hier auf dem Luftbild als eine Kombination von Boden- und Feuchtigkeitsmerkmalen (aufgenommen am 15. 04. 1996 von Klaus Leidorf). Wesentlich mehr Details zeigen die Bewuchsmerkmale der Fundstelle (vgl. Abb. 44).

Abb. 40
Die völlig eingeebnete Motte bei Wesel-Wittenberg (Uhlenflucht) verrät ihre Grundstruktur durch eine Kombination von Boden- und Feuchtigkeitsmerkmalen (aufgenommen am 19. 03. 2018 von Baoquan Song).

vermögen von natürlichem Boden und eingeebneten Bodendenkmälern, das vom strukturellen Aufbau des Speichermediums abhängt. Da Wasser durch die Oberflächenspannung auf Körnern und im Zwischenkornbereich gehalten wird, kann umso mehr Wasser gespeichert werden, je größer die innere Oberfläche bzw. der Porenraum ist. Störungen in der Korngrößenverteilung bewirken Änderungen des Wasserspeichervermögens. In und über archäologischen Störungen kann unter Umständen mehr Wasser als in deren Umgebung gespeichert werden (Abb. 34).

2.4.6 Bewuchsmerkmale

In Bereichen intensiven Ackerbaus sind *Bewuchsmerkmale* zahlenmäßig am häufigsten zu beobachten, denn dieselben Störungen, die zur Bildung von Boden- und Feuchtemerkmalen führen, üben auch Einfluss auf das Pflanzenwachstum aus. Das kann durch geringste, für das menschliche Auge kaum sichtbare Bodenstörungen bereits empfindlich beeinflusst werden. Ursachen sind Veränderungen des Wasser- und Nährstoffhaushaltes im Erdreich durch Einschwemmungen von feinkörnigem Bodenmaterial; auch frühere mechanische Auflockerung des Bodens kann Wurzelbildung und damit Pflanzenwachstum fördern (positive Bewuchsmerkmale), andererseits können massive Architekturreste aus Stein dieses hemmen (negative Bewuchsmerkmale).

Im Vergleich zu Boden- und Feuchtemerkmalen (vgl. Abb. 37 und 39) liefern Bewuchsmerkmale meistens viel detailreichere und deutlichere Spuren (vgl. Abb. 43 und 44).

Negative Bewuchsmerkmale werden bei ausreichender Trockenheit unabhängig von der örtlichen Bodenart überall dort sichtbar, wo feste unterirdische Hindernisse das Wurzelwachstum bereits früh bremsen und ihm den Zugang zu tieferer Feuchtigkeit und zu weiteren Nährstoffen verwehren. Selbst wenn es nach der anfänglichen Trockenheit wieder kräftig regnet, bleiben die einmal nachhaltig im Wachstum behinderten Pflanzen in Größe und Farbe kümmerlich und fahl (Abb. 42).

Positive Merkmale kommen in der gemäßigten Klimazone Mitteleuropas überwiegend über flachgründigen Böden (maximale Tiefe 60 cm) und wasserdurchlässigem Untergrund vor. Sie werden durch unterschiedliche Reaktionen einzelner Pflanzenarten, Stärke der Humusschicht sowie durch Form und Tiefe archäologischer Störungen bestimmt. Wenn archäologische Bodendenkmäler bis unter die Humusdecke reichen, kommt es durch die nachfolgende Verfüllung mit Oberflächenmaterial in tieferen Schichten zu differenzierten physikalischen Verhältnissen, die vor allem das Speichervermögen für Feuchtigkeit und Nährstoffe betreffen. Noch wichtiger als das Wasserspeichervermögen des Bodens ist für das Wurzelwerk der Pflanze die aktuelle Verfügbarkeit des Wassers. Getreide entwickelt z. B. kurz vor der Ährenschiebe den größten Wasserbedarf. Zu diesem Zeitpunkt treten positive Bewuchsmerkmale meist in Sandböden auf, während sie in Lehm oder tiefgründigem Lössboden nur zögernd oder gar nicht erscheinen.

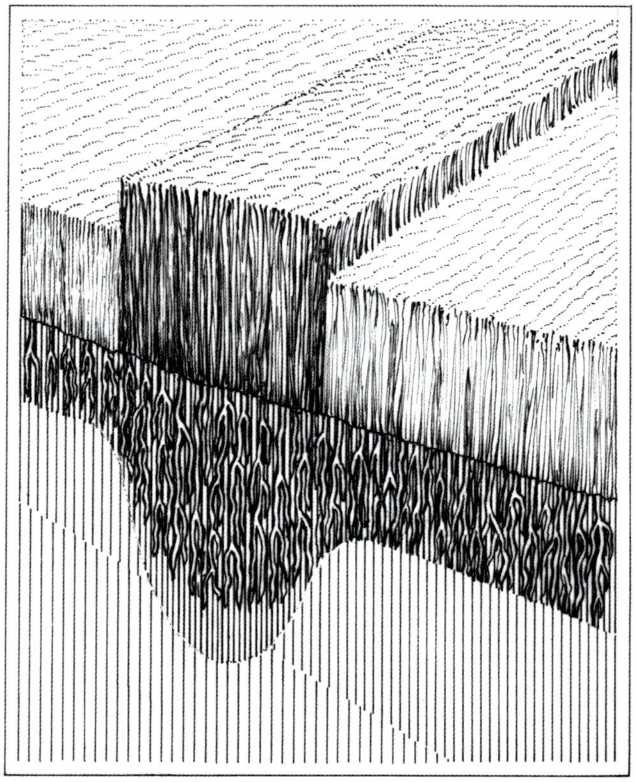

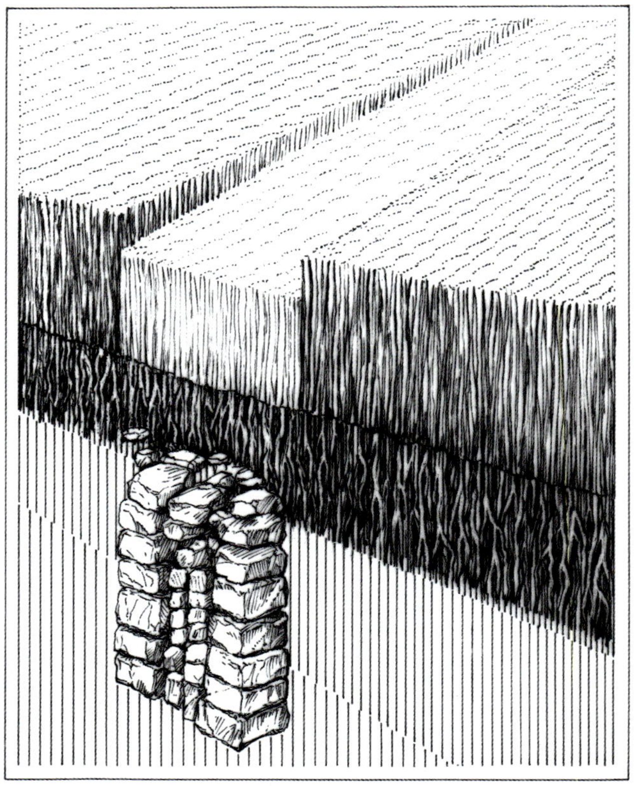

Abb. 41
Schematische Darstellung von positiven und negativen Bewuchsmerkmalen (A. Kuczminski/Ruhr-Universität Bochum).

Abb. 42
Steineinbauten in den hallstattzeitlichen Grabhügeln bei Kinding-Ilbling, Bayern, befinden sich unmittelbar unter der Ackerkrume und führen zur Bildung von negativen Bewuchsmerkmalen (aufgenommen am 10. 07. 2010 von Klaus Leidorf).

2.4.7 Naturräumliche Bedingungen für die Merkmale

Neben dem Faktor Erhaltungszustand von Bodendenkmälern steht die Ausprägung der Merkmale generell unter starkem Einfluss einer Reihe naturräumlicher Bedingungen. Diese spielen besonders dort eine entscheidende Rolle, wo die Fundstellen in der Regel zu unterirdischen Bodendenkmälern gehören und deswegen nur noch durch unterschiedliche Merkmale zu bestimmten Tages- und Jahreszeiten entdeckt werden können. Dies betrifft vor allem alle landwirtschaftlich aktiven Regionen.

Alle Merkmale, die unterirdische Bodendenkmäler erkennbar machen, sind meistens mehr oder weniger von naturräumlichen bzw. landwirtschaftlichen Faktoren abhängig. Als wichtigste Faktoren sind in diesem Zusammenhang die Landnutzung, die Bodenbeschaffenheit, das Klimaverhältnis und der Bewuchs zu nennen. Es ist wichtig festzustellen, auf welche Art und Weise sich diese verschiedenen, sich gegenseitig beeinflussenden Faktoren auf die Ausprägung von Merkmalen auswirken. Die Bedeutung dieses außerordentlich komplexen Themas wurde schon sehr früh erkannt und Luftbildarchäologen beschäftigen sich seit Jahrzehnten intensiv damit.[70]

Neben rein empirischen Beobachtungen wurden im Rheinland einige archäologische Bodendenkmäler, die durch Bewuchsmerkmale entdeckt und mit Luftbildern dokumentiert worden waren, auch mit bodenkundlichen Methoden untersucht. Eine vergleichende Analyse gestörter und ungestörter Bodenbereiche, z. B. bei den römischen Übungslagern in Veen, erbrachte aufschlussreiche Erkenntnisse über die chemischen und die physikalischen Veränderungen der gestörten Stellen und über deren Auswirkungen auf das Wachstum der Pflanzen. Die Abbildung 48 zeigt die Ergebnisse dieser Untersuchung.

Die Porenvolumenbestimmung und die Korngrößenanalyse in gestörtem und ungestörtem Boden zeigen hier ganz eindeutige Unterschiede. Somit lässt sich in gewissem Maß bestimmen, welche Vorbedingungen erfüllt sein müssen, damit auswertbare Bewuchsmerkmale erscheinen. „Die Veränderungen sind vorwiegend physikalischer Natur. Der Gehalt an Humusstoffen ist in den gestörten Bezirken meist nicht so hoch, wie oft von vornherein aufgrund einer intensiveren Färbung angenommen wird. In den drei bearbeiteten Fällen waren die Pflanzen im gestörten Bereich wohl besser ernährt. Der wichtigste Grund hierfür dürfte der durch Anreicherung von Feinsubstanz günstig veränderte Wasserhaushalt gewesen sein.“[71]

Fundplätze mit Bewuchsmerkmalen sind bereits auf allen Kontinenten festgestellt worden. Es wurden nun auch die Ursachen herausgefunden, warum Merkmale von unterirdischen Bodendenkmälern nur kurzzeitig erscheinen. Auch gibt es inzwischen immer mehr Regeln für deren Erfassung, die als allgemein gültig betrachtet werden können. Dennoch lassen sich aus den Boden- und Niederschlagskarten nur ungefähre Angaben darüber gewinnen, wo man erfolgreich Merkmale suchen könnte. Die vielfältige Bodengestalt, klimatische Ausreißer und das komplexe Zusammenwirken verschiedener Faktoren führen immer wieder zu Überraschungen.

Boden

Nicht alle Böden eignen sich gleichermaßen gut für die archäologische Flugprospektion. Boden- und Bewuchsmerkmale werden stark von den Bodenarten beeinflusst. Bei den Bewuchsmerkmalen ist jedoch das Auftreten negativer Merkmale beinahe unabhängig vom Bodentyp. Die Ausprägung positiver Bewuchsmerkmale dagegen ist von der Fruchtbarkeit des Bodens abhängig und von dessen Fähigkeit, Wasser zu speichern und zu verteilen (Abb. 49). Bezüglich der Eignung verschiedener Böden für die Ausprägung von Boden- und Bewuchsmerkmalen wurden sehr wertvolle Erfahrungen besonders in Großbritannien, Frankreich und Deutschland gesammelt.

In Großbritannien wurde in Kies- und Kreideböden eine große Menge archäologischer Fundstellen durch flächendeckende Flugprospektion entdeckt. Hierbei konzentrieren sich Boden- und Bewuchsmerkmale vor allem in den Anbaugebieten von Ost- und Südengland sowie von Ostschottland. Im kalten und nassen Westen Großbritanniens, wo Weideland vorherrscht, sind Boden- und Bewuchsmerkmale hingegen selten. Bodenmerkmale, die u. a. auf Ringwall, antike Feldsysteme und Siedlungsstätten hinweisen, wurden überwiegend auf dünnen Böden über Kreide und Sumpfschlamm beobachtet[72].

Roger Agache hat sehr bedeutende Beiträge zur französischen Luftbildarchäologie geleistet. Seine Arbeit konzentrierte sich auf Nordfrankreich, zuerst auf die Picardie, später auch auf die Normandie. In den nassen und lehmhaltigen Regionen des Nordwestens, wo das Grasland überwiegt, hat die sog. bocage-Landschaft, ländliche Gebiete mit den von Hecken und Gebüsch aufgeteilten kleinen Feldern, die typisch für den Nordwesten Frankreichs sind, vornehmlich mittelalterliche Siedlungsruinen, Befestigungsanlagen, Feldsysteme usw. konserviert, die als oberirdische Bodendenkmäler systematisch aus der Luft erfasst und untersucht wurden. Die besten Ergebnisse der Flugprospektion unterirdischer Denkmäler wurden in Artois und in der Picardie erzielt, wo der Untergrund aus hartem Kalkstein besteht und er überall von einer dünnen Ablagerung, dem sog. limon bedeckt ist. Der „limon“, also der nordfranzösische Schlamm, ist ein feinkörniger Lehm des Quartärs, der ursprünglich ähnlich wie Löss vom Wind

↖ Abb. 43
Bauspuren ehemaliger Ziegelei bei Dorsten-Holsterhausen, NRW, traten im Sommer viel deutlicher in Form von Bewuchsmerkmalen als in Form von Bodenmerkmalen auf (aufgenommen am 29. 06. 2010 von Baoquan Song).

← Abb. 44
Kreisgrabenanlage mit äußeren Doppelgräben und inneren Doppelpalisadengräbchen von Eching-Viecht, Niederbayern, als positive Bewuchsmerkmale (aufgenommen am 21. 04. 2016 von Klaus Leidorf).

abgelagert und dann vom Regenwasser abgewaschen wurde[73].

In Süddeutschland stellte O. Braasch aufgrund seiner langjährigen Erfahrung in der Flugprospektion fest, dass die Schotter-, Sand- und Lössböden ideale Bodentypen für das Auftreten verschiedener Merkmale sind. Positive Bewuchsmerkmale treten häufig auf festen Schotter- oder groben Sandböden auf. Diese beiden Böden haben, wie die Kies- und Kreideböden in Britannien, ein geringes Wasserspeicherungsvermögen und eine ziemlich dünne Humusschicht. Diese Eigenschaften vergrößern den Feuchtigkeitsunterschied im Boden zwischen den archäologischen Störungen mit feinporiger Einfüllung und seinen unberührten Bodenschichten in der Umgebung. Tiefgründige, homogene Lehm- und Lössböden lassen dagegen positive Bewuchsmerkmale nur bei besonderer Trockenheit oder Dürre erscheinen. Sie tragen dafür die Mehrzahl der so häufigen Bodenmerkmale. Der Grund hierfür ist sehr einfach: Während durchfeuchteter Sand aufgrund der stärkeren Korngröße eine geringere Oberflächenspannung entwickelt und sein Wasser deshalb rasch abgibt, wird es im feinporigen Lehm zäh festgehalten. Sandige Böden begünstigen deshalb ein sehr schnelles anfängliches Wachstum, dem bald ein kritisches Welke-Stadium folgt, wenn dem Wurzelwerk nicht rechtzeitig neues Wasser zugeführt wird. Der Löss- oder Lehmboden aber gibt bei einsetzendem Wasserbilanzdefizit seine gespeicherte Feuchtigkeit nur mit zunehmendem Widerstand an Pflanzenwurzeln ab. Aus diesem Grund ist dort der Fortschritt des Wachstums viel langsamer, aber auch die Welkeerscheinungen treten entsprechend später auf[74].

Dies deckt sich mit den im Rheinland von Irwin Scollar gesammelten Erfahrungen. Die großen Lössbezirke der Kölner Bucht galten bei der Flugprospektion aufgrund ihrer großen Getreidefelder als geeignet. Noch idealer für die Bewuchsmerkmale waren solche Gegenden, in denen der Löss über anderem Untergrund in nur dünner Schicht aufliegt. In dieser Hinsicht war das Neuwieder Becken mit seinem aus Vulkantuffen entstandenen Boden von großer Bedeutung.

Die Erfahrungen von Braasch und Scollar kann Baoquan Song auch durch seine Flugpraxis in Nordrhein-Westfalen und Rheinland-Pfalz bestätigen, als Beispiele seien hier der Lössboden im Rheinland, in der Soester, Paderborner und Warburger Börde sowie der sandige Boden im Münsterland genannt. In Niedersachsen und im nördlichen Landesteil von Westfalen konnten zahlreiche Siedlungsspuren auf Geeströcken, die durch Sandablagerungen während der Eiszeit entstanden, gefunden werden. Ebenso beobachtet Baoquan Song auf den leicht durchlässigen Schiefern beiderseits der Mosel zahlreiche Siedlungs- und Bestattungsspuren in Eifel und Hunsrück zwischen Koblenz und Trier.

Klima

Was die Voraussetzung des Klimas für die Flugprospektion betrifft, so gibt es im mitteleuropäischen Raum mit seinem mäßigen Klima eine allgemein gültige Regel. Diese besagt, dass in einem trockenen Jahr wesentlich mehr luftbildarchäologische Merkmale aus der Luft zu finden sind als in einem nassen Jahr. Trockene Regionen sind generell für die Ausprägung der Bewuchsmerkmale günstig.

Wenn in einem Gebiet die Verdunstung größer als der Niederschlag ist, sprechen wir vom *Wasserbilanzdefizit*. Dieses Defizit spielt als einer der wichtigen Klimafaktoren, vor allem bei der Ausprägung von Bewuchsmerkmalen, eine große Rolle. Tritt in einem Feld ein Wasserbilanzdefizit auf, so bedeutet dies, dass die verfügbare Feuchtigkeit in der obersten Bodenschicht, in der die Pflanzen wachsen, zunehmend erschöpft wird. Die Pflanzen leiden normalerweise an Wassermangel und beginnen zu verwelken. Ausnahmen bilden dann nur die Stellen, an denen natürliche Bodenschichten von Menschen gestört wurden, wie z. B. verfüllte Gräben. Hier können die Pflanzenwurzeln einerseits wesentlich tiefer in den Boden eindringen und somit an das benötigte Wasser kommen, andererseits, da die physikalischen Eigenschaften des Bodens an Stellen archäologischer Anomalien oft zugunsten eines größeren Wasserspeichervermögens verändert sind, steht dem Pflanzenwurzelwerk meistens ohnehin mehr Wasser zur Verfügung. Aus diesen Gründen ragen die Pflanzen bei Dürre über bestimmten Denkmälern als positives Bewuchsmerkmal heraus. Die Pflanzen wachsen nicht nur prächtiger und größer, sondern reifen auch später.

Als konkretes Beispiel dient hier die Abbildung 50. Sie stellt die Wasserbilanz einer Feldflur in der Umgebung von Neuburg an der Donau im Jahr 1976 dar. Die gesamte Verdunstung eines Feldes setzt sich aus der Verdunstung des bedeckten Bodens (Evaporation) und der Pflanzenoberflächen (Transpiration) zusammen. In der Abbildung 43 sind beide Verdunstungsarten addiert. Der durchgezogenen Kurve der gesamten Verdunstung ist der gestrichelte Kurvenverlauf des Niederschlags im Dürrejahr 1976 gegenüber gestellt. Dadurch wird deutlich, dass 1976 die Verdunstung in den Monaten Februar bis Juni ständig über der durch Niederschlag zugeführten Wassermenge lag. Das so entstandene Defizit in der Wasserbilanz schuf hervorragende Voraussetzungen für die Entstehung von Bewuchsmerkmalen. Deswegen wurde 1976 das „Jahrhundertjahr" der Luftbildarchäologie in Europa genannt[75].

← Abb. 45
Ein Gräberfeld der Spätbronze- und Früheisenzeit bei Herten-Transvaal, NRW. Auf dem Luftbild sind Kreisgräben und rechteckige Grabenstrukturen, die wohl als Überreste planierter Grabhügel und Langbetten zu interpretieren sind (aufgenommen am 22. 06. 2010 von Baoquan Song).

↙ Abb. 46
Luftbild eines hallstattzeitlichen Herrenhofes, Regensburg-Irl, Bayern als positives Bewuchsmerkmal (aufgenommen am 23. 06. 2003 von Klaus Leidorf).

Abb. 47 ↑
Positive und negative Bewuchsmerkmale des römischen Kastells von Ruffenhofen, Bayern (aufgenommen am 05. 07. 2001 von Klaus Leidorf).

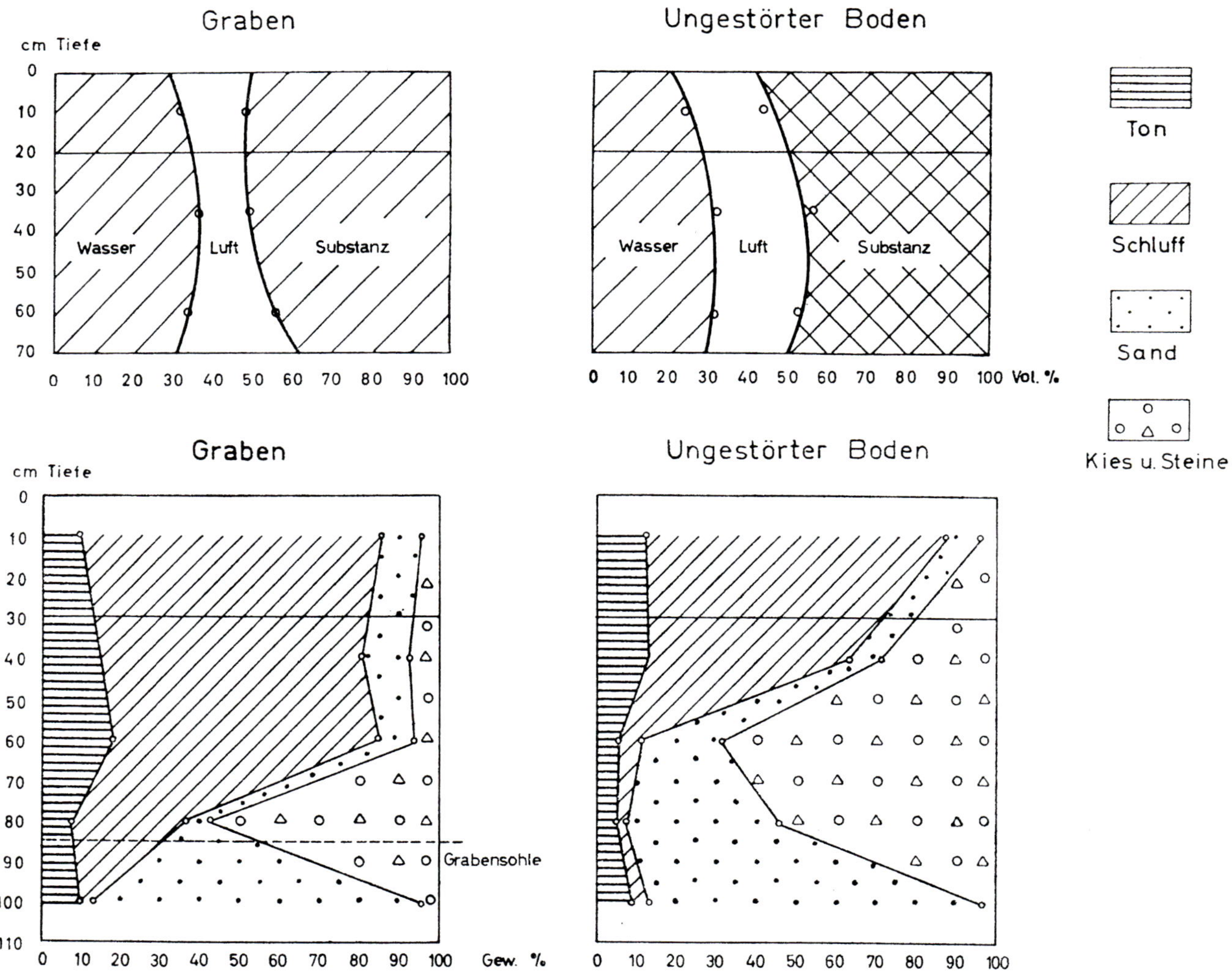

Abb. 48
Bodenkundliche Untersuchung im Rheinland: Porenvolumenbestimmung in gestörtem und ungestörtem Boden (oben), Korngrößenanalyse in gestörtem und ungestörtem Boden (unten; Strunk-Lichtenberg 1965, 193, Bild 22 und 198, Bild 28).

Die Dürre im Jahr 2018 war vor allem in Mittel- und Norddeutschland deutlich zu spüren, und es gab viele Meldungen zu neuen luftbildarchäologischen Entdeckungen in Niedersachsen, Sachsen und Sachsen-Anhalt. Auch in England wurden zahlreiche Spuren gemeldet. Baoquan Song sah die Dürre in Nordrhein-Westfalen allerdings mit einem lachenden und einem weinenden Auge, weil die Trockenheit einfach zu früh kam. Trockenheit bzw. Dürre ist generell für die Luftbildarchäologie gut und die Bewuchsmerkmale sind nichts Anderes als Schäden im Bewuchs durch Wassermangel. Daher ist es festzustellen, dass je trockener desto deutlicher die Ausprägung der Bewuchsmerkmale zu erwarten sind. Nur in diesem Jahr kam die Trockenheit bereits im Februar, wie man aus der Tabelle 1 entnehmen kann, der März war noch einigermaßen normal. Dann blieben die Niederschläge von April bis Oktober ununterbrochen erheblich gering. Und gleichzeitig lagen die Temperaturen in einzelnen Monaten bis zu 2,3 Grad höher als sonst, abgesehen von Februar, März und September (s. Tabelle 2). Die Kombination der beiden Wetterfaktoren führte zu einem deutlichen und andauernden Wasserbilanzdefizit im Boden. Normalerweise können Bewuchsmerkmale im Getreide je nach Witterungsbedingungen vor allem in drei Wachstumsstadien auftreten, nämlich schnelles Heranwachsen (Schossen) im Frühjahr (Ende April und Anfang Mai), Ährenschieben (Ende Mai und Anfang Juni) und Reife (Mitte Juli und Anfang August) im Sommer. Durch die Dürre 2018 erschienen die ersten Bewuchsmerkmale bereits im März und April; und Ährenschieben und Reife fand z. T. schon Anfang Mai und Mitte Juni statt. Ab Mitte Juni wurden Winterweizen und Gerste schon teilweise abgeerntet. Da die Pflanzen in ihren Hauptwachstumsphasen unter permanentem Wassermangel und Hitze litten, blieben sowohl die Pflanzen als auch ihre Körner klein. Dadurch waren die Bewuchsmerkmale nicht besonders stark ausgeprägt (vgl. Abb. 51 mit einer Serie von Luftbildbefunden des Römerlagers Vetera castra I auf dem Fürstenberg bei Xanten im Verlauf des Jahres 2018). Im Hochsommer konnten verhältnismäßig mehr Spuren in Maisfeldern beobachtet werden.

Überraschenderweise traten Spuren in Wiesen auf, die in normalen Jahrgängen überhaupt nicht zu sehen waren (vgl. Abb. 52).

Neben dem Faktor des Wasserbilanzdefizits ist die Ausprägung von positiven Bewuchsmerkmalen ferner durch das Zusammenwirken von Niederschlagsmengen und Bodenarten bedingt. Das jeweils günstigste Niederschlagsminimum hierfür muss deswegen in einzelnen Gebieten je nach Bodenart festgestellt werden.

Bewuchs

Fast bei allen Pflanzenarten können Bewuchsmerkmale auftreten, wenn günstige bodenkundliche und klimatische Verhältnisse vorliegen. Den wichtigsten Anhalts-

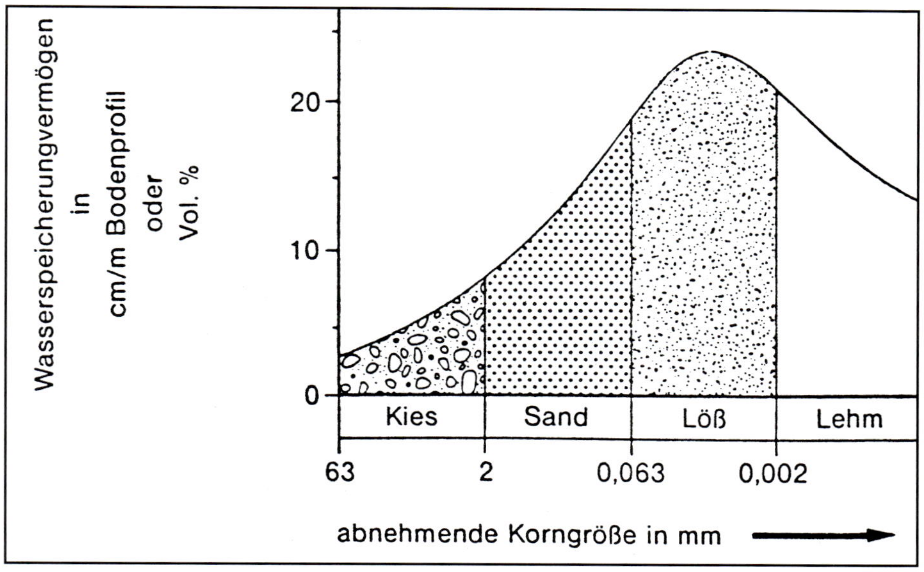

Abb. 49
Schematische Darstellung des Speichervermögens für Wasser in verschiedenen Böden mit deren Korngrößen (Braasch 1983, 36, Abb. 26).

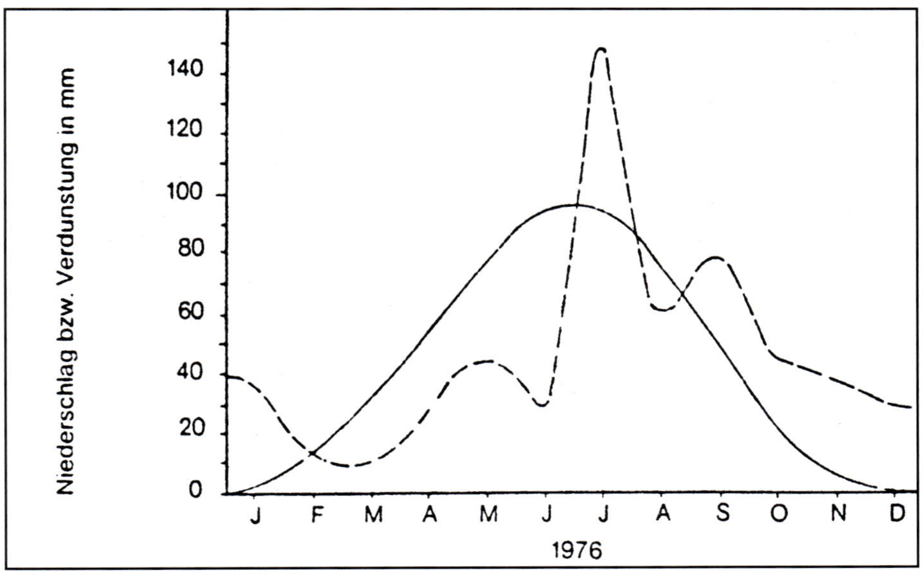

Abb. 50
Wasserbilanz im Trockenjahr 1976 (Christlein/Braasch 1982, 34, Abb. 19).

Durchschnittlicher Verdunstungsbetrag (mm) eines Getreidefeldes im Verhältnis zur Niederschlagsmenge (mm) gemessen im Trockenjahr 1976 an der Wetterstation Neuburg/Donau

- Verdunstung
- Niederschlag
- Wasserbilanzdefizit (Verdunstung größer als Niederschlag)

Niederschläge [in mm] der Ludger-Mintrop-Stadtklimastation (LMSS) – Monatswerte von 2002–2018

	Jan	Feb	März	April	Mai	Juni	Juli	Aug	Sep	Okt	Nov	Dez	Jahres-summe
2002	65,6	150,9	58,1	74,6	69,7	59,8	98,5	119,8	40,2	74,7	103,9	85,3	**1001,1**
2003	93,7	17,0	60,6	50,3	71,0	56,5	56,4	30,9	77,4	96,5	41,1	67,4	**718,8**
2004	115,0	66,2	37,7	57,4	77,0	80,8	133,1	111,0	78,2	40,9	106,6	59,7	**963,6**
2005	85,6	89,9	44,2	65,2	76,9	64,7	66,2	102,8	41,9	56,9	52,4	61,9	**808,6**
2006	21,8	64,9	84,0	64,0	114,2	11,0	77,2	124,5	70,2	53,7	75,7	89,6	**850,8**
2007	118,1	87,3	64,5	0,2	145,6	86,8	128,3	149,3	104,1	43,3	98,7	63,2	**1089,4**
2008	87,7	45,3	76,8	58,7	56,4	63,1	107,4	88,0	75,0	71,8	58,8	43,3	**832,3**
2009	39,4	67,5	105,7	25,1	36,8	77,2	171,3	30,9	28,8	115,0	120,7	83,8	**902,2**
2010	55,2	76,2	66,0	10,7	47,7	19,5	86,3	186,2	62,9	45,5	121,7	99,1	**877,0**
2011	98,2	41,8	17,0	18,0	21,9	73,4	115,2	130,3	70,3	71,8	2,9	114,3	**775,1**
2012	125,4	22,9	11,9	63,2	27,6	104,0	144,6	22,4	40,8	79,6	29,5	119,2	**791,1**
2013	48,7	59,9	36,5	24,4	78,2	93,9	19,1	40,1	102,3	65,8	69,5	70,7	**709,1**
2014	47,0	25,9	14,4	53,7	108,7	81,6	198,9	93,8	68,0	67,1	45,6	72,0	**876,7**
2015	86,8	44,6	55,8	31,6	33,6	47,9	85,3	146,7	91,6	55,5	124,8	47,3	**851,5**
2016	108,8	97,6	42,3	57,4	70,7	134,1	32,7	67,5	26,2	38,2	59,6	25,6	**760,7**
2017	43,1	73,0	53,7	19,9	50,4	42,3	129,9	68,8	89,6	52,6	90,1	102,1	**815,5**
2018	81,4	13,7	61,7	37,3	31,1	50,8	21,8	60,0	33,4	22,7	stehen noch aus		**413,9**
Mittelwert 2002–2018	**77,7**	**61,4**	**52,4**	**41,9**	**65,7**	**67,5**	**98,4**	**92,5**	**64,8**	**61,9**	**75,1**	**75,3**	**825,7**
Abweichung vom Mittelwert für das Jahr 2018	3,7	-47,7	9,3	-4,6	-34,6	-16,7	-76,6	-32,5	-31,4	-39,2	stehen noch aus		175,4

Tab. 1 Niederschläge von 2002 bis 2018 mit dem Mittelwert in diesem Zeitraum und Abweichung vom Mittelwert im Jahr 2018, gemessen an einer Wetterstation in Bochum (Ludger-Mintrop-Stadtklimastation, Geographisches Institut, Klimatologie, Ruhr-Universität Bochum).

Lufttemperatur [in °C 2m über Boden] der Ludger-Mintrop-Stadtklimastation (LMSS) – Monatsmittelwerte von 2002–2018

	Jan	Feb	März	April	Mai	Juni	Juli	Aug	Sep	Okt	Nov	Dez	Jahre-mittel
2002	5,0	7,5	7,9	10,2	14,9	18,4	18,4	19,2	14,6	10,3	9,2	3,7	**11,6**
2003	2,7	2,4	8,5	10,8	14,9	20,0	20,2	20,7	15,0	7,9	9,2	4,6	**11,4**
2004	3,7	5,0	6,6	11,4	13,1	16,6	17,6	19,5	15,6	12,3	6,3	3,2	**10,9**
2005	5,1	2,1	7,6	11,5	14,3	18,1	19,3	16,9	16,7	14,0	7,0	4,3	**11,4**
2006	1,5	2,6	4,5	10,0	15,4	18,6	23,7	16,7	18,8	14,9	10,0	7,3	**12,0**
2007	7,3	7,2	8,8	14,4	15,8	18,5	18,6	17,7	14,3	10,7	7,1	4,4	**12,1**
2008	7,0	6,1	6,5	9,8	16,8	18,2	18,8	18,7	14,1	10,9	7,3	3,0	**11,4**
2009	0,9	3,8	6,8	14,1	15,5	16,8	19,2	19,7	16,0	10,7	10,6	3,1	**11,4**
2010	-0,1	2,3	6,9	11,1	12,1	18,6	21,9	17,7	14,3	10,7	6,9	-1,1	**10,1**
2011	3,8	5,1	7,4	14,1	16,1	17,9	17,1	18,5	16,9	11,8	8,6	6,5	**12,0**
2012	4,8	1,1	9,5	10,0	16,2	16,3	18,5	20,2	14,6	11,1	7,8	5,4	**11,3**
2013	2,5	1,6	2,8	10,2	13,1	17,1	20,7	19,3	15,1	13,2	6,7	6,5	**10,7**
2014	6,2	7,0	8,8	12,6	13,3	16,9	20,2	16,6	15,7	13,6	8,6	4,4	**12,0**
2015	3,9	3,3	6,6	10,0	13,5	17,2	19,8	19,8	13,6	9,8	9,8	9,8	**11,4**
2016	4,7	4,3	5,2	9,3	15,4	17,6	19,6	18,2	17,8	9,4	5,5	4,5	**11,0**
2017	0,6	5,3	9,3	8,4	15,8	19,1	19,0	17,7	13,7	12,7	6,6	4,4	**11,1**
2018	5,2	-0,2	4,5	13,5	17,2	18,2	21,9	19,9	14,7	11,7	stehen noch aus		**12,7**
Mittelwert 2002–2018	3,8	3,9	7,0	11,3	14,9	17,9	19,7	18,6	15,4	11,5	8,0	4,6	**11,4**
Abweichung vom Mittelwert für das Jahr 2018	1,4	-4,1	-2,5	2,2	2,3	0,3	2,2	1,3	-0,7	0,2	stehen noch aus		**1,2**

Tab. 2 Temperatur von 2002 bis 2018 mit dem Mittelwert in diesem Zeitraum und Abweichung vom Mittelwert im Jahr 2018, gemessen an einer Wetterstation in Bochum (Ludger-Mintrop-Stadtklimastation, Geographisches Institut, Klimatologie, Ruhr-Universität Bochum)

Abb. 51-1
Die Überschneidung der frühaugusteischen Umwehrung durch die Ostumwehrung des neronischen Lagers war überrauschend schon Anfang Mai deutlich als Bewuchsmerkmale zu erkennen (aufgenommen am 09. 05. 2018 von Baoquan Song).

Abb. 51-2
Nicht nur die Überschneidung der beiden Lager war Ende Mai klar zu sehen, sondern auch viele Details wie z. B. die doppelten Fundamentgräbchen der Holzerde-Umwehrung des frühaugusteischen Lagers (aufgenommen am 29. 05. 2018 von Baoquan Song).

punkt für die Luftbildarchäologie stellt aber das Getreide dar, da es sehr empfindlich auf Störungen im Boden reagiert. Viele andere Pflanzenarten sind ebenfalls für die archäologische Flugprospektion brauchbar, nur sind ihre Merkmale in den meisten Fällen nicht so deutlich wie die des Getreides.

Auf die durch archäologische Störungen ausgelösten Feuchtigkeits- und Nährstoffunterschiede reagiert insbesondere das langwurzelige Getreide, wobei verschiedene Getreidesorten bei der Ausprägung von Bewuchsmerkmalen durchaus unterschiedliche Empfindlichkeiten aufweisen. Die einzelnen Pflanzenteile werden in der Regel vom Wassermangel unterschiedlich betroffen: Zuerst reagieren die Blätter, dann der Stamm und schließlich die Wurzeln mit reduziertem Wachstum und zum Schluss mit Verwelken. Wird jedoch rechtzeitig Wasser zugeführt, so verläuft der Erholungsprozess umgekehrt. Gerste, die besonders große Blätter trägt, reagiert empfindlicher auf Trockenheit und bringt dementsprechend die klarsten und frühesten Merkmale hervor. Der Gerste folgen in abgestufter Reaktionsfähigkeit Hafer, Weizen und Roggen. Mais bleibt von archäologischen Störungen fast unbeeinflusst; er ist ein Medium, das nur bei lang andauernder Trockenheit Spuren zeigt. Ganz selten kann man über tiefen Gräben Unterschiede in der Wuchshöhe beobachten.

Unter den Hackfrüchten sind die Zuckerrüben ein recht verlässlicher Indikator, allerdings treten bei ihnen die Merkmalskonturen aufgrund ihrer Blattgröße und der relativ weiten Pflanzabstände gröber auf. Kartoffeln sind schlechte Medien für archäologische Signale aus dem Untergrund. Deutlicher reagieren Klee und Luzerne. Gras zeigt gelegentlich, vor allem aber in ausgesprochen trockenen Lagen, Spuren des Wassermangels an und erholt sich dabei nach einem kräftigen Regenguss erstaunlich schnell von starken Dürreschäden.

Bei Feldfrüchten wie Obst, Weinreben und Beeren sowie Gartenprodukten wie Tomaten und Bohnen wird in Deutschland allgemein keine Reaktion beobachtet. Der Grund hierfür liegt wahrscheinlich eher darin, dass sie hierzulande in Reihen mit großen Zwischenräumen angepflanzt werden, und nicht darin, dass es ihnen von vornherein an Reaktionsempfindlichkeit fehlt.

In England wurden gute Erfahrungen mit Merkmalen in Erbsen, Bohnen und Viehfutterpflanzen wie Luzerne gemacht. Dort hat man auch bei trockenem Wetter im Frühjahr gute Merkmale in Raps beobachten können, da er ziemlich früh reift[76]. Aus Frankreich

Abb. 51-3
Einen halben Monat später verschwanden die deutlichen Spuren im Bereich der Überschneidung allmählich, weil die Pflanzen zu dieser Zeit durch extreme Trockenheit und Hitze allgemein stark litten, sodass sich der Kontrast zwischen den unterirdischen Bauspuren und ihren ungestörten Umgebungen langsam verringerte (aufgenommen am 13. 06. 2018 von Baoquan Song).

Abb. 51-4
Mitte Juni wurde das Wintergetreide z. T. schon reif, fast einen Monat früher als im normalen Jahrgang. Die Bewuchsmerkmale blieben im Überschneidungsbereich gegen Erwartung nicht besonders klar (aufgenommen am 20. 06. 2018 von Baoquan Song).

Abb. 51-5
Ende Juni war das Wintergetreide komplett reif. Auch sonstige Bauspuren im Sommergetreide waren unklarer als sonst (aufgenommen am 27. 06. 2018 von Baoquan Song).

wurde kürzlich auch von deutlichen Bewuchsmerkmalen in Erbsenfeldern berichtet.

Tee und Sisal können als Indikatoren in tropischen Regionen unter günstigen Bedingungen ebenfalls unterirdische Bodendenkmäler anzeigen[77]. In Reisfeldern ist es dagegen, aufgrund der ständigen Bewässerung, kaum möglich, Fundstellen durch Wachstumsunterschiede zu erkennen.

Unterirdische Denkmäler können auch durch Wachstumsunterschiede bei wilden Pflanzen lokalisiert werden. In klimatisch milden Ländern, wie z. B. Großbritannien, sind Farbunterschiede im Gras bedeutsam. Im Hochland offenbaren Unterschiede in der Verteilung bestimmter wilder Pflanzen wie Heidekraut, Stechginster und Gras Wallanlagen. In unfruchtbaren Gebieten kann eine spärliche Vegetation genauso gut wie Kulturpflanzen auf Bodendenkmäler hinweisen. Vor einigen Jahren hat man in England oft beobachten können, dass Mohnpflanzen und Gänseblümchen über Mauerwerken oder Gräben von Bergfestungen blühen. Selbst in Kornfeldern von rotem Mohn oder gelbem Senf konnten positive Bewuchsmerkmale eindeutig festgestellt werden. Der Grund hierfür ist vermutlich die Vorliebe bestimmter Unkräuter oder wilder Blumen für entwässerte Bodenschichten, während andere Pflanzen feuchtere Gräben vorziehen. Die zunehmende Verwendung von Unkrautvernichtungsmitteln verhindert allerdings in der modernen Landwirtschaft die Ausbildung solcher „Unkrautmerkmale"[78].

Durch die Pionierarbeit von A. Poidebard in den syrischen Steppen wurden Wildpflanzen als ebenso taugliche Indikatoren für die Ausprägung von Bewuchsmerkmalen befunden wie das Getreide in landwirtschaftlich aktiven Regionen. Verdeckte unterirdische Ruinen antiker Städte in Syrien, einem dürren und subtropischen Land, werden jedes Jahr im Frühling und Herbst durch z. T. ziemlich deutliche Farbunterschiede des wilden Pflanzenwuchses angezeigt[79].

Für die Flugprospektion wäre es immer ideal, wenn durch verschiedene Merkmale archäologische Spuren in ihrer Gesamtheit umrissen würden. Dies bedeutet, dass ein Ackerland desto geeigneter für die Luftbildarchäologie ist, je größer seine Feldteilung ist. Denn oft erlauben große Felder ohne eine Behinderung durch Feldbegrenzungen, ausgedehnte archäologische Spuren aus der Luft zu beobachten.

Nur manchmal können selbst in einem großen Feld Probleme auftreten, nämlich dann, wenn sich eine archäologische Fundstelle über eine große Fläche auf

← Abb. 52
Spuren einer Motte, der Vorgänger vom Haus Loe in Marl-Drewer, erschienen durch die Dürre im Sommer 2018 zum ersten Mal als positive Bewuchsmerkmale (aufgenommen am 18.07.2018 von Baoquan Song). Der Fundplatz befindet sich nicht weit vom Flugplatz Marl-Loemühle, von dem Baoquan Song seit mehr als 20 Jahren startet und landet, und wurde bis dahin unzählige Male unbemerkt überflogen.

↙ Abb. 53
Das neronische Lager Vetera castra I diente als eine der wichtigsten römischen Militärbasen am niederrheinischen Limes auf dem Fürstberg südlich von Xanten, NRW. Von 12 v. Chr. bis 69/70 n. Chr. wurden hier mehrere Lager/Bauphasen errichtet. Die letzte Bauphase stammt aus der Regierungszeit des Kaisers Nero und ist als Bewuchsmerkmale in Grundzügen auf dem Luftbild zu erkennen. Der Luftbildarchäologe versucht die Lücken dazwischen durch unermüdliche Wiederholung von Befliegungen zu schließen. Es kommt selten vor, dass sich der Bauer bzw. Pächter so „kooperativ" verhält und das für die Luftbildarchäologie am besten geeignete Getreide anbaut. Dennoch erscheinen die Bewuchsmerkmale aufgrund unterschiedlicher Getreidesorten und die dadurch bedingten Reifezeiten nicht immer gleichzeitig (aufgenommen am 03.07.2006 von Baoquan Song).

Abb. 54 Günstige Beobachtungszeiten für Boden-, Bewuchs- und Schattenmerkmale in Nordrhein-Westfalen (Kühlborn 1989, Abb. 20).

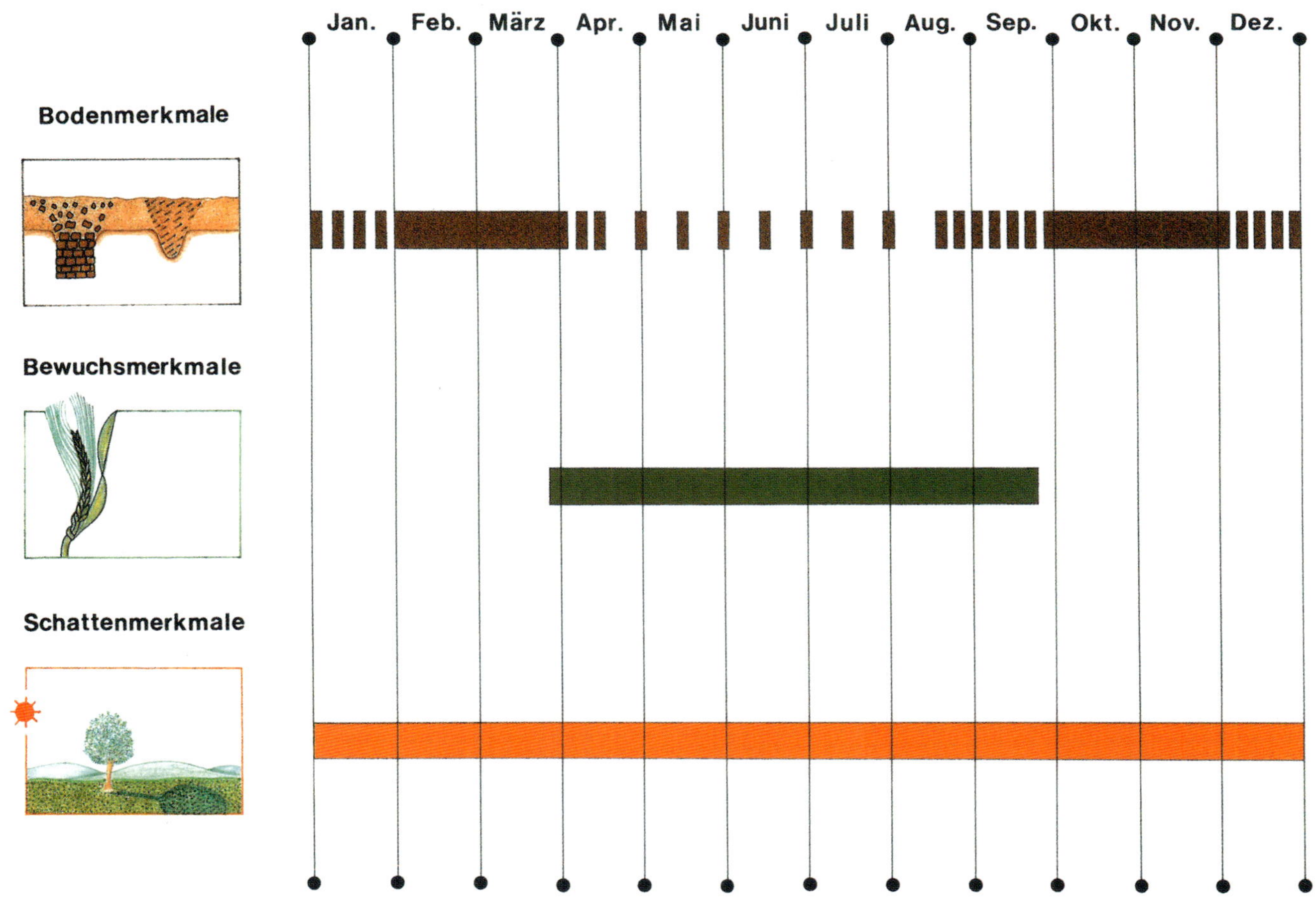

mehr als ein Ackerfeld verteilt. Es passiert nämlich in der Praxis sehr häufig, dass die betreffenden Ackerfelder nicht durchgehend mit dem gleichen, für die Flugprospektion günstigen Saatgut bebaut werden (vgl. Abb. 53). In dem Fall sind häufige Befliegungen zu unterschiedlichen Jahreszeiten erforderlich, die ohnehin – unabhängig von Feldgröße und jeweils angebauter Feldfrucht – nötig sind, um die unterschiedlichen Klimaabläufe zu kompensieren.

2.4.8 Jahreszeit und Merkmale

Luftbildarchäologie kann und soll durch das ganze Jahr betrieben werden. Abgesehen von den Schattenmerkmalen können die anderen Merkmale meistens nur zu bestimmten Jahreszeit beobachtet werden. Auch Schattenmerkmale sind im Winter wegen des tiefen Sonnenstandes leichter und klarer zu erkennen als im Sommer zu früheren und späteren Stunden. In der Praxis konzentriert man sich im Sommer eher auf die Beobachtung von Bewuchsmerkmalen. Durch das Getreidewachstum bedingt, ist die Mehrzahl der Bewuchsmerkmale von April bis September in unserer Region anzutreffen. Bewuchsmerkmale sind aber auch in den Wintersaaten und in der Zwischenfrucht von Ende März bis in den Dezember hinein vereinzelt zu finden.

Um Bodenverlust durch Erosion zu vermeiden, ist heute eine gängige Praxis, Ackerfelder mit Grünpflanzen wie z. B. Raps zu überwintern. Im Frühjahr werden diese Pflanzen einfach umgepflügt, um sie als Düngung zu nutzen. In den trockenen Wintermonaten wurden daher ab und zu deutliche Bewuchsmerkmale gesehen (Abb. 55). Dadurch bedingt werden Bodenmerkmale, die ja vegetationsfreie Ackerflächen voraussetzen, meistens nur kurzzeitig in frisch gepflügten und neu eingesäten Feldern im Frühjahr, Hochsommer nach Getreideernte und im Herbst beobachtet. Schnee- und Frostmerkmale können von November bis März auftauchen. Durch Erderwärmung fällt im Flachland immer weniger Schnee und Schnee bleibt in der Regel häufig auch nicht länger am Boden liegen. In der jüngsten Zeit haben wir immer häufiger mit extremen Wetterphänomenen zu tun. Dies führt oft zu Überschwemmungen im Frühjahr, die Flutmerkmale in Niederungen und Flachland verursachen können.

2.5 Waldgebiete

Waldgebiete bilden normalerweise die methodische Grenze für die Luftbildarchäologie, weil es Bäume in der Regel nicht zulassen, die Erdoberfläche aus der Luft zu beobachten. Dennoch dürfen Waldgebiete von der Flugprospektion und Luftbildauswertung nicht komplett ausgeschlossen werden. Die Anwendung von LiDAR-Daten zeigt in jüngster Zeit, dass die Wälder oft auf eine sehr überraschende Art und Weise archäologische Bodendenkmäler konservieren, nicht nur aufgrund der hohen Anzahl oberirdisch erhaltener Anlagen, sondern auch aufgrund der guten Erhaltungszustände verschiedener Denkmalgattungen.

2.5.1 Flugprospektion von Waldgebieten

Im Winter konnten z. B. in den lichten Laubwäldern Deutschlands bereits bekannte, oberirdische Bodendenkmäler aufgenommen werden, deren Strukturen sich insbesondere im Schnee als Schattenmerkmale deutlich abzeichneten. Die Deutlichkeit der Merkmale wurde durch den weiten Abstand der laubfreien Bäume und durch Schräglicht gesteigert. Neben der umständlichen topographischen Vermessung der Denkmäler im Gelände war dies praktisch die einzige Möglichkeit, Details der Anlagen für einen Plan zu gewinnen.

Die Ringwallanlage Dünsberg ist ein etwa 90 ha großes eisenzeitliches Oppidum auf dem Dünsberg, das durch drei mächtige Ringwälle befestigt war (Abb. 56).

Abbildung 57 zeigt das Luftbild der eisenzeitlichen Höhenbefestigung Hünnenburg von Borchen, Landkreis Paderborn, die bei der Befliegung am 26. Januar 2013 aufgenommen wurde. Die einheitliche Schneedecke und die tiefstehende Sonne am Wintervormittag riefen die Schattenmerkmale hervor, die den Plan der später im Mittelalter weiter benutzten Wallburg in einer seltenen Vollständigkeit abbilden. Die Schatten der völlig laubfreien Bäume bilden eine feine Schraffur, deren Verlauf Hänge und Hochebene sowie geringfügige Unebenheit deutlich wiedergibt. Kräftige Bänder, die dieses Raster unterbrechen, betonen die Böschung der Wälle und Gräben der mächtigen Befestigungsanlage.

2.5.2 Luftbildauswertung von Waldgebieten

Kann das Kronenwerk des Waldes unter Umständen als Indikator für verborgene 3D-Strukturen am Waldboden fungieren? Diese Idee ist in jedem Fall sehr interessant und verlockend. Nehmen wir Deutschland als Beispiel, so wurden die hiesigen Wälder meistens vor der Industrialisierung und vor dem Einsatz maschineller Landwirtschaft aufgeforstet, dabei wurden die Bäume in der Regel dicht aneinander gepflanzt, wie die Beispiele im vorhergehenden Kapitel eindeutig zeigen (vgl. Abb. 56–58). Allerdings wurden die topographischen Gegebenheiten häufig bei der Wiederaufforstung berücksichtigt. Dadurch ergibt sich für uns manchmal die Möglichkeit, durch Höhe und Anordnung der Bäume sowie durch unterschiedliche Baumarten Informationen über die archäologischen Bodenstrukturen zu gewinnen.

Statistisch gesehen ist etwa ein Drittel der Landoberfläche der Erde bewaldet. Betrachtet man die Bewaldungsflächen genauer, so liegt z. B. Niedersachsen mit seinem Waldanteil (zum großen Teil Nadelwald mit den „Brotbäumen" Fichte und Kiefer) von 24,3 % unter dem Bundesdurchschnitt (31,0 %). Die Fläche

↖ Abb. 55
Gebäudespuren im Zentrum des römischen Auxiliarkastells bei Alpen-Drüpt, Kreis Wesel, NRW, erscheint im Winter als positive Bewuchsmerkmale (aufgenommen am 28. 11. 2016 von Baoquan Song).

← Abb. 56
Ringwallanlage von Dünsberg bei Gießen, Hessen, mit mächtigen Ringwällen als Schattenmerkmale im laubfreien Winter (aufgenommen am 08. 03. 2015 von Baoquan Song).

von 11 Mio. ha (bundesweit) entspricht einer Fläche von mehr als 300 km².

Auch wenn es in Deutschland kaum noch Urwälder gibt und wir es in den meisten Fällen mit den in der späteren Neuzeit wieder aufgeforsteten Wäldern zu tun haben, so bleibt die Schutzwirkung durch die Aufforstung bestehen, die ehemals offene Hügelgräberfelder, Erdwerke, Wallanlagen, Befestigungen, Siedlungen, Wölbäcker und Hohlwege vor „nivellierendem" Ackerbau und sonstiger Landnutzung konserviert hat. Teilweise wurde dabei – auch um Arbeit zu ersparen, auf das Geländerelief Rücksicht genommen. So entstehen markante Muster durch Höhenunterschiede (gleichzeitig Kandidaten für Schattenmerkmale), durch auffällige Baumanordnungen in sonst regelmäßig aufgeforsteten Wäldern oder durch unterschiedliche Baumarten. Hieraus lassen sich potenzielle archäologische Strukturen meist indirekt ableiten.

Das Luftbild (Abb. 59) zeigt den Ausschnitt eines Waldes bei Wettenbostel (Landkreis Uelzen). In der Mitte fällt ein „Ei" auf, dessen Berandung durch eine baumfreie Umfassungslinie definiert wird. Die ovalähnliche Form misst in den beiden Halbachsen 340 bzw. 260 m. Diese Struktur scheint älter zu sein, da sie von (rezenten) Waldwegen geschnitten bzw. teilweise tangiert wird. Die Oberflächenstruktur und -textur hebt sich zudem leicht different von seiner Umgebung ab.

Dieses Bild und die beiden folgenden Beispiele stammen nicht aus einer Flugprospektion, sondern sind Google Earth entnommen – an dieser Stelle wird bereits das Prinzip „Virtuelle Luftbildarchäologie" vorweggenommen.

Die meisten sichtbaren Bodendenkmäler im Wald sind sicherlich bekannt und werden von der amtlichen Denkmalpflege geführt. Es gibt aber auch Strukturen, die in der Denkmalkartei noch unbekannt sind, und die von Waldbesuchern oder Waldarbeitern vielleicht als Unebenheiten wahrgenommen werden, aber nicht in Zusammenhang mit einem alten, von Menschenhand erschaffenen Erd-/"Bau"-Werk gebracht werden. An dieser Stelle hat ein Archäologe natürlich eine andere, selektivere Wahrnehmung als ein gewöhnlicher „Waldgast". Ein erfahrener Archäologe erkennt alte, anthropogene Spuren im Wald und kann diese weiterverfolgen.

Dabei ist es möglich, eine überschaubare Anlage, vielleicht in einer Ausdehnung von weniger als 100 m, am Boden zu verfolgen (Schließen/Verfolgen eines Kreises). Das Muster von Moraas (Geländerechteck, 500 x 700 m) ist jedoch sicherlich nur im Gesamtblick von oben umfassend zu überschauen. Die anteiligen Waldflächen, aber auch die Ackerflächen unterschiedlicher Größe, erfassen das weit ausgedehnte Objekt nur im Gesamtkontext und können es auch nur so erkennbar machen.

In Google Earth erkennen wir nördlich des Parchener Baches eine kreisförmige Struktur mit einem Durchmesser von ca. 160 m, die sich in der Kronendecke des Nadelwaldes abzeichnet. Die Abgrenzung der Struktur von seiner unmittelbaren Umgebung wird weder bewirkt durch eine baumlose Lückenlinie noch durch den Wechsel der Vegetationsform. Nur leichte Höhenunterschiede an dezidierten Stellen in den Baumspitzen bewirken durch einen flachen Sonnenstand einen plastischen, eindrucksvollen Schattenwurf gegenüber der homogenen, flächenhaften Umgebung. Dieser Fall ist vergleichbar mit dem klassischen Vegetationsmerkmal bei Feldfrüchten, wenn am ebenen Boden z. B. der Mais über einer feuchteren Grabenverfüllung höher wächst und somit „schattenfähig" im Sinne des Schattenmerkmals wird.

Das Ergebnis der Interpretation zeigt die markanten Bereiche (Rechtecke links unten, rechts oben und Einzeichnung der senkrecht aufeinander stehenden Achsen). Eine ergänzende Internet-Recherche weist auf eine wendische Wallburg hin, deren Reste heute 2,5 km östlich des Ortes am Mönchberg liegen. Diese Lage konnte ein historisch Interessierter aus dem Nachbarort Parchen telefonisch bestätigen.

Die Fundstelle Bergzow steht beispielhaft für eine seltene Schnittmenge verschiedener Herangehensweisen einer archäologischen Prospektion: Der Wald verdeckt den Boden und bleibt doch inspizierbar, weil das Kronenwerk Schatten wirft und die Bodenstruktur indirekt nach oben übertragen wird.

Diese wenigen Beispiele zeigen auszugsweise das Potential, das unter der Walddecke verborgen liegt. Der Titel einer Informationsschrift aus Hessen „Archäologie im Wald – Erkennen und Schützen von Bo-

← Abb. 57
Die eisenzeitliche Ringwallanlage Hünnenburg von Borchen, Landkreis Paderborn, NRW, kann bei einer Schneedecke am besten aus der Luft dokumentiert werden, wenn der Schnee das schwache Wintersonnenlicht reflektiert und somit den Waldboden ausleuchtet. Dadurch wurden klare Schattenmerkmale hervorgerufen (aufgenommen am 26. 01. 2013 von Baoquan Song).

↙ Abb. 58
Die mittelalterliche Wallburgruine auf dem Schleipenberg bei Hagen, NRW, zeigt ihre Grundstruktur bei einer dünnen Schneedecke ausgesprochen klar und deutlich als Schattenmerkmale (aufgenommen am 19. 01. 2016 von Baoquan Song).

Abb. 59
Parzellen übergreifende Struktur bei Wettenbostel (GoogleEarth).

Abb. 60
Moraas bei Hagenow – aus „Positiv"- und „Negativ"-flächen zusammengesetztes Großobjekt (Google Earth).

dendenkmälern" folgt dem gleichen Ziel, nur dass hier das Erkennen im (!) Wald vor Ort gemeint ist und nicht der Blick von oben. Der Mensch geht in den Wald und nimmt die Erkundung und Erfassung (aus weniger als 2 m „Flughöhe") vor. Das Land Hessen mit seinem überdurchschnittlichen Waldanteil – mit 42% bundesweit an der Spitze – verspricht mehr oberirdisch sichtbare Geländespuren, die sich im Schutz des Waldes erhalten haben (können). Das Ziel der Informationsschrift ist es, im Wald stattfindende Arbeiten entsprechend zu steuern, um der Beschädigung dieser Kulturdenkmäler vorzubeugen. Hier sollen in erster Linie Waldbesitzer, Förster und Jäger, aber auch alle geschichtlich und archäologisch Interessierten Laien und Naturfreunde angesprochen werden. Die Bedeutung der Waldgebiete als archäologische Zone kann an der Schätzung von Archäologen erkannt werden, dass in waldreichen Bundesländern bis zu 80% der Bodendenkmäler unter den Wäldern liegen, weil bei anderen Nutzungsarten (Landwirtschaft, Siedlung, Industrie, Verkehr) seit Beginn der Industrialisierung erhebliche Verluste eingetreten sind.

Diese dargestellte Möglichkeit kann dort genutzt werden, wo keine ALS/LiDAR-Daten vorhanden sind bzw. diese der Öffentlichkeit nicht (über das Internet) zur Verfügung stehen.[80]

2.6 Wasserflächen – Binnensee und Küstenregion

Siedlungsspuren oder Hafenanlagen, die heute teilweise oder schon vollständig unter Wasser liegen, können ebenfalls erfolgreich aus der Luft prospektiert werden. Dabei ergeben sich durch den großen Objektabstand weiträumige Übersichten, die auch dann von Bedeutung sind, wenn es darum geht, ausgedehnte Wasserflächen nach gesunkenen Schiffen abzusuchen.

Unter günstigen Umständen lassen sich archäologische Anlagen bis 2 oder manchmal sogar 3 m unterhalb der Wasseroberfläche aus der Luft beobachten und fotografieren. Bedingungen hierfür sind:

- hohe Durchsichtigkeit des Wassers
- wenig bewegte Wasseroberfläche
- günstiger Blickwinkel ohne Reflexion

Abb. 61
Bergzow bei Genthin (Kreis Jerichower Land in Sachsen-Anhalt) – Schattenmerkmal im Kronenwerk des Nadelwaldes (Übersicht); im Detail mit Markierung der Objektelemente.

Abb. 62
Siedlungsspuren unter Wasser vor der Roseninsel im Starnberger See. Es sind noch Pfostenreihen und die Ausgrabungsstelle eines Einbaum-Bootes zu erkennen (aufgenommen am 05. 11. 2006 von Klaus Leidorf).

Abb. 63
Rekonstruierte Pfahlbau- bzw. Seeufersiedlung des Freilichtmuseums von Unteruhldingen am Bodensee, Baden-Württemberg (aufgenommen am 25. 05. 2017 von Baoquan Song).

Abb. 64
Um römische Anlegestellen für Transportschiffe zu erkunden, wurde die Südwestküste von Sardinien systematisch aus der Luft prospektiert. Dabei konnten einige Verdachtsstellen lokalisiert werden. Die Schwierigkeit besteht darin, dass der Meeresspiegel heute höher als zur Römerzeit liegt. Und es ist kaum möglich, nur anhand der Luftbilder antike Anlegestellen von denen der Neuzeitlichen zu unterscheiden (aufgenommen am 10. 03. 2018 von Baoquan Song).

Abb. 65
Eiszeitliche Frostspalten im ausgereiften Getreidefeld mit Siedlungsspuren (aufgenommen am 23.07.2015 von Baoquan Song).

Abb. 66-1 und 2 →
Verlandete Bachläufe hinterlassen geometrische Muster im Getreidefeld (oben); Motte an inzwischen vertrockneten Bachläufen, Coesfeld-Steenberg, NRW (unten; aufgenommen am 18.07.2010 von Baoquan Song).

Die Entdeckung und Erforschung der versunkenen Ufersiedlungen aus der prähistorischen Zeit im Neuenburger See in der Schweiz ist ein neues Beispiel für die Flugprospektion von Unterwasseranlagen. Durch das klare Wasser hindurch wurden flächendeckende Siedlungen als Schrägluftbilder fotografiert, die bis in die Urnenfelderzeit zurückgehen und überraschend deutlich Palisaden, Querstraßen und Häuserreihen erkennen lassen. Mit der Flugprospektion gewinnt die Erforschung von Uferrandsiedlungen, die allzu oft auf die Analyse zu kleiner Flächen angewiesen ist, neue Dimensionen.[81]

Die Siedlung von Cortaillod-Ost wurde, wie viele andere auch, durch die Befliegung entdeckt. Solche dorfartigen Siedlungen besaßen verschiedene Größen und erreichten zuweilen eine Fläche von etwa 10.000 m². Mit einer Fläche von 6000–6500 m² gehört die Ufersiedlung von Cortaillod-Ost zu den kleineren ihrer Art. Auf dem Luftbild kann man die Anordnung von neun Häuserreihen, mit verhältnismäßig locker gesetzten Pfählen, und acht Querstraßen erkennen. Außerdem umgibt eine Befestigungspalisade die Siedlung auf drei Seiten.

Für die Aufnahme des oben angeführten Luftbildes zeigte sich als günstigster Zeitpunkt der Winter, weil sowohl die starke Verunreinigung durch Algen wegfiel, als auch weitgehend Windstille herrschte. Die durch das geöffnete Fenster vom Flugzeug aufgenommenen Schrägluftbilder haben sich als am besten geeignet erwiesen. Senkrechtaufnahmen sind für Aufnahme von Unterwasserspuren meist deshalb ungeeignet, weil sich die vom Wasser zurückgeworfenen Reflexionen häufig nur durch einen schrägen Aufnahmewinkel ausschalten lassen. Bis zu einem gewissen Grad sind die Reflexionen aber auch mit einem Polarisationsfilter zu unterdrücken, der aus bestimmten Aufnahmerichtungen und Lichteinfallswinkeln noch zusätzlich eine allgemeine Farbintensivierung bewirkt.

2.7 Irrtümer und Fallen

Der Luftbildarchäologe arbeitet im Gegensatz zu seinem im Feld tätigen Kollegen berührungslos und mit großen Abständen zu Bodenbefunden, die für ihn im wahrsten Sinne des Wortes nicht direkt „erfassbar" sind. Die anhand von verschiedenen Merkmalen auf Luftbildern dokumentierten Spuren liefern eigentlich nur den ersten Hinweis, dass sie unter Umständen archäologisch relevant sein können. Nur wenige Merkmale können archäologisch eindeutig identifiziert werden. In manchen Fällen, selbst wenn eine entsprechende Erfahrung mit Bodenbefunden vorliegt, können immer noch Irrtümer in der Luftbildarchäologie auftreten und der Luftbildarchäologe kann zwangsläufig in eine schwer erkennbare Falle geraten. Denn

immer wieder tauchen Spuren mit regelmäßigen geometrischen Formen auf, die entweder nicht auf anthropogene Störungen zurückzuführen sind, d. h. rein natürliche Phänomene darstellen, oder zwar durch menschliche Aktivitäten verursacht wurden, aber rezent sind. Um mehr Sicherheit bei der Ansprache von Befunden zu gewinnen, erscheint es daher sinnvoll, genau zu analysieren, wo das Risiko von Irrtümern und Fallen besteht und wie es abgeschwächt oder gar vermieden werden kann.[82]

Die Ansprache von Befunden sowohl in der Luft als auch bei der Luftbildinterpretation basiert normalerweise auf folgenden Grundlagen:

- Archäologische Fachkenntnis und -erfahrung, die durch Geländearbeit gesammelt und gewonnen worden ist sowie Erfahrungen bei der Flugprospektion und Luftbildinterpretation; zusätzlich regionale Kenntnisse über historische Abläufe und über geographische Besonderheiten im Arbeitsgebiet.
- Die als verschiedene Merkmale erkennbaren Befunde werden in gewissem Grad durch Gestalt, Größe und Lage charakterisiert/typologisiert, und werden somit zeitlich und kulturell bestimmt.
- Die Tatsache, dass von menschlichen Aktivitäten verursachte Bodenspuren oft in bestimmten geometrischen Mustern wie Rechtecken, Kreisen, geraden oder gekrümmten Linie usw. auftreten.

Schwierigkeiten treten dann bei der Bildansprache auf, wenn

- der Luftbildbefund noch nicht durch Feldforschung erfasst worden ist und somit zu einem neuen Fundtypus gehört (wie die mittelneolithischen Kreisgrabenanlagen oder hallstattzeitliche Herrenhöfe);
- Naturspiele in Gestalt, Größe und Lage einem archäologischen Befund ähneln;
- geometrische Muster im Getreidefeld, die von Bauern, Künstlern oder sonst irgendwie von Menschenhand erzeugt wurden, archäologischen Befunden ähneln;

Ein neuer Befundtypus kann nur durch gezielte Feldforschung wie Sondierung bzw. Ausgrabung vor Ort verifiziert, klassifiziert und datiert werden. Entscheidend ist, solche Befunde richtig zu erkennen und nicht fälschlicherweise zu einem bekannten, ähnlichen Befundtypus zuzuordnen. Auf diese Thematik werden wir noch im Zusammenhang mit der Luftbildauswertung näher eingehen. An dieser Stelle sollten nur die oben genannten letzten beiden Fälle behandelt werden. Natürlich kann an dieser Stelle nur exemplarisch auf die Irrtümer und Fallen hingewiesen werden. Durch häufige Beobachtung und Vergleiche gewinnt man in der Regel immer mehr Sicherheit, tatsächliche Spuren richtig zu deuten. Daher werden wir im Folgenden einige ausgewählte Beispiele erläutern.

Abb. 67 Geologische Spuren, die einem planierten Erdwerk ähneln (aufgenommen am 12. 07. 2016 von Baoquan Song).

Abb. 68
Hexenkreise, die Kreisgräben zum Verwechseln ähnlich sind (oben links), können auch lustige Gebilde zeigen (unten); manche weisen scheinbar rechteckige Form auf (oben rechts; aufgenommen von Klaus Leidorf und Baoquan Song).

2.7.1 *Naturspiel*

In der Natur können verschiedene Prozesse und Vorgänge zur Bildung von geometrisch musterhaften Merkmalen führen. Am häufigsten begegnet man geologischen und biologischen Spuren, die archäologische Spuren zahlenmäßig oft um ein Vielfaches übertreffen. Das Auftreten *geologischer Spuren* wird oft als Indiz für geeignete Bodenbeschaffenheit und geeignete Zeitpunkte zur Beobachtung von Bewuchsmerkmalen herangezogen. In der Regel versucht der Luftbildarchäologe aber, solche Spuren auszublenden; das bedeutet jedoch nicht, dass man solche Spuren einfach übersehen darf. Bei manchen Spuren muss man genauer hinsehen und fragen, ob sie geologischer oder anthropogener Natur bzw. eine Kombination von beidem sind.

Die Eiszeit hinterließ Spuren, die heute z. T. als Bewuchsmerkmale auftreten. Häufig begegnen wir sog. Frostspalten, die Bienenwaben ähnlich sehen (Abb. 65).

Vertrocknete bzw. verlandete Flüsse und Bachläufe hinterlassen oft recht regelmäßige Spuren, die z. T. auch als geometrische Muster erscheinen (Abb. 66 oben). Daher ist hier die Gefahr besonders groß, Irrtümer zu begehen. Gleichzeitig wissen wir, dass Menschen seit dem Neolithikum bevorzugt nahe am Fluss- und Bachufer siedelten (vgl. Abb. 66 unten). Letztendlich kann die Wahrheit nur durch gezielte Feldarbeit herausgefunden werden.

Vor allem im Gebirge beobachtet man hin und wieder auf einer Anhöhe mehrfach ringförmige Struktu-

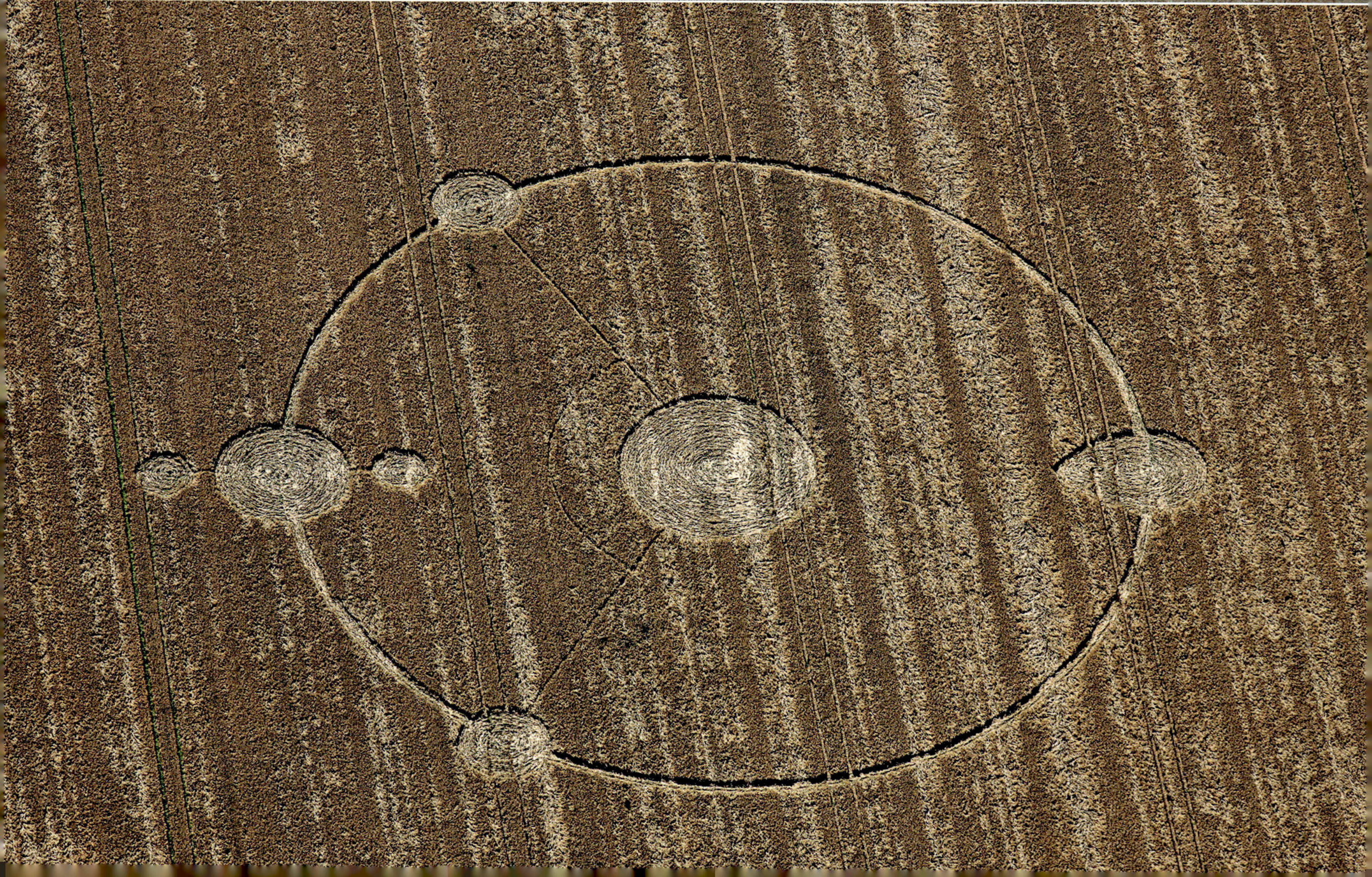

← Abb. 69-1 und 2
Kornkreise, die exotisch bzw. „außerirdisch" anmuten (aufgenommen von Klaus Leidorf).

Abb. 70-1–3
Kornkreise existieren bis heute als eine eigenständige Kunstgattung in vielen Ländern, wie hier in Bayern (aufgenommen von Klaus Leidorf).

Abb. 71
„Bauernkunst" im Maisfeld dient auch als Labyrinth (aufgenommen von Baoquan Song).

Abb. 72
„Bauernkunst" im Getreidefeld kann den Blick des Luftbildarchäologen ablenken, so dass er die Kreisgräben im selben und in unmittelbar benachbarten Feldern übersieht (aufgenommen am 04. 07. 2017 von Baoquan Song).

Abb. 73-1 und 2 Bombentrichter als Bewuchsmerkmale im Getreidefeld in unterschiedlichen Erscheinungsformen, NRW (aufgenommen von Baoquan Song).

Abb. 75.1 und 2 → Markierungen in Form von Doppelkreisen erscheinen auf dem Modellfluggelände als positive Bewuchsmerkmale bei Herten, NRW (oben). Hier handelt es sich nicht um Spuren eingeebneter Hügelgräber oder Bombentrichter, sondern um eine Bewässerungsanlage im trockenen Sommer 2018, NRW (unten; aufgenommen von Baoquan Song).

Abb. 74 Ehemalige Standspuren von Lebensbäumen einer Baumschule bei Haltern, NRW (aufgenommen am 23. 07. 2011 von Baoquan Song).

ren, die im ersten Augenblick eine planierte Ringwallanlage vermuten lassen. In Wirklichkeit sind solche Spuren ein Erscheinungsbild von mehreren Bodenschichten, die durch Erosion zum Vorschein gekommen sind (Abb. 67).

Zu den Spuren biologischen Ursprungs gehören vor allem Hexenringe bzw. Hexenkreise, die in der Regel auf Wiesen und Weiden in einer Flussniederung zu beobachten sind. Solche Ringe können über Nacht entstehen und Durchmesser von 20 cm bis mehrere Meter aufweisen. Bei der Flugprospektion haben wir meistens mit größeren Exemplaren zu tun, die durch eine dunklere Grünfarbe als positive Bewuchsmerkmale zu erkennen sind und häufig echten Kreisgräben zum Verwechseln ähnlich sehen (Abb. 68 oben links). Hexenkreise treten nicht nur in Kreisform auf, sondern können durch die Kollision von mehreren Pflanzen als lustige Gebilde (Abb. 68 unten) und teilweise sogar in scheinbar rechteckiger Form (Abb. 68 oben rechts) erscheinen.

2.7.2 *Künstliche Muster*

Zwischen den 1980er und den frühen 1990er Jahren gab es häufig Berichte und heftige Debatten in den Massenmedien über Kreise im Korn bzw. Kornkreise, angefangen u. a. in England, und schließlich auch in Deutschland. Am Anfang handelte es sich um einfache Kreise im Kornfeld, die mit Luftbildern festgehalten wurden, später wurden die Gebilde immer komplexer und geheimnisvoller, sodass sie von Laienforschern (Vertretern der „Kornkreiskunde") für Spuren außerirdischer Raumfahrzeuge bzw. UFOs gehalten wurden (Abb. 69). Im Jahr 1991 gaben schließlich zwei Künstler aus Southampton, Doug Bower und Dave Chorley zu, dass sie bereits 1978 auf die Idee gekommen waren, zum Spaß Muster in Kornfeldern anzulegen, und dies dann auch in die Tat umgesetzt hatten. Diesem Beispiel folgten offensichtlich viele Künstler in verschiedenen Ländern und tun dies bis heute (Abb. 70).

Ab und zu finden sich außerdem Zeichnungen im Kornfeld, die als eine Art „Bauernkunst" bezeichnet werden können. Oft dienen solche „Kunstwerke" zugleich auch als Labyrinth und anscheinend haben nicht nur künstlerisch tätige Bauern an ihnen Spaß gefunden (Abb. 71). Diese Art von Kunst kann allerdings nur jemand in der Luft, z. B. der Luftbildarchäologe, in vollem Umfang genießen. In manchen Fällen sollte der Luftbildarchäologe nicht allzu sehr von der Bauernkunst abgelenkt sein, denn in demselben bzw. benachbartem Feld könnten sich auch archäologische Spuren abzeichnen (Abb. 72).

Immer wieder beobachten wir bei der Flugprospektion Spuren verfüllter Bombentrichter bzw. Bombenkrater, die bei der Explosion einer Bombe entstanden sind und später verfüllt wurden. Da während des Zweiten Weltkrieges heftig am Himmel über Deutschland gekämpft wurde, finden wir hierzulande fast überall solche Spuren. Normalerweise sind sie nicht schwer von den Kreisgräben (Überreste von Hügelgräbern) zu unterscheiden (vgl. Abb. 73 oben). Durch Explosionen waren die trichterförmigen Kraterwände stark verdichtet und wurden später mit humusreichem und lockerem Material verfüllt. Bei der Flugprospektion sehen wir solche Spuren heute meistens als negatives Bewuchsmerkmal über der verdichteten Wandung und als positives Bewuchsmerkmal über der Verfüllung.

Manchmal lassen sich jedoch Bombentrichter sehr schwer von Kreisgräben unterscheiden. Je nach Untergrund der betroffenen Felder können die Spuren von verfüllten Bombentrichtern ringsum der verdichteten Wandung auch einen dunkleren Kranz als positives Bewuchsmerkmal aufweisen. Die Ursache für dieses Phänomen liegt vermutlich darin, dass durch die Explosion zwar die Kraterwand verdichtet wurde, aber die unmittelbar umgebenden Bodenschichten rings um den Krater durch Erschütterungswellen der Explosion mal verdichtet und mal aufgelockert wurden. In diesem Fall können mehrere Ringe bei einem Bombentrichter immer abwechselnd als negative und positive Bewuchsmerkmale auftreten. Wenn sich der Bombenkrater relativ flach direkt unter der Ackerkrume befindet, dann kann er komplett als negatives Bewuchsmerkmal erscheinen. Das erinnert sehr stark an eingeebnete Hügelgräber mit Steinpackungen (vgl. Abb. 73 unten).

Die moderne Land- und Forstwirtschaft hinterlässt häufig Spuren, die den archäologischen zum Verwechseln ähnlich sind. Im Jahr 2010 wurden an drei verschiedenen Stellen bei Haltern Bewuchsmerkmale beobachtet, die durch ihre runden und rechteckigen Formen auf Gräberfelder hindeuteten. An einer Stelle indizierten positive Bewuchsmerkmale von knapp 1 x 2 m in West- und Ostausrichtungen, in Reihen angeordnet, frühmittelalterliche Reihengräber. Durch Feldbegehungen und Befragungen der Anwohner stellte sich schließlich jedoch heraus, dass es sich hierbei um einzelne, schön geordnete Gruben ehemaliger Standspuren von Lebensbäumen einer Baumschule handelte (Abb. 74).

Im Jahr 2002, als Baoquan Song gerade anfing, Flugprospektionen in NRW durchzuführen, entdeckte er eine Spur bei Herten: Dort schienen positive Bewuchsmerkmale Hinweise auf eine Doppelkreisgrabenanlage zu geben. Bei der Feldbegehung wurde jedoch festgestellt, dass es sich bei diesen Doppelkreisen um Markierungen auf einem Modellfluggelände handelte (Abb. 75 oben). Nicht weit von diesem Platz liegt aber tatsächlich ein Gräberfeld der Spätbronze- und Früheisenzeit, das mit Kreisgräben und Langbetten als Bewuchsmerkmal erscheint (vgl. Abb. 45).

Auch Reitschulen nutzen oft kreisrunde Trainingsplätze für verschiedene Reitübungen mit Pferden. Vor allem, wenn solche Reitschulen aufgegeben wurden und das Gelände anderweitig benutzt wird, z. B. wieder als Ackerland oder Wiese, können solche Übungsplätze als Kreismarkierungen auffallen und irreführen. Ackerfelder und Wiesen werden oft bei Trockenheit bewässert. Solche Bewässerungsanlagen hinterlassen oft kreisförmige Spuren, die planierten Hügelgräbern mit Zentralbestattung ähneln (Abb. 75 unten).

3 FLUGPROSPEKTION

Bei der Auswertung von Messbildern ist zu bedenken, dass sie in der Regel mit Zielsetzungen aufgenommen wurden, die von denen der Archäologie abweichen. Oft sind diejenigen Wetterbedingungen, unter denen sich von unterirdischen Bodendenkmälern verursachte flüchtige Merkmale im Bewuchs oder im gepflügten Boden zeigen, gerade für den Bildflug aus größerer Flughöhe ungeeignet, wie z. B. bei dunstiger Hochsommerwetterlage während der Getreidereife oder an regenreichen Tagen im Winter, an denen die farbigen Bodenmerkmale besonders gut zu erkennen sind. Daher kann eine gezielte Flugprospektion dort mit Informationen aushelfen, wo die Luftbildinterpretation an ihre methodische Grenze stößt.

Die Flugprospektion bezieht sich auf die spezielle Befliegung einer archäologischen Kulturlandschaft mit dem Ziel, nicht nur Bodendenkmäler aufzuspüren, zu untersuchen und zu dokumentieren, sondern auch ihre Beziehung zu den naturräumlichen Verhältnissen zu verstehen und zu erforschen. Diese Methode bietet vielfältige Erkundungsmöglichkeiten, ist äußerst flexibel und der Auswertung von relativ kleinmaßstäbigen Senkrechtbildern in vielerlei Hinsicht überlegen. Als eine wirkungsvolle Methode für großräumige Prospektion kann sie entweder bei Forschungsprojekten Anwendung finden oder in den Denkmalschutzbehörden etabliert werden, wo sie in der Regel zur Erfassung und Überwachung von Denkmalbeständen kontinuierlich betrieben wird.

3.1 Flugplanung und Durchführung

Im Rahmen von Forschungsprojekten dient die Flugprospektion meistens im Vorfeld der Feldforschung als Vorbereitung. Die dabei gewonnenen Informationen bilden eine Grundlage für die weiteren Maßnahmen der Feldarbeit. Da der Schwerpunkt der Projekte unterschiedlich und vielfältig ist, muss die Flugprospektion dementsprechend angepasst werden.

Die in Denkmalbehörden etablierte Flugprospektion dient zur Inventarisierung und Erforschung schützenswerter Bodendenkmäler. Hierbei werden Flüge in der Regel mit der Zielsetzung geplant, möglichst effektiv und systematisch zu arbeiten.

3.1.1 Flugroute

Es gibt zwei Möglichkeiten, Flugrouten für Prospektionsflüge zu bestimmen. Die eine orientiert sich an den archäologisch relevanten Objekten und naturräumlichen Verhältnissen, insbesondere der Bodenbeschaffenheit. Die andere bedeutet die systematische Durchmusterung der zu erforschenden Region. Welche der beiden Methoden angewendet wird, hängt u. a. von der Zielsetzung, den finanziellen Möglichkeiten und der Ausdehnung der Arbeitsgebiete sowie der Fundstellendichte ab.

Die zweite Methode ist äußerst zeitaufwendig, und in einem großen Gebiet ist es schwer, alle durch die Jahreszeiten bedingten Merkmale zu beobachten. Auch aus finanziellen Gründen muss man sich oft auf gezielte Flüge beschränken. Außerdem wird die erste Methode meist bei Testflügen verwendet, um bei einem Minimum an fliegerischem und fotografischem Aufwand einen schnellen Erfolg zu erreichen. Die

Abb. 76
Eurocopter EC-135 der Bundespolizei mit Infrarotkamera und Scheinwerfer für den Einsatz in der Dunkelheit. Ein solcher Hubschrauber wäre für die archäologische Flugprospektion ebenfalls optimal geeignet, ist aber leider unbezahlbar. Allein die Betriebskosten eines solchen Luftfahrzeugs sind etwa 25fach höher als die eines Leichtflugzeugs (aufgenommen von Baoquan Song).

zweite Methode, deren Zielsetzung in der kompletten Geländeuntersuchung liegt, ist meist erst der zweite Schritt der systematischen Luftbildarchäologie.

Die systematische Auswertung von Messbildern und Geoportalen wie Google Earth kann sehr wertvolle Hinweise für eine gezielte Flugprospektion liefern. Die Kombination der beiden Verfahren stellt in gewissem Maße einen Kompromiss zwischen der zielgerichteten und daher effizienten Befliegung und der systematischen, aber kostspieligen Durchmusterung dar.

In Süddeutschland wurden Prospektionsflüge in der Vergangenheit von Otto Braasch und heute durch Klaus Leidorf überwiegend nach der Methode der gezielten Planung ausgeführt. Auch in NRW arbeitet Baoquan Song aus finanziellen Gründen hauptsächlich mit diesem Verfahren. Sowohl in Bayern als auch in NRW lässt sich kein anderes System der flächendeckenden Untersuchung realisieren, weil die Gebiete, die erforscht werden sollen, einfach zu groß sind.

Aufgrund der Tatsache, dass in der Regel ohnehin nicht alles in einer einzigen Saison beflogen werden kann, müssen stets die Gebiete ausgewählt werden, von denen man weiß oder mit gutem Grunde annehmen kann, dass dort zum Augenblick des Fluges günstige Bedingungen herrschen. Daher fliegt man beispielsweise in Süddeutschland im Sommer nur über Löss, wenn es wirklich sehr trocken ist und Bewuchsmerkmale zu erwarten sind. Bei feuchtem Sommerwetter versprechen Schottergebiete eher einen erfolgreichen Prospektionsflug. Umgekehrt ist es im Winter, wenn im gepflügten Löss Spuren zu finden sind, auf den meist flachen Schotterböden mit ihrer dünnen Humusdecke jedoch eine Spurensuche in der Regel ergebnislos verläuft. Zu berücksichtigen ist allerdings, dass die Witterungsverhältnisse in Süddeutschland sehr wechselhaft sind. Es ist wenig sinnvoll – nur wegen fester Planung – in ein Regengebiet zu fliegen, während über anderen, ebenfalls zu erforschenden Flächen bestes Sonnenwetter herrscht. Aus diesem Grund muss sehr flexibel auf die Wetterentwicklung reagiert werden. Am Ende kommt man natürlich auch so zu einer flächenhaften Abdeckung des ganzen Arbeitsbereiches, der Weg dahin führt aber nicht über die sture Einhaltung eines vorher festgelegten Planes.

Die Flugstreckenplanung wird in diesem Fall meist am Vortag grob ausgearbeitet, nachdem die allgemeine Wetterentwicklung beobachtet und die Informationen des meteorologischen Dienstes ausgewertet sind. Hierbei werden alle Ziele eingearbeitet, die in dem betroffenen Gebiet anzufliegen sind. Dazu gehören u. a. Ausgrabungen, die durch regelmäßige Aufnahmen dokumentiert werden sollen sowie bekannte Denkmäler und Fundstellen an Stadträndern oder in der Nähe von Baugebieten, die vor nicht angemeldeten Bauvorhaben zu schützen sind. Auch Fundplätze, die sehr häufig bei Grabräubern oder Metallsuchern beliebt sind und schließlich einzelne Bauwerke, die für die Baudenkmalpflege von Bedeutung sind, müssen in der Regel angeflogen werden. Die freien Landschaften zwischen den festen, vorgegebenen Zielpunkten werden dann zur Beobachtung in Suchschleifen überflogen, deren Form und Höhe sich jeweils nach dem Wetter, der Beleuchtung und den jahreszeitlichen Merkmalen richtet. Dabei werden auch bekannte Fundplätze erneut inspiziert und nach ergänzenden Spuren abgesucht. Durch die Zusammenfassung von festen Zielpunkten und bereits bekannten Fundplätzen in der Flugplanung lässt sich eine hohe Beobachtungs- und Bilderdichte und damit eine besonders wirtschaftliche Auslastung der Flugstunden erreichen.

Die Flughöhe liegt während der Prospektionsphase normalerweise zwischen 300 und 1000 m, nur in Ausnahmefällen, wenn die Objekte kleinflächiger sind, wie z. B. bei der Dokumentation von Raubgrabungen und Zerstörungen, auch niedriger. Luftbildaufnahmen von langgestreckten Objekten, z. B. einer römischen Straße oder der keltischen Oppida, bedürfen größerer Höhe. Generell wird die Arbeitshöhe durch das Auflösungsvermögen des unbewaffneten Auges und die atmosphärische Sicht bestimmt.

Mit der Methode der systematischen Durchmusterung kann nur ein relativ kleines, archäologisch vielversprechendes Arbeitsgebiet beflogen werden. Das Arbeitsgebiet wird mit Flugstreifen durchgemustert, so dass eine komplette Geländeerfassung gewährleistet ist. In NRW wird ab und zu gebietsweise mit dieser Methode gearbeitet, z. B. im Minden-Lübecker Raum, in der Warburger Börde, in der Zülpicher Bucht und am Niederrhein, weil solche Regionen relativ überschaubar sind und archäologische Spuren hier dicht aneinander liegen. Die Streifenbreite hängt vom Wetter ab. Bei guter Sicht und einer Flughöhe von 450–1000 m ist ein Streifen ca. 3–4 km breit, bei geringer Sicht und Flughöhe (300–600 m) ist er nur ca. 1 km breit. Neben dem Vorteil der Gründlichkeit ist die Flugnavigation bei der systematischen Durchmusterung relativ einfach, da keine ständigen Richtungswechsel auftreten. Ein nicht zu unterschätzender Nachteil liegt in der Eintönigkeit dieser Methode, vor allem in Gebieten, die nur wenig für die Luftbildarchäologie hergeben. Die Gefahr, zu ermüden und in der Aufmerksamkeit nachzulassen, ist groß.

3.1.2 *Arbeit in der Luft*

Die Flughöhe wird generell durch das Auflösungsvermögen des bloßen Auges und die atmosphärische Sicht bestimmt und liegt in der Prospektionsphase zwischen 300 und 1000 m. Um Details zu dokumentieren, z. B. Befunde auf einer Grabungsfläche, kann man im offenen Gelände bis 150 m tief gehen.

Zur analogen Zeit galt folgende Faustregel in Bezug auf die Arbeitsschritte: Wird eine neue Fundstelle entdeckt, so wird sie zunächst kartiert und dann fotografiert. Das klingt zwar banal, ist aber nicht zu vernachlässigen, denn mit dieser Regel wird vermieden, dass Spuren abgelichtet werden, ohne sie vorher zu lokalisieren. Gerade bei interessanten Befunden wird man leicht euphorisch und konzentrierte sich dadurch voll auf das Gelingen der fotografischen Dokumentation. Nach der Landung stellte man in der Vergangenheit dann vielleicht entsetzt fest, dass man zwar faszinierende Befunde auf Luftbildern festgehalten hat, aber nicht mehr sagen konnte, wo man sie aufgenommen hat.

Heute wird digital kartiert, wenn man ein mobiles GIS an Bord hat. Ansonsten werden die Fundstelle bzw. ihre Koordinaten entweder durch einen „waypoint" oder durch einen Vollkreis per Route-Aufzeichnung eines GPS-Gerätes festgehalten. Um mehr Sicherheit zu erhalten, werden oft mindestens zwei unabhängig voneinander funktionierende GPS-Geräte eingesetzt. Mit Route-Aufzeichnung kann die Position des Flugzeugs minutengenau bestimmt werden. Die Digitalkameras registrieren ebenfalls automatisch und präzise die Aufnahmezeit. Dies bietet eine zusätzliche Möglichkeit für die Zuordnung von Luftbildern zu Fundplätzen.

Um den geeigneten Blickwinkel zu finden, kreist man mit dem Flugzeug über der Fundstelle. Findet man den günstigen Winkel, bei dem die relevanten Spuren am deutlichsten und vollständigsten sichtbar werden, so wird die Fundstelle mit Detail- und Übersichtsbildern aufgenommen. Im Hinblick auf die Anzahl der Luftbilder sollte man großzügig fotografieren, d. h. lieber ein Bild mehr als zu wenig. Es gilt eine sichere und vollständige Dokumentation zu gewährleisten. Versäumnisse bei der Luftbildaufnahme lassen sich oft nicht so leicht wieder gut machen.

Die schwachen Spuren kann man oft am besten aus einem eher flachen als steilen Winkel beobachten und fotografieren. Nur klare Spuren können aus einem steilen Winkel betrachtet werden. Nach Möglichkeit sollte man auf die inneren Zusammenhänge von Befunden achten und diese möglichst vollständig abbilden. Findet man beispielsweise Pfostenspuren eines neolithischen Langhauses, so sollte man im unmittelbaren Umfeld intensiv nach weiteren Spuren von Häusern, Gruben und Gräben suchen. Wird man schließlich fündig, so sollten Befunde so fotografiert werden, dass man später die Siedlungsstruktur anhand der Luftbilder näher untersuchen kann. Für die Kartierung der Befunde werden Luftbilder entzerrt bzw. georeferenziert. Dazu werden Senkrechtbilder bzw. Semi-Senkrechtbilder angefertigt. Um die Suche nach Passpunkten für das Georeferenzieren zu erleichtern, sollten neben den Befunden möglichst markante Objekte in unmittelbarer Umgebung aufgenommen werden. Im offenen und freien Gelände sollten zumindest die Feldkanten, Wegkreuzungen oder Ähnliches mitfotografiert werden.

Damit die Vibration und Schwingung vom Flugzeugmotor und Propeller nicht zu verwackelten Bilder führen, sollte der Fotograf seinen Oberkörper möglichst frei und von Flugzeugteilen entfernt halten, hierbei dienen sein Oberkörper und seine beiden Arme als Dämpfung. Die Kamera sollte beim Fotografieren locker in der Hand gehalten werden. Um die maximale Bildqualität zu garantieren, sollte die Bildaufnahme durch ein geöffnetes Kabinenfenster oder durch eine abmontierte Kabinentür erfolgen. Aufgenommene Bilder und die aktuelle Kameraeinstellung sollten zwischendurch regelmäßig kontrolliert werden, einerseits um eine unbeabsichtigte Verstellung zu vermeiden, andererseits um die Kameraeinstellungen den sich ändernden Lichtverhältnissen je nach Sonnenstand, Bewölkung und Sicht anzupassen. Bei Blendenautomatik sollte die Belichtungszeit entsprechend der Brennweite des Objektivs – meistens zwischen 1/500 und 1/1000 Sekunde – fest eingestellt werden. Der Fotograf sollte außerdem ständig darauf achten, dass die Blende nicht unter 5,6 und maximal auf 11 eingestellt ist. Um das zu erreichen, wird die ISO-Zahl entsprechend angepasst. Es gilt hier die minimal mögliche ISO-Zahl zu wählen.

Erst wenn die Dokumentation komplett erfolgt ist, kann der Erkundungsflug weitergehen. Der Luftraum in der Umgebung sollte ständig im Auge behalten werden, um eine Kollision mit anderen Luftfahrzeugen zu vermeiden. Ein Kollisionswarngerät, das vor sich nähernden Fremdmaschinen warnt, hat sich bewährt. Alternativ dazu kann man sich bei der Deutschen Flugsicherung melden und bekommt dann alle aktuellen Informationen einschließlich des aktuellen Verkehrs in der Umgebung per Flugfunk. Allerdings funktioniert das meist nur an den Wochentagen, in denen wenige Privatflugzeuge unterwegs sind. Am Wochenende ist der Informationsdienst oft überfordert. Mittlerweile gibt es Anwendungen wie den „Flightradar" für das Smartphone oder das Tablet, womit sich der Flugverkehr in Echtzeit überwachen lässt. Alle Luftfahrzeuge, die mit einem Transponder ausgestattet sind, werden mit Kennzeichen, Flugzeugtyp, Flughöhe und Fluggeschwindigkeit auf der Karte angezeigt.

3.2 Flugzeug

Gemäß der praktischen Erfahrung, die in Deutschland ansässige Luftbildarchäologen in den letzten 50 Jahren gesammelt haben, wird die Auswahl eins geeigneten Flugzeugs und der Zahl der Besatzungsmitglieder für die Prospektionsflüge durch folgende Faktoren bestimmt:

1. Finanzmittel, die für die Luftbildarchäologie zur Verfügung stehen;
2. Größe des vorgesehenen Arbeitsgebietes;
3. Entfernung des Arbeitsgebietes vom nächstgelegenen Flugplatz;
4. ob der Luftbildarchäologe selbst das Flugzeug steuert;

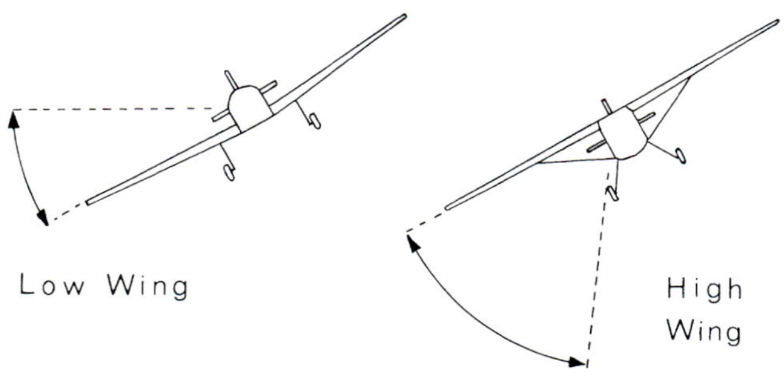

Abb. 77
Vergleich des Blickwinkels von Schulter- und Tiefdecker (Riley 1987, 30).

5. Art der Luftbilder, d. h. ob Schräg-, Senkrecht- oder gar Stereoaufnahmen angefertigt werden sollen. Das bestimmt die Art und Abmessungen der entsprechenden Kameras. In der Regel erfordert bereits der Einsatz von Mittelformatkameras, mit Sicherheit aber die Verwendung großformatiger Kameras, die für Senkrechtreihenbilder fest am Flugzeug montiert werden müssen, eine Mindestbesatzung von zwei Personen und ein entsprechend großes Flugzeug;
6. Sicherheitsfaktoren. Neben klimatischen Bedingungen, die das Fliegen häufig erschweren, gibt es noch eine Reihe anderer Faktoren, die beim Fliegen berücksichtigt werden müssen. In kontrollierten Lufträumen an Verkehrsflughäfen ist es ratsam, dass ein Copilot seine ungeteilte Aufmerksamkeit auf den Flugfunkverkehr und die Beobachtung des Luftraums richtet, während der Luftbildarchäologe die Prospektion und die Luftbilddokumentation durchführt.

Allgemein werden Leichtflugzeuge in der Praxis bevorzugt. In der jüngsten Zeit stellen Motorsegler, Ultraleicht-Schulterdecker und Gyrocopter in mancher Hinsicht eine Alternative dar. Gelegentlich werden auch Hubschrauber benutzt. Da der Einsatz von Hubschraubern jedoch eine sehr kostspielige Angelegenheit ist, werden sie nur selten von Luftbildarchäologen benutzt.

Abb. 78-1–3 →
Tiefdecker Piper PA-28 (oben) wird vor allem für Schulungen und Reiseflüge verwendet, ist aber wegen der unter der Sitzkabine angeordneten Tragflächen (größere Sichtbehinderung) nur bedingt für die archäologische Flugprospektion einsetzbar. Schulterdecker Cessna 172 (mitte) ist ein robustes und gutmütiges Leichtflugzeug mit 4 Sitzplätzen. Vor allem wegen der guten Sicht nach vorne und nach unten zum Boden wird die Maschine bevorzugt für die Flugprospektion in großen Einsatzgebieten benutzt. Freitragender Schulterdecker Dornier DO 27 fand vor allem militärische Verwendung und wurde in den 1960er und 1970er Jahren von Luftbildarchäologen für Prospektionszwecke im Rheinland benutzt (unten; aufgenommen von Baoquan Song).

3.2.1 Leichtflugzeuge

Die Befliegung mit einem Leichtflugzeug mit Kolbenmotor bis 2000 kg gilt bis heute als die ökonomischste und effektivste Lösung für eine kontinuierliche und systematische Flugprospektion in ausgedehnten Gebieten. In Deutschland gehört dieser Flugzeugtyp zur E-Klasse und hat in der Regel zwei bis sechs Sitzplätze. Ein Leichtflugzeug eignet sich sowohl für Solo-Befliegung, von Otto Braasch als „Einhandfliegen" bezeichnet, als auch für die Befliegung mit einer Besatzung von mehreren Personen.

Es ist eine Tatsache, dass die Archäologie in der Regel mit geringen Finanzmitteln auskommen muss. Dies gilt nicht nur für die Forschung, sondern auch für die Denkmalpflege. Bei der Planung und Durchführung luftbildarchäologischer Projekte wird deswegen häufig nicht gefragt, was technisch möglich ist, sondern, wie man mit minimalem technischen (und somit auch ökonomischen) Aufwand einen maximalen Erfolg erzielen kann. Aus diesem Grund haben die Luftbildarchäologen wertvolle Erfahrungen mit Leichtflugzeugen gesammelt.

Ein Schulterdecker wie die Cessna 172 oder 182 wird gegenüber einem Tiefdecker wie Piper PA 28 oder Mooney bevorzugt geflogen, weil dieser Flugzeugtyp, bei dem die Tragflächen auf Höhe der Oberkante des Flugzeugrumpfes angeordnet sind, eine bessere Sicht, insbesondere nach vorne und seitlich nach unten, bietet als ein Tiefdecker (vgl. Abb. 77). Außerdem gehören die hier genannten Typen zu den gängigen Flugzeugen, die in großer Zahl auf den Verkehrsplätzen in Deutschland stundenweise gechartert werden können. Sie haben sich in der Luftbildarchäologie gut bewährt. Neben dem entscheidenden Faktor Sicht bietet eine Cessna noch folgende Vorteile:

1. ausreichend große Kabinenfenster, die sich im Flug weit und problemlos öffnen lassen und die ein ungestörtes Fotografieren mit großem Kameraschwenkbereich erlauben;
2. stabile Fluglage, unproblematische Flugeigenschaften im langsamen Flug mit eindeutiger Überziehwarnung;
3. schnell ansprechende, genaue Höhenrudertrimmung, was für Einhandflieger unentbehrlich ist;
4. geräumige Kabine mit bequemem Sitz und ausreichender Ablagefläche in Griffnähe für Fotokameras mit Zubehör, Kartenunterlagen und Navigationsgeräte;
5. ausreichende Flugreisegeschwindigkeit, damit entfernte Arbeitsgebiete in wirtschaftlich vertretbarer Zeit erreicht werden können;
6. Kraftstoffzuladung für längere Erkundungsflüge bei reduzierter Motordrehzahl, mindestens für vier Stunden Flugzeit;
7. Schulungsmöglichkeit, wenn Studierende praxisnah die Flugprospektion erlernen sollen.

3.2.2 Motorsegler, Ultraleichtflugzeug und Gyrocopter

Der Motorsegler ist seinem Wesen nach ein Segelflugzeug, besitzt aber Selbststarteigenschaften. Leichtbauweise und große Tragflächen befähigen ihn nach Abschalten des Motors zum Segelfliegen. Der Motorsegler gehört in Deutschland zur K-Klasse und ist wendig, kann in niedrigen Höhen operieren und langsam fliegen und er darf auf allen Sport- und Segelfluggeländen starten und landen. So ist der Motorsegler normalerweise für kurze lokale Flüge durchaus geeignet. Als sichtbehindernder Tiefdecker und wegen oft noch unzureichender Flugleistungen – kurze Reichweite und langsame Geschwindigkeit – scheidet der Motorseg-

D-EECM

D-EMBB

ler aber für längere Unternehmungen aus. Es gibt für Langstreckenflüge auch den sog. Reisemotorsegler (Abb. 79), der je nach Bautyp teilweise vergleichbar mit einem Leichtflugzeug ist. Sein besonderer Vorteil im Vergleich zu Leichtflugzeugen ist die Sparsamkeit im Betrieb.

Luftbildaufnahmen vom Motorsegler aus sind aufgrund seines kleinen Fensters nur mit handgehaltenen Kleinbildkameras durchführbar. Für Archäologen, die selbst nicht fliegen, kommt nur die zweisitzige Version in Frage, bei der die Sitze neben- oder hintereinander angeordnet sind. Dabei bedarf es einer engen und gut koordinierten Zusammenarbeit zwischen Piloten und Archäologen, vor allem beim Flugzeugtyp mit nebeneinander angeordneten Sitzen, da sich das Objekt unter diesen Umständen zum Aufnahmezeitpunkt für den Piloten im toten Winkel befindet.

Für die Flugprospektion in überschaubaren Arbeitsgebieten können Ultraleichtflugzeuge (UL) eingesetzt werden. Das UL gehört in Deutschland zur M-Klasse und wird vor allem durch die maximale Abflugmasse definiert. Bei Zweisitzern darf die Abflugmasse 450 kg international bzw. 472,5 kg in Deutschland, Österreich und in der Schweiz nicht überschritten werden. Geringe Anschaffungskosten und ein sparsamer Flugbetrieb kennzeichnen ihre Einsatzvorteile. Ein UL-Flugzeug kann, ähnlich wie Segelflugzeuge, in geringer Flughöhe mit langsamer Geschwindigkeit fliegen. Außerdem sind sie sehr leicht und schnell auf- und abbaubar und manche von ihnen können problemlos mit Geländewagen transportiert werden. Für Start und Landung wird nur eine kurze Bahn benötigt. So sind die UL-Flugzeuge ebenfalls eine kostengünstige Alternative für einen beschränkten Einsatz und können besonders wichtig sein, wenn man in entlegenen Gegenden arbeitet, wie z. B. auf der Insel Sardinien, wo die für größere Flugzeuge notwendige Infrastruktur fehlt bzw. auf großen Flughäfen ökonomisch nicht vertretbar ist.

Seit Ende der 1990er Jahre wurden dank neuer Technik und neuen Materials große Fortschritte im UL-Bau erzielt. Hier soll diese neue Entwicklung anhand einiger Beispiele, wie Ikarus C42, CTSW und ICP Savannah, kurz vorgestellt werden.

Die Ikarus C42 ist ein abgestrebter UL-Schulterdecker, dessen Grundgerüst in der Konstruktion aus Aluminiumröhren hergestellt wird. Die Kabine und sein Rumpf werden aus glasfaserverstärktem Kunststoff angefertigt. Die Tragflächen bestehen aus einer Rohr-Stoff-Bauweise. Dadurch beträgt seine Leermasse inklusiv Rettungsfallschirm unter 300 kg. Mit einer Reisegeschwindigkeit zwischen 130–170 km/h (etwa 70–92 kn) – je nach Leistung des eingebauten Rotax-Boxermotors – von 80 bzw. 100 PS beträgt die Reichweite der Maschine etwa 800 km (Abb. 80-1).

Der Flight Design CTSW ist ein freitragender UL-Schulterdecker (d. h. ohne Streben), der seit 2003 in Serienproduktion gebaut wird. Diese Flugzeugkonstruktion wird nur durch die Faserverbundbauweise mit Kohlenstoff und Aramidfasern ermöglicht. Der Zweisitzer wird in drei Varianten, nämlich Light, Classic und Advanced, hergestellt. Ausgestattet mit einem Rotax-Motor mit 100 PS und einer Tankfüllung von 130 l Super-Benzin bzw. Super Plus Benzin fliegt die Maschine mit einer Reisegeschwindigkeit zwischen 200-240 km/h (108–130 kn) und einer Reichweite von ca. 2000 km. Diese ausgezeichnete Flugleistung verdankt die Maschine ihrer Leichtbauweise (Abb. 80-2).

Zu den UL-Schulterdeckern gehört auch der italienische ICP Savannah, ein Zweisitzer, der seit 2000 in Serie produziert wird. Obwohl zum großen Teil aus einer Metallkonstruktion bestehend, hat die Maschine eine Leermasse von nur 286 kg. Sie kann mit einem 80 PS Rotax-Motor ausgestattet sein und ihre Reisegeschwindigkeit beträgt dann 160 km/h (86 kn). Mit einer Tankfüllung kann 4 Stunden geflogen werden, d. h. sie hat eine Reichweite von etwa 800 km. Um ei-

Abb. 79 Reisemotorsegler Diamond HK36 „Super Dimona" ist sowohl im Hinblick auf die Reisegeschwindigkeit als auch auf die Reichweite durchaus vergleichbar mit Leichtflugzeugen mit einem Kolbenmotor (aufgenommen von Baoquan Song).

Abb. 80-1–4
80-1 Ikarus C42 wird seit 1996 gebaut und gehört derzeit zu den beliebtesten UL-Flugzeugen.

80-2 CTSW – ein freitragender UL-Schulterdecker wird in Faserverbundbauweise seit 2003 hergestellt.

80-3 Mit einer ICP Savannah wurde die Montanlandschaft in Südwestsardinien im Jahr 2016 und 2018 aus der Luft prospektiert. Dabei wurden durchaus positive Erfahrungen mit diesem Flugzeugtyp gemacht.

80-4 Ein Luftfahrzeug mit vielversprechender Zukunft ist der Gyrocopter (aufgenommen von Baoquan Song).

nen freien Blick zu haben, kann die Kabinentür auf der Seite des Luftbildarchäologen vor dem Flug abmontiert werden. Die Sichtbehinderung durch die V-förmigen Streben hält sich in Grenzen, da man trotzdem eine gute Sicht nach vorne und nach unten hat (Abb. 80-3).

Der Gyrocopter, auch Tragschrauber genannt, sieht einem Hubschrauber ähnlich, benötigt jedoch eine Start- und Landebahn (Abb. 80-4). Diese Technik wurde bereits in den 1920er Jahren in Spanien erfunden, fand allerdings aufgrund der Konkurrenz durch den Hubschrauber, der an jeder Stelle senkrecht starten und landen kann, keine breite Anwendung. Gyrocopter können ohne Gefahr von Strömungsabriss (mit Überziehsicherheit) langsam fliegen. Seine Vorzüge bestehen außerdem in den geringeren Anschaffungskosten, Sparsamkeit bei der Wartung und beim Betrieb sowie kleinem Bedarf an Abstellplatz. Er gehört in Deutschland zur M-Klasse und die Bedienung ist einfach erlernbar. Aufgrund dieser Vorzüge erlebt der Gyrocopter derzeit eine neue Belebung und gehört zur Technologie mit großer Zukunft (es gibt jetzt schon eine Version in Form einer Kombination von Auto und Gyrocopter, das sog. fliegende Auto). Bei den gängigen Modellen ist das Einhandfliegen nicht möglich, aber Gyrocopter in „Cabrio"-Ausführung bieten für einen Piloten und seinen Passagier gute Sichtmöglichkeiten zum Boden. Somit eignet sich ein Gyrocopter auch bedingt für die archäologische Flugprospektion.

Die oben genannten Beispiele zeigen eindeutig, dass die Leistungsgrenze zwischen Ultraleicht- und Leichtflugzeug infolge der technischen Weiterentwicklung langsam verschwindet. Noch sind sie jedoch nur für den lokalen Einsatz geeignet und man muss dabei auf einige Bequemlichkeiten verzichten, z. B. hat man nicht genügend Platz für eine große Fotoausrüstung an Bord. Daher eignen sich die K- und M-Klasse noch nicht für eine größere Flugaktion in einem ausgedehnten Gebiet. Außerdem spielt derzeit auch der Sicherheitsfaktor noch eine entscheidende Rolle. Im Hinblick auf die Sicherheit können die K- und M-Klasse noch nicht 100 %ig mit der E-Klasse konkurrieren. Wir sind jedoch fest davon überzeugt, dass neue Technologie alle hier genannten Aspekte in absehbarer Zeit verbessern wird und dass wir diese Entwicklung nicht aus dem Auge verlieren sollten.

3.2.3 Flugplatz

Die Ansprüche an geeignete Flugplätze sind im Vergleich zu denen an die Flugzeuge relativ einfach zu erfüllen. Sie müssen möglichst in der Nähe des Arbeitsgebietes liegen und gewährleisten, dass ein relativ ungehinderter Start zu jeder Zeit, in idealer Anpassung an die Wetterlage und das Auftreten von Merkmalen, möglich ist. Nur so kann das jährliche Flugstundenkontingent optimal genutzt werden.

Natürlich ist es außerdem wichtig, dass das jeweils erforderliche Flugbenzin in ausreichender Menge am Flugplatz vorhanden ist. Bei Flügen in Südeuropa kann die Benzinversorgung erfahrungsgemäß schon für einfache Reiseflüge ein Problem darstellen. Die meisten Tankgesellschaften bieten aufgrund der relativ geringen Mengen, die sie verkaufen können, kein Flugbenzin für kleine Kolbenmotoren mehr an, da die Mehrzahl der Flüge heute durch Flugzeuge mit Strahltriebwerken abgewickelt wird.

In diesem Zusammenhang ist anzumerken, dass die Cessna 172 mit dem Kolbenflugmotor Lycoming O-320 sowohl mit Flugbenzin (AVGAS) als auch – mit einer speziellen Genehmigung – mit Super Plus Benzin betrieben werden kann.

Abb. 81
Der Verkehrslandeplatz Marl-Loemühle. Von hier wird die Flugprospektion regelmäßig gestartet. Da ein Rettungshubschrauber der Johanniter hier stationiert ist, ist der Flugplatz rund um die Uhr betriebsbereit.

3.2.4 Besatzung

Während der Flugprospektion muss die Besatzung, die aus einer bzw. mehreren Personen bestehen kann, nicht nur fliegen und navigieren, sondern auch prospektieren und dokumentieren.

Es ist eine umstrittene Frage, ob die Befliegung von einer Einzelperson oder doch besser von mehreren Personen ausgeführt werden soll. Forscher, die sich für eine Besatzung mit mehreren Personen aussprechen, betonen die Tatsache, dass aufgrund der enormen Belastung das Steuern des Flugzeugs und das Navigieren sowie die Prospektion und Fotodokumentation jeweils besser von verschiedenen Personen ausgeführt werden sollen. Als Gegenargument wurde vor allem die Tatsache hervorgehoben, dass der Einhandflieger viel effektiver arbeitet und gleichzeitig viel flexibler ist, wenn er alleine fliegt und nicht Rücksicht auf andere Besatzungsmitglieder nehmen muss. Dabei kann er entsprechend seiner persönlichen Leistungsfähigkeit operieren, z. B. steile Kurven fliegen oder die Flugzeit besonders lange ausdehnen.

Rein flugtechnisch gesehen ist unserer Erfahrung nach das Einhandfliegen auch für Archäologen nicht unmöglich, setzt allerdings große Anforderungen an den Einhandflieger voraus, und auch die Wahl des geeigneten Flugzeugtypen spielt hierbei eine entscheidende Rolle. In dieser Hinsicht ist die im Flugverhalten gutmütige Cessna der eindeutige Favorit.

3.2.4.1 *Einhandflieger*

Vor allem aus ökonomischen Gründen wird oft das Einhandfliegen praktiziert, d. h. der Luftbildarchäologe nimmt die Funktion des Piloten, des Navigators, des archäologischen Beobachters und des Fotografen in einer Person ein, wie Otto Braasch es lange Zeit für die amtliche Bodendenkmalpflege der verschiedenen Bundesländer praktiziert hat. In einigen anderen Ländern Europas führen ebenfalls viele sog. Amateure auf diese Art und Weise Prospektionsflüge durch. Gemeint sind hier die ehemaligen Piloten der Luftwaffe bzw. Fluggesellschaften, die während ihrer Dienstzeit ausgezeichnete Flugfähigkeiten erworben haben und sich mit besonders großem Interesse für die Archäologie einsetzen. Sie tragen Unschätzbares zur Luftbildarchäologie bei. Neben sicherer Flugzeugführung setzt das Einhandfliegen natürlich auch gute archäologische und geografische Kenntnisse des jeweiligen Forschers voraus.

Es ist für einen Archäologen recht schwierig, in kurzer Zeit das Einhandfliegen zu erlernen. Ein Flugzeug fliegen zu können, bedeutet längst noch nicht, dass man neben dem Steuern des Flugzeugs noch in der Lage ist, sich sicher mit der Navigation, Prospektion und Fotografie zu beschäftigen. Der Archäologe Klaus Leidorf, der Nachfolger von Otto Braasch in Bayern, und Baoquan Song praktizieren beide das Einhandfliegen, wie bei Braasch gelernt. Inzwischen ist für uns das Flugzeug zu einem Paar verlängerter Beine geworden, das es uns ermöglicht, schnell und auf gewünschter Höhe nach Archäologie Ausschau zu halten. Bis man gelernt hat, so instinktiv zu fliegen, hat es natürlich seine Zeit gedauert.

3.2.4.2 *Pilot und Archäologe*

Da die Kombination von einem erfahrenen Piloten und studierten Archäologen in einer Person nicht so häufig vorkommt, muss oft die Besatzung mindestens aus zwei Personen bestehen. In diesem Fall sollte sich ein Archäologe mit Ortskenntnissen an Bord befinden, denn das Beurteilen von siedlungsgünstigem Gelände und das Einordnen sichtbarer Spuren erfordert ein hohes Maß an archäologischer Allgemeinbildung durch alle Perioden der Vor- und Frühgeschichte hindurch. In Sachsen-Anhalt fliegt der Archäologe Ralf Schwarz und in Sachsen Ronald Heynowski jeweils mit einem zusätzlichen Piloten sehr erfolgreich.[83]

Eine archäologische Ausbildung für den Piloten ist vorteilhaft, aber nicht zwangsläufig erforderlich. In den meisten Fällen ist vorrangig sein fliegerisches Können gefragt, wenn ein Archäologe mit an Bord ist. Positiv wirkt es sich aus, wenn bei häufigeren Befliegungen einer Gegend das Team immer aus denselben Personen besteht, so dass auch der Pilot lernt, Fundstellen zu erkennen. Es ist sinnvoll, vor dem geplanten Flug dem Piloten Luftbilder von verschiedenen Merkmalen und Denkmaltypen vorzuführen. Man lässt ihn dann an ein gut erkennbares Bodendenkmal heranfliegen, umkreist es, sodass der Pilot sich die genaue Lage für den Zweitanflug einprägen kann. Der Archäologe sollte jetzt lernen, den Piloten entsprechend den Flugeigenschaften des jeweils verwendeten Flugzeugtyps korrekt an das Objekt heranzuführen. Wenn sich Pilot und Fotograf schließlich aufeinander verlassen können, gelingen die Aufnahmen in der Regel bereits beim Erstanflug. Besonders interessante Objekte kann man natürlich mehrfach anfliegen, das Objekt in gleicher Höhe umrunden oder aus größerer Flughöhe über dem Objekt kreisend tiefer gehen.

Die Übelkeit in der Luft ist manchmal ein Problem für Menschen, die es nicht gewöhnt sind, mit Leichtflugzeugen zu fliegen. Hier können Tabletten gegen Reisekrankheit helfen, allerdings ist man nach der Einnahme etwas „benebelt" und es fällt schwer, sich zu konzentrieren. Manchmal genügt es, ein Kaugummi zu kauen. Braasch hielt für seine Fluggäste immer Kaugummi oder Ingwerbonbons bereit. In der Regel verschwinden die Beschwerden aber nach ein paar Flügen.

3.2.5 Wetterbedingungen

Die Bildflüge erfordern normalerweise eine scharfe, klare atmosphärische Sicht. Werden Senkrechtluftbilder aus großer Höhe angefertigt, konnte man zur analogen Zeit nur an wolkenlosen Tagen mit wenig Dunst arbeiten. Das ist meist im Mai und Juni in Deutschland der Fall. Dank der Möglichkeit zur Nachbearbeitung der digitalen Messbilder, sind Bildflüge fast zu allen Jahreszeiten möglich geworden, sogar an dunstigen Tagen im Hochsommer. Nach wie vor stören jedoch Wolken bei solchen Bildflügen.

Die Flugprospektion mit kleinen Flugzeugen und die Luftbildaufnahme aus geringer Flughöhe setzen hingegen nicht so strenge Bedingungen voraus. Sie sind nahezu bei jedem Wetter durchführbar. Man muss natürlich auch hier für die Beobachtung ausreichend Licht und genügend Sicht haben, und das schließt einen regnerischen Tag aus. Auf Bildern, die bei einem bedeckten Himmel gemacht werden, sind zwar die Kontraste gering, dafür gibt es keine störenden Schatten. Die Wolken müssen hoch genug sein (2.000 Fuß [600 m] über Grund und mehr), um ein sicheres Fliegen zu gewährleisten. Bei einer teilweisen Bewölkung kann es durchaus Gebiete mit gutem Sonnenlicht geben. Dicke Kumuluswolken sollten beachtet werden, weil sie starke Schatten werfen. Sie sind für die Auswertung immer dann störend, wenn ihre Schattenränder durch archäologische Befunde laufen.

3.2.6 Andere Arbeitsplattformen und UAV

Obwohl der Einsatz von Flugzeugen beim Bildflug mit photogrammetrischen Aufgaben heute noch am wichtigsten ist, wird seit Jahren verstärkt an anderen Kameraträgersystemen gearbeitet. Der Anlass hierfür liegt hauptsächlich in archäologischen Projekten, die in außereuropäischen Ländern abgewickelt werden. Dort handelt es sich nicht selten um politische Spannungsgebiete, in denen die Nutzung von Flugzeugen für wissenschaftliche Zwecke zu gefährlich oder sogar verboten ist. Hinzu kommt noch, dass die Infrastrukturen meistens fehlen, um überhaupt ein Leichtflugzeug zu wirtschaftlich vertretbaren Konditionen in die Luft zu bringen. Häufig werden unbemannte Kameraträgersysteme benutzt, wenn die Arbeitsfläche so klein ist, wie z. B. eine Grabungsfläche, dass sich ein ständig wiederholter Bildflug mit einem bemannten Flugzeug nicht lohnen würde. Dank der technologischen Weiterentwicklung von GPS und Bordelektronik kommen in der jüngsten Zeit völlig neue Systeme zum Einsatz. In diesem Zusammenhang hört man umgangssprachlich oft das Wort „Drohnen". Gemeint sind Trägersysteme für den Militär- und Zivileinsatz. In Fachkreisen wird hierfür der Begriff UAV (Unmanned Aerial Vehicle) benutzt.

Abb. 82 → Luftbild eines römischen Kastells von Palokaster in Albanien (mit einem UAV aufgenommen am 25. 10. 2018, gesteuert von Klaus Leidorf).

Für Militäreinsätze werden Aufklärungsdrohnen, auch URAV (Unmanned Reconnaissance Aerial Vehicle) genannt, zur Luftaufklärung entwickelt und angewandt. Sie können sich ein bis zwei Tage in der Luft aufhalten und haben somit fast eine Reichweite vergleichbar der eines Verkehrsflugzeugs. Solche Fluggeräte mit Kamera und Sensor-Systemen, die autark oder von einer Bodenstation aus gesteuert werden können, sind für die Zivilnutzung unbezahlbar.

Ein für die Zivilnutzung bezahlbares UAV kann in der Regel maximal 20–30 Minuten in der Luft bleiben. Aufgrund der begrenzten Flugzeit und Tragfähigkeit von Nutzlast kann man mit einem UAV, im Gegensatz zu einem URAV, keine flächendeckende Prospektion durchführen. Dennoch erfüllen sie als Kameraträger eine Reihe wissenschaftlich-technischer Aufgaben, die durch einen konventionellen Bildflug nicht oder nur unzureichend bewältigt werden können. Aufgrund ihrer geringen Flughöhe und -geschwindigkeit lassen sich größere Bildmaßstäbe realisieren. Der Flugeinsatz kann kurzfristig geplant, durchgeführt und unter Berücksichtigung der Akku-Ladezeit beliebig wiederholt werden. Die direkte Verfügbarkeit für den Anwender ermöglicht mehr Flexibilität. Hier wird auf zwei Anwendungsbeispiele in Albanien (Abb. 82) und in Japan hingewiesen.

Je nach Leistung und Gewicht werden solche Fluggeräte in Deutschland unterschiedlich klassifiziert und deren Einsatz verschieden geregelt. Seit dem 30. März 2017 wird die Nutzung bestimmter UAVs in Deutschland durch die „Verordnung zur Regelung des Betriebs von unbemannten Fluggeräten" festgelegt.

3.3 Kamera und Zubehör

Die Ergebnisse der Flugprospektion werden neben der Lokalisierung durch Kartierung bzw. per GPS vor allem fotografisch dokumentiert, überwiegend mit Schrägbildern, die mit einer in der Hand gehaltenen Kamera aufgenommen werden. Mindestens ein Semi-Senkrechtbild pro Fundstelle wird für die Planerstellung aufgenommen. Für diesen Zweck werden in der Regel Klein- oder Mittelformatkameras benutzt.

Faktoren, die bei der Auswahl der Kamera und des Zubehörs für eine kontinuierliche archäologische Luftbilddokumentation entscheidende Rollen spielen, sind: 1) Zuverlässigkeit; 2) Bildqualität; 3) Archivsicherheit; 4) Handhabung und Wartung; 5) Budget.

Da die archäologische Flugprospektion relativ arbeits- und kostenintensiv ist, muss die Luftbildfotografie als das wichtigste Dokumentationsmittel einwandfrei funktionieren und verlässlich sein. Zusätzlich ist eine Wiederholung der Luftbildaufnahme nicht immer möglich, da die Merkmale oft flüchtig und kurzlebig sind. Daher sind Robustheit und geringe Fehlerraten bei allen Komponenten der Kamera und des Zubehörs äußerst wichtig. In der Regel sind die auf dem Markt verfügbaren Spitzenkameramodelle gerade gut genug für diesen Anspruch.

Eine gute Bildqualität wird u. a. durch folgende technische Eigenschaften der Kamera und des Zubehörs gewährleistet:

- Großes Bild- bzw. Sensorformat. Die Detailerkennbarkeit von fotografisch abgebildeten Ob-

jekten wird bei der analogen Kamera überwiegend durch das Bildformat und bei der digitalen Kamera durch das Sensorformat bestimmt. Daher ist eine Mittelformatkamera immer vorzuziehen, wenn die Entscheidung zwischen Klein- (24 x 36 mm) oder Mittelformat (6 x 6 cm bzw. 6 x 4,5 cm, auch als *Königsformat* bezeichnet) getroffen werden soll.

- Höherer Dynamikumfang, um detailreiche Zeichnung im helleren und im dunkleren Bereich zu ermöglichen. Der Dynamikumfang moderner Bildsensoren liegt im Bereich von 9–12 Blendenstufen.
- Verlässliche Automatik für Lichtmessung und Weißabgleich bei digitalen Kameras, da eine manuelle Lichtmessung und ein manueller Weißabgleich in einem sich schnell bewegenden Flugzeug unmöglich sind.
- Kurze Belichtungszeit, um Bewegungsunschärfe zu vermeiden. Dafür gibt es eine Faustregel: die doppelte Belichtungszeit der Brennweite des eingesetzten Objektivs für Fotografie am Boden. Bei 200 mm Brennweite sollte z. B. mindestens eine Belichtungszeit von 1/500 Sekunde eingestellt sein. In einem sich schnell bewegenden Flugzeug sollte die Belichtungszeit je nach Fluggeschwindigkeit bei 200 mm Brennweite noch kürzer sein, etwa zwischen 1/500 und 1/1000 Sekunde. Diese Anforderung ist bei digitalen Kameras meist gegeben.
- Qualitativ hochwertige Objektive. Sie wirken sich nicht nur in Hinblick auf die Detailaufzeichnung, sondern auch auf den Dynamikbereich positiv aus. Darüber hinaus können sie die Abbildungsverzeichnung in Grenzen halten und kurze Belichtungszeiten ermöglichen. Um die Verwacklungsgefahr durch die Vibration im Flugzeug zu reduzieren, haben sich Objektive mit einem speziell dafür entwickelten optischen Bildstabilisator in der Praxis bewährt.

Abb. 83 Arbeitsplatz eines „Einhandfliegers" mit einem Teil der Ausrüstung (Foto: Baoquan Song).

Um Archivsicherheit zu gewährleisten, wurde bei der analogen Fotografie das Schwarz-Weiß-Negativ benutzt. Gleichzeitig wurden Farbdia bzw. Farbnegative für die Luftbildinterpretation und Veröffentlichungen aufgenommen. Das umfangreiche Filmmaterial musste unter bestimmten Bedingungen im Archiv sicher gelagert werden. Bei der digitalen Fotografie sind vor allem Bilddatenformat und Datenträger, deren langjährige Lesbarkeit durch die rasante technische Entwicklung nicht immer sicher gewährleistet erscheint, im Zusammenhang mit der Archivsicherheit von entscheidender Bedeutung.

Selbst ein Leichtflugzeug wie die Cessna 172 bietet nicht unbegrenzten Abstellplatz für die gesamte Fotoausrüstung wie in einem gut ausgestatteten Fotostudio. Daher sind kompakte Systeme bei der Luftbildfotografie wünschenswert. Luftbildarchäologen ziehen eine leichte Handhabung und komfortable Bedienbarkeit der Fotoausrüstung vor, insbesondere dann, wenn sie als Einhandflieger unterwegs sind. Was die Wartung von Kamera und Zubehör betrifft, so ist die digitale Kameratechnik inzwischen wesentlich besser geworden. Selbst bei namhaften Marken mussten die analogen Kameras nach einer Belichtung von etwa 150 Filmen in die Werkstatt zur Reparatur geschickt werden. Heute hält der mechanische und elektronisch gesteuerte Verschluss einer digitalen Spiegelreflexkamera etwa 180.000 Aufnahmen stand (das entspricht etwa 5000 Kleinbildfilmen). Dennoch ist die jährliche Wartungsarbeit auch bei digitalen Kameras und Objektiven zu empfehlen, damit alles einwandfrei funktioniert. Die beste Wartung und Pflege erhält man bei dem Wartungsdienst des jeweiligen Herstellers.

Das Budget ist von Projekt zu Projekt unterschiedlich und kann hier nur als ein entscheidender Faktor genannt werden. Häufig jedoch besitzt die Anschaffung der Kameraausrüstung bei der Finanzplanung überhaupt keinen bzw. nur einen niedrigen Stellenwert. Es fehlt oft das Verständnis dafür, warum man gerade den relativ hohen Preis für Kameras und ihr Zubehör bezahlen muss/soll, obwohl es viel günstigere Alternativen gibt.

Bis Ende der 1990er Jahre und bis noch kurz nach der Jahrtausendwende wurden analoge Kameras mit Klein- und Mittelformat für die Luftbildarchäologie eingesetzt. Inzwischen wird fast ausschließlich digital fotografiert. Analogtechnik findet heute lediglich Anwendung in der künstlerischen Fotografie. Die digitale Fototechnik wurde zwar anfangs nur zögerlich von der Luftbildarchäologie angenommen, mittlerweile möchte man aber nicht mehr darauf verzichten. Die Vorzüge der digitalen Kameras liegen auf der Hand. Durch den Wegfall von Nassverfahren kann nicht nur auf Filme und Filmentwicklung verzichtet werden, wodurch Kosten, Wartezeit und umweltbelastende Chemie sowie Ressourcen gespart werden, sondern auch die Unsicherheit und Gefahr einer fehlerhaften Lichtmessung bzw. Kameraeinstellung wird minimiert. Man kann nun das Bild und die technischen Parameter zur Beurteilung der Bildqualität direkt nach der Aufnahme überprüfen, sodass mögliche Fehler sofort bemerkt und korrigiert werden können. Die Bilddatei kann ohne nennenswerte Wartezeit, Arbeits- und Kostenaufwand schnell vervielfältigt, bearbeitet und weggeschickt werden.

Angesicht der mehr als 100-jährigen Entwicklungsgeschichte der analogen Fotografie macht die digitale Fototechnik rapide Fortschritte. Dynamikumfang, Auflösung und Empfindlichkeit des Bildsensors (ISO-Zahl) werden stetig verbessert und auf einem hohen Niveau weiterentwickelt. Außerdem wird die Optik der digitalen Fototechnik angepasst. In vielerlei Hinsicht hat die digitale Fototechnik die Analogfotografie überholt. Probleme, die nur bei der Digitalfotografie mit Rasterbildern vorkommen, werden durch innovative Techniken immer besser und geschickter gelöst. Nehmen wir z. B. das Problem mit dem Moiré-Effekt, das zunächst durch den Einsatz von Tiefpassfiltern bekämpft wurde, was allerdings eine leichte Unschärfe verursachte. Inzwischen wird das Problem meist durch eine angepasste Kamera-Software gelöst, sodass die Kameras heute weitgehend auf den Tiefpassfilter verzichten können. Entsprechend der Grobkörnigkeit bei empfindlichen Filmen hat man es mit Farbrauschen bei digitalen Aufnahmen mit hoher ISO-Zahl zu tun. Daher wurde bis vor ein paar Jahren noch maximal ISO-400 für die Luftbildaufnahme benutzt, um Farbrauschen zu vermeiden; mit heutigen Kameras kann man selbst bei ISO-6400 farbrauschfrei fotografieren. Diese Beispiele zeigen, wie schnell sich die digitale Fototechnik entwickelt.

Dennoch gibt es eine Reihe von Problemen, die noch zu lösen sind. Als ein typisches Beispiel hierfür ist das Rohdatenformat (Raw-Daten) zu nennen. Die Rohdaten eines Digitalbildes werden auch als „*digitales Negativ*“ bezeichnet, weil die digitalisierten Originalbilddaten in diesem Dateiformat ohne Bearbeitung direkt auf den Kameraspeicher geschrieben werden. Anschließend kann man die Bilddatei bei Bedarf mit einem besseren und umfangreicheren Bildbearbeitungsprogramm am Rechner bearbeiten und verbessern. Allerdings ist das Rohdatenformat einer Kamera bzw. eines Kameramodells vom jeweiligen Hersteller festgelegt und der Aufbau der Rohdaten kennt folglich nur der Hersteller. Durch Aktualisierung des Betriebssystems oder des Bildbearbeitungsprogramms kann es passieren, dass ältere Rohdaten nicht mehr lesbar werden, wenn der Hersteller – aus welchem Grund auch immer – keine Updates mehr zur Verfügung stellt. Bislang gibt es leider noch kein „standardisiertes“ Rohdatenformat, obwohl es technisch gesehen durchaus möglich wäre. Diese Tatsache beeinträchtigt erheblich die Archivsicherheit von digitalen Bildern.

Es gibt drei Kategorien von Kleinbildkameras, nämlich Spiegelreflexkameras, Systemkameras und Kompaktkameras, wobei die ersten beiden Kameratypen mit wechselbaren Objektiven für die Arbeit in der Luft eher geeignet sind als die zuletzt genannte mit einem fest eingebauten Objektiv. Die Kompaktkameras werden außerdem zunehmend durch immer besser werdende Handykameras ersetzbar gemacht.

Als „Einhandflieger“ benutzt Baoquan Song zum Zeitpunkt des Schreibens dieses Buches die Vollsensor-Spiegelreflexkameras von zwei namhaften Herstellern. Ein Kamerasystem wird mit einem Zoomobjektiv EF 28-300 mm f/3,5-5,6L IS USM und das Andere mit zwei Zoomobjektiven AF ED 2,8/24-70 mm und AF ED 2,8/70-200 mm ausgestattet. Alle Objektive werden mit Sky-Filter zur Filterung von Streulicht und zum Objektiv-Schutz versehen. Beide Kamerasysteme verfügen jeweils über ein Foto-GPS-Gerät, womit die Koordinaten des Kamerastandortes inklusive Höhe und Kompassrichtung in die Metadaten der Bilder automatisch bei der Aufnahme eingetragen werden.

3.4 Analog- und Digitalkarte sowie Flugnotizen

Für die Navigation von Prospektionsflügen werden normalerweise Luftfahrtkarten (ICAO-Karten) im Maßstab 1:500.000 zur Flugvorbereitung, Navigation und Flugkontrolle benutzt. Diese werden zunehmend durch Navigationsgeräte bzw. Anwendungen, die man z. B. auf dem Tablet installieren und ins Flugzeug mitnehmen kann, ersetzt.

Für die Kartierung von in der Luft entdeckten Fund- bzw. Verdachtsstellen eignen sich die topographischen Karten im Maßstab 1:50.000 (TK). Diese Karten haben sich mit dem Aufdruck der 1-km-Quadrate des

UTM-Gitters als besonders praktisch erwiesen. Die neu entdeckten Fundstellen werden auf der Arbeitskarte (TK an Bord) vermerkt und nach dem Flug in die Archivkarten (TK im Archiv) gleichen Maßstabs übertragen. Mittlerweile können die TKs mit Fundstellenvermerk digitalisiert und in ein GIS bzw. AIS (Anwendung GIS in der Archäologie) georeferenziert werden, sodass sie ständig digital aktualisiert werden können. Derzeit wird an einem beweglichen digitalen Kartensystem (moving map) gearbeitet. Damit steht dem Luftbildarchäologen die Kartierung bekannter Fundstellen während des Fluges zur Verfügung. Solche Systeme revolutionieren nicht nur die Flugnavigation, sondern ermöglichen eine direkte Überprüfung und einen Vergleich neuer Entdeckungen mit vorhandenen Daten. Durch die Möglichkeit einer direkten digitalen Kartierung wird der Luftbildarchäologe gleichzeitig von der zeitraubenden Dokumentationsarbeit im Cockpit befreit.

Vor 1990 notierte der Luftbildarchäologe ergänzend zur Kartierung auf Arbeitskarten ausführliche Angaben zu Fundstellen und Fotos. Diese Information diente in erster Linie der späteren Archivierung und wurde schriftlich auf der Karte und im Notizblock aufgezeichnet. Ein weiterer Grund für die Notizen waren gesetzliche Vorschriften. Der Wegfall der Luftbildfreigabe in der Bundesrepublik Deutschland nach der Wiedervereinigung hat die deutschen Luftbildarchäologen von vielen bürokratischen Arbeiten befreit. Vorher musste jedes Luftbild der Flugprospektion durch die Behörde für Luftaufsicht beim Regierungspräsidenten freigegeben werden. Für die Vorlage bei der Behörde war ein Protokoll über den Flug, auf dem die jeweiligen Luftbilder entstanden waren, erforderlich. Neben der Angabe zur Besatzung enthielt das Protokoll das Flugzeugkennzeichen, die Start- und Landeflugplätze und die Ortsbezeichnungen eines jeden vorgelegten Luftbildes.

Heute werden die Flugnotizen größtenteils durch GPS und GIS ersetzt. In absehbarer Zeit werden Flugnavigationsprogramme und GIS mit Sicherheit zusammenwachsen. Ansätze hierfür gibt es schon heute: Bereits seit Längerem stellt die Bundeskommission Segelflug des Deutschen Aero Clubs beispielsweise Luftraumdaten im Format „OpenAir" kostenlos zur

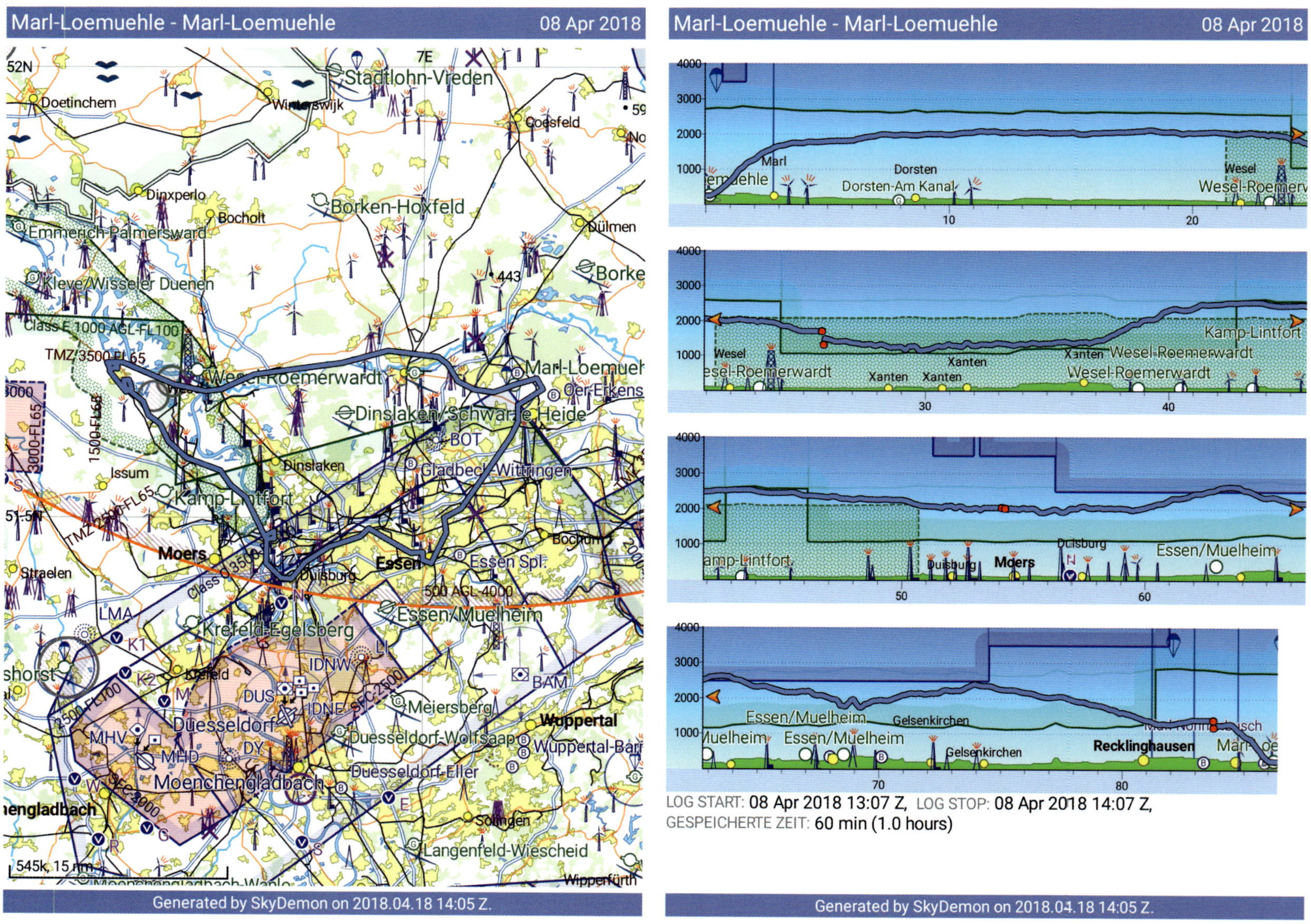

Abb. 84 Dokumentation eines Bildfluges durch ein Navigationsprogramm (hier als Beispiel ein Flugprotokoll des Programms „SkyDemon").

Verfügung. Diese vektorgrafischen Daten können in verschiedene Dateiformate konvertiert werden, z. B. als shapefile für GIS oder als kmZ für Google-Earth.

Trotzdem werden auch heute noch kurze Anmerkungen zu Fundstellen, Flugwetter, Flugplatz sowie Start- und Landezeit schriftlich aufgezeichnet, für den Fall, dass das GPS nicht einwandfrei funktioniert.

3.5 GPS und Flugdokumentation

Die Dokumentation der Flugprospektion erfolgt mit Luftbildern, Flugnotizen und GPS. Die Information dient als Vorbereitung sowohl auf die Archivierung und Auswertung der Luftbildbefunde als auch auf weitere Bildflüge. Hierbei spielt vor allem die Lokalisierung bzw. Verortung der neu entdeckten Fundstellen eine wichtige Rolle und geschieht zunehmend mit GPS-Technik. An Bord werden mindestens zwei GPS-Geräte mitgeführt, nämlich das Foto-GPS und ein spezielles GPS zur Flugnavigation.

Das Foto-GPS wird entweder direkt in der Fotokamera eingebaut oder mit einem kompatiblen Zusatzgerät in den Blitzschuh der Kamera gesteckt und mit der Kamera verbunden. Bei der Bildaufnahme werden die GPS-Daten zusammen mit der Bilddatei gespeichert. Sie befinden sich in den Exif-Daten (Standardformat der Japan Electronic and Information Technology Industries Association (JEITA) für das Abspeichern von Metadaten in digitalen Bildern) der Bilder.

Durch das Auslesen der Exif-Daten erhält man nun für jedes aufgezeichnete Luftbild das GPS-Koordinatenpaar der aktuellen Kameraposition zum Aufnahmezeitpunkt. Bei nachgerüsteten GPS-Modulen können die GPS-Daten auch in separaten Metadatensätzen anstelle bzw. neben den Exif-Daten gespeichert sein. Neben Bildbearbeitungsprogrammen können auch zahlreiche freie Programme die Exif-Daten auslesen. In der Regel erfolgt die Ausgabe dieser Daten in Tabellenform, so dass die weitere Verwaltung der Informationen in einer Datenbank möglich ist.

Neben der Einbindung in eine Datenbank ist aber auch eine andere Anwendung möglich. Die gespeicherten GPS-Koordinaten können in ein Geographisches Informationssystem (GIS) geladen werden und direkt als Geodaten gespeichert werden. Mit der Software ArcGIS von ESRI ist das direkte Auslesen und Überführen ins Geodatenformat über das Werkzeug „Geo-Tagged Photos To Points“ (bzw. „Fotos mit Geo-Tags in Punkte“) möglich. Voraussetzung ist lediglich, dass die GPS-Daten in einem lesbaren Exif-Format zusammen mit den übrigen Metadaten gespeichert sind. Andernfalls kann das Ergebnis aber über Umwege ebenfalls erreicht werden.

Der so erzeugte Geodatensatz zeigt aber lediglich die Kameraposition zum Bildaufnahmezeitpunkt. Diese lässt sich eindeutig über gespeicherte (aus den Metadaten ausgelesene) Informationen wie dem Da-

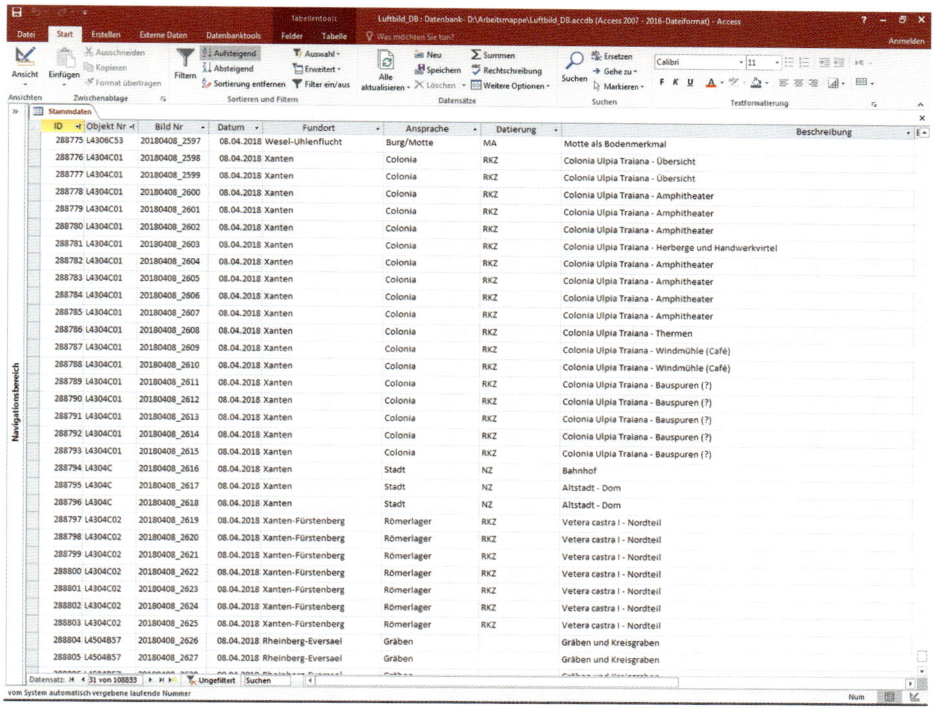

ID	Objekt Nr	Bild Nr	Datum	Fundort	Ansprache	Datierung	Beschreibung
288775	L4306C53	20180408_2597	08.04.2018	Wesel-Uhlenflucht	Burg/Motte	MA	Motte als Bodenmerkmal
288776	L4304C01	20180408_2598	08.04.2018	Xanten	Colonia	RKZ	Colonia Ulpia Traiana - Übersicht
288777	L4304C01	20180408_2599	08.04.2018	Xanten	Colonia	RKZ	Colonia Ulpia Traiana - Übersicht
288778	L4304C01	20180408_2600	08.04.2018	Xanten	Colonia	RKZ	Colonia Ulpia Traiana - Amphitheater
288779	L4304C01	20180408_2601	08.04.2018	Xanten	Colonia	RKZ	Colonia Ulpia Traiana - Amphitheater
288780	L4304C01	20180408_2602	08.04.2018	Xanten	Colonia	RKZ	Colonia Ulpia Traiana - Amphitheater
288781	L4304C01	20180408_2603	08.04.2018	Xanten	Colonia	RKZ	Colonia Ulpia Traiana - Herberge und Handwerkvirtel
288782	L4304C01	20180408_2604	08.04.2018	Xanten	Colonia	RKZ	Colonia Ulpia Traiana - Amphitheater
288783	L4304C01	20180408_2605	08.04.2018	Xanten	Colonia	RKZ	Colonia Ulpia Traiana - Amphitheater
288784	L4304C01	20180408_2606	08.04.2018	Xanten	Colonia	RKZ	Colonia Ulpia Traiana - Amphitheater
288785	L4304C01	20180408_2607	08.04.2018	Xanten	Colonia	RKZ	Colonia Ulpia Traiana - Amphitheater
288786	L4304C01	20180408_2608	08.04.2018	Xanten	Colonia	RKZ	Colonia Ulpia Traiana - Thermen
288787	L4304C01	20180408_2609	08.04.2018	Xanten	Colonia	RKZ	Colonia Ulpia Traiana - Windmühle (Café)
288788	L4304C01	20180408_2610	08.04.2018	Xanten	Colonia	RKZ	Colonia Ulpia Traiana - Windmühle (Café)
288789	L4304C01	20180408_2611	08.04.2018	Xanten	Colonia	RKZ	Colonia Ulpia Traiana - Bauspuren (?)
288790	L4304C01	20180408_2612	08.04.2018	Xanten	Colonia	RKZ	Colonia Ulpia Traiana - Bauspuren (?)
288791	L4304C01	20180408_2613	08.04.2018	Xanten	Colonia	RKZ	Colonia Ulpia Traiana - Bauspuren (?)
288792	L4304C01	20180408_2614	08.04.2018	Xanten	Colonia	RKZ	Colonia Ulpia Traiana - Bauspuren (?)
288793	L4304C01	20180408_2615	08.04.2018	Xanten	Colonia	RKZ	Colonia Ulpia Traiana - Bauspuren (?)
288794	L4304C	20180408_2616	08.04.2018	Xanten	Stadt	NZ	Bahnhof
288795	L4304C	20180408_2617	08.04.2018	Xanten	Stadt	NZ	Altstadt - Dom
288796	L4304C	20180408_2618	08.04.2018	Xanten	Stadt	NZ	Altstadt - Dom
288797	L4304C02	20180408_2619	08.04.2018	Xanten-Fürstenberg	Römerlager	RKZ	Vetera castra I - Nordteil
288798	L4304C02	20180408_2620	08.04.2018	Xanten-Fürstenberg	Römerlager	RKZ	Vetera castra I - Nordteil
288799	L4304C02	20180408_2621	08.04.2018	Xanten-Fürstenberg	Römerlager	RKZ	Vetera castra I - Nordteil
288800	L4304C02	20180408_2622	08.04.2018	Xanten-Fürstenberg	Römerlager	RKZ	Vetera castra I - Nordteil
288801	L4304C02	20180408_2623	08.04.2018	Xanten-Fürstenberg	Römerlager	RKZ	Vetera castra I - Nordteil
288802	L4304C02	20180408_2624	08.04.2018	Xanten-Fürstenberg	Römerlager	RKZ	Vetera castra I - Nordteil
288803	L4304C02	20180408_2625	08.04.2018	Xanten-Fürstenberg	Römerlager	RKZ	Vetera castra I - Nordteil
288804	L4504B57	20180408_2626	08.04.2018	Rheinberg-Eversael	Gräben		Gräben und Kreisgraben
288805	L4504B57	20180408_2627	08.04.2018	Rheinberg-Eversael	Gräben		Gräben und Kreisgraben

Datensatz: 31 von 108833 Ungefiltert Suchen
vom System automatisch vergebene laufende Nummer

teinamen oder dem exakten Aufnahmezeitpunkt mit dem jeweiligen Bild in Bezug bringen. Eine derartige Verknüpfung kann mit dem oben genannten Werkzeug auch direkt erzeugt werden, vorausgesetzt, dass ein kompatibles Datenformat für die Ausgabe gewählt wird.

Abb. 85 Luftbildarchiv und Luftbilddatenbank.

Falls entsprechende Informationen in den Metadaten vorliegen, kann auch über den Kamerawinkel (bezogen auf Nord) die Aufnahmerichtung sowie über die Kameraneigung (bezogen auf die Nadirposition oder den Horizont) und über die Flughöhe unter Zuhilfenahme des Tangens die ungefähre Position des Motivs ermittelt werden. Während die Kameraneigung zwar bei der Aufnahme von Senkrechtluftbildern zumeist dokumentiert wird, um später Orthophotos zu erzeugen, ist eine automatische Ermittlung bei weitem nicht der Standard. Zumindest die Aufnahmerichtung könnte aber – wenn auch unter Umständen mit einigem Aufwand – aus den Flugdaten abgeleitet werden.

In jedem Fall ermöglicht die Verarbeitung im GIS den Abgleich zwischen bekannten Fundstellen, sofern diese als Geodaten vorliegen, und neuen Aufnahmepositionen in einem bestimmten Umkreis. Bei einer neuen Entdeckung fliegt der Luftbildarchäologe in der Regel ohnehin einen Vollkreis rund um den Fundplatz, der sowohl durch Foto-GPS als auch durch GPS zur Flugnavigation als Flugroute aufgezeichnet wird. In der Regel befindet sich die neue Fundstelle im Kreismittelpunkt. Das erleichtert die Verortung der Luftbildbefunde erheblich.

Es gibt inzwischen eine große Anzahl von auf GPS basierenden Navigationsprogrammen, die nicht nur während des Flugs zur Navigation mit Flugkarten und

Abb. 86
Bildflugzeug für die Aufnahme von Messbildern aus großer Flughöhe (aufgenommen von Baoquan Song).

Abb. 87
Die Reihenmesskammer wird für Aufnahmen digitaler Messbilder am Boden des Bildflugzeugs montiert. Statt einer Filmkassette steht nun über der Messkammer ein Gehäuse für Festplatten zum Speichern der Bilddaten (aufgenommen von Baoquan Song).

Luftraumstrukturen, sondern auch zur Flugdokumentation benutzt werden können. Außer der tatsächlich geflogenen Flugroute werden nämlich nun alle wichtigen Flugdaten wie z. B. Start- und Landezeit, Flugzeit, Flugstrecke sowie Flughöhen mit Informationen zur Topografie und Luftraumstruktur aufgezeichnet (vgl. Abb. 84). Mit einem „way point" können die Koordinaten einer neu entdeckten Fundstelle relativ genau durch einen Knopfdruck gespeichert werden.

3.6 Nach der Landung – Luftbildarchivierung

Heute besteht überhaupt kein Zweifel mehr daran, dass Luftbilder eine wichtige Quelle der Archäologie geworden sind. Sie sind häufig die einzigen Zeugnisse von Fundstellen, die z. B. nach der Aufnahme den Baumaßnahmen zum Opfer gefallen sind. Dokumente sind allerdings nur dann von Wert, wenn sie systematisch gesammelt, katalogisiert, aufbereitet und Wissenschaftlern und interessierten Stellen/Behörden bereitgestellt und zugänglich gemacht werden. Ein wirkungsvolles Instrument hierfür ist die Archivierung; dadurch wird nicht nur in der kontinuierlichen Luftbildarchäologie die ständig wachsende Anzahl der Luftbilder sachgerecht aufbewahrt, sondern auch viele Aufgaben werden gemeistert, die infolge vermehrter und differenzierter Ansprüche an das Luftbildmaterial entstehen.

Im analogen Zeitalter vor der Jahrtausendwende basierte das Archiv auf den analogen topographischen Karten (TK) im Maßstab 1:50.000. Die TKs eigneten sich deswegen besonders für diesen Zweck, weil sie bundesweit einheitlich nach einer bestimmten Ordnung nummeriert wurden. Jede neue Spur erhielt eine Kennziffer, unabhängig davon, ob es sich um eine echte Fundstelle oder nur um eine Verdachtsstelle handelte. Die Kennziffer setzte sich aus der Kartennummer und einer laufenden Nummer aller Fundstellen auf der jeweiligen Karte zusammen. Wurde z. B. eine Fundstelle erstmals im Bereich der Karte L 4304 entdeckt, so bekam sie die Kennziffer 4304/001. Das war die Objekt-Nummer der Fundstelle, die in der Praxis bereits im Flugzeug vergeben wurde. Entdeckte man aus der Luft eine neue Fundstelle, wurde sie lokalisiert und dann in die Arbeitskarte mit der Objekt-Nummer eingetragen. Diese Nummer bildete fortan die Leitnummer für diese Fundstelle, unter der alle Luftbilder und Texte in einer Akte gesammelt abgelegt wurden.

Außer der Objekt-Nummer erhielt jedes Luftbild eine Archivnummer, die zur Zeit der analogen Fotografie aus Film- und Bildnummer bestand. Zu jeder Fundstelle wurden auf einer Karteikarte die Objekt-, Film- und Bildnummern aller Arten von Luftbildern notiert. Für die Schwarzweiß-Luftbilder wurden Kontaktbögen angefertigt. Dann wurden die Negative der Schwarzweiß-Bilder einzelner Objekte und ihre Kontaktabzüge zusammen mit Farbdias nach Karten- und Objektnummern geordnet. Auf diese Art und Weise wurden die gesamten Luftbilder einer Fundstelle aus allen Prospektionsflügen jeweils zusammengestellt. Der Vergleich von Luftbildern aus verschiedenen Jahreszeiten und aus allen Jahren wurde somit erleichtert. Auf diese bzw. ähnliche Weise wurden Luftbilder archäologischer Flugprospektion in fast allen Bundesländern archiviert.

Mittlerweile wurden die Karteikartensysteme durch Datenbanken ersetzt, dennoch sind das Grundprinzip und die Datenstruktur der Luftbildarchivierung weitgehend gleich geblieben. Um den Anschluss zum analogen Bildmaterial nicht zu verlieren, werden digitale Luftbilder weiter der Objektnummer der einzelnen Fundstellen zugeordnet. Heute wird die Bildnummer direkt durch die digitale Kamera vergeben, z. B. 100_0001. Baoquan Song zieht es beispielsweise vor, den ersten Teil der so entstandenen Bildnummer durch das Datum (JJJJMMTT) zu ersetzen, 20180408_0001. Somit ist gewährleistet, dass eine Bildnummer im gesamten Archivsystem nur einmal vergeben wird. Luftbilder eines Bildfluges werden in einem nach Aufnahmedatum angelegten Ordner gespeichert. Durch Abfrage der Objekt-Nummer erhält man die Bildnummern aller Jahrgänge zu einer Fundstelle. Integriert man diese Datenbank in ein Archäologisches Informationssystem, so sind auch räumliche Abfragen möglich, z. B. wie viele Fundstellen gibt es in einem bestimmten Gebiet und welche Luftbilder gehören dazu?

3.7 Auswertung von Luftbildern aus der Flugprospektion

Die Aufgabe der Flugprospektion besteht in der Regel darin, oberirdische und unterirdische Bodendenkmäler aufzuspüren, zu untersuchen und zu dokumentieren. Folglich konzentriert sich die Auswertung von Luftbildern der Flugprospektion auf einzelne Fundstellen.

Im Laufe der Zeit hat man angesichts der ständig wachsenden Bildbestände aus systematischer Flugprospektion zwei Verfahren bzw. Strategien für die Nutzung der Luftbildquelle entwickelt: ein Einzelstellen-Verfahren (single-site approach) und ein Landschafts-Verfahren (landscape approach). Bei dem Einzelstellen-Verfahren werden zunächst alle ersichtlichen Luftbildbefunde einer Fundstelle möglichst vollständig untersucht und auf der Basis der Bildentzerrung kartographiert sowie aufgrund ihrer Form, Größe und Lage charakterisiert. Die so erfassten Einzelbefundtypen werden dann miteinander verglichen. In den letzten Jahren wurde dieses Verfahren für die Erforschung verschiedenartiger Denkmaltypen verwendet, z. B. neolithische Langhäuser, Kreisgrabenanlagen, Erdwerke sowie hallstattzeitliche Herrenhöfe oder keltische Viereckschanzen. Bei dem Landschafts-Verfahren konzentriert man sich direkt auf das systematische Erfassen und die kartografische Darstellung des gesamten Denkmalbestandes in einem bestimmten Landschaftsgebiet, um den interaktiven Zusammenhang zwischen naturräumlichen Gegebenheiten und menschlichen Aktivitäten nachzuvollziehen und um einzelne Luftbildbefunde leichter und besser zu verstehen.

Abb. 88
Ein Laserscanner (IGI LiteMapper – Topographic LiDAR Scanning System) kann anstelle bzw. neben der Reihenmesskammer für den Einsatz des Airborne Laserscannings am Boden des Bildflugzeugs fest montiert werden (aufgenommen von Baoquan Song).

Die GIS-Technologie bietet in dieser Hinsicht ein wirkungsvolles Instrumentarium zum Erfassen und Analysieren von Prospektionsergebnissen. Luftbilder werden im GIS eingegeben, georeferenziert, kartiert, mit anderen Geodaten (digitale Orthophotos und topographische Karten, Digitales Geländemodell, Boden-, Klima-, Vegetations- und natürlich nicht zuletzt archäologische Information) zusammen ausgewertet und analysiert. GIS ist dabei zukunftsorientiert und bietet derzeit die beste Möglichkeit, archäologisch relevante Informationen zu verarbeiten und auszuwerten. Auf dieses Thema werden wir später in Kapitel 6 noch eingehen.

4 AUSWERTUNG ZWECKFREMDER LUFTBILDER

Bei der archäologischen Flugprospektion hat sich die Aufnahme von Schrägbildern aus niedrigerer Flughöhe in seiner 100jährigen Entwicklung bewährt und etabliert. Daneben gibt es bekanntlich zahlreiche, für die Archäologie „zweckfremde" Luftbilder, die entweder zum militärischen oder zum zivilen Zweck angefertigt sind. Militärische Luftaufklärung mit Luftbildaufnahme wurde bereits während des Ersten Weltkrieges praktiziert und für sehr nützlich und effektiv gehalten. Daher wurde die Luftbildtechnik vor und während des Zweiten Weltkrieges vom Militär schnell vorangetrieben und auf einem sehr hohen Niveau entwickelt. Infrarotempfindliche Fotoplatten wurden z. B. bereits während des Ersten Weltkrieges in den USA zur Verbesserung von Luftbildfotografie entwickelt. In den 1960er Jahren führte die Fa. Kodak Falschfarben-Infrarotfotografie mit dem Kodak Ektachrome Aero Infrarotfilm zum Entlarven von Tarnung ein. Nach dem Krieg wurde die bis dahin geheim gehaltene Luftbild-Technologie für die Zivilnutzung, vor allem für die Landesvermessung, freigegeben. In Deutschland wurden z. B. Vermessungsbildflüge bereits seit den 1950er Jahren in regelmäßigen Zyklen durchgeführt, um die Deutsche Grundkarte 1:5.000 (DGK) und die Topographischen Kartenwerke zu erstellen und zu aktualisieren. Dadurch sind bis heute große Luftbildarchive in einzelnen Bundesländern entstanden.

Solche Luftbildarchive bilden eine wichtige Informationsquelle für die Archäologie, die bisher von unserem Fach nur ansatzweise genutzt wurde. Die wenigen Auswertungsansätze zeigen jedoch eindeutig, dass großes Potential in den Luftbildern der vergangenen Jahre steckt. Man muss nur wissen, wie man sie erschließt. Hinzu kommen die modernen Luft- und Satellitenbilder, die jetzt dank der digitalen Datenaufnahme und -verarbeitung schier unendliche Möglichkeiten für die Feldforschung der Archäologie und Denkmalpflege bieten. Ideal ist die Kombination von Auswertung zweckfremder Luftbilder mit der darauf basierenden gezielten Flugprospektion.

Die Luftbildauswertung beinhaltet eigentlich zwei Verfahren: die thematische (visuelle Luftbildinterpretation) und die geometrische Auswertung von Luftbildern (Aerophotogrammetrie). Das erste dient in der Luftbildarchäologie meist zur Erschließung naturräumlicher Lebensbedingungen einer Kulturlandschaft und zur Entdeckung bisher unbekannter Fundstellen (meist oberirdisch). Das zweite Verfahren dient zur Plan- oder Kartenherstellung. In vielen Fällen läuft im Hintergrund einer thematischen Auswertung ebenfalls eine geometrische Auswertung ab. Denn um Befunde eingehend beurteilen zu können, muss man oft vorher wissen, wie groß sie sind; und die Ergebnisse der thematischen Bildinterpretation werden in der Regel mit dem Koordinatensystem von Karten in Beziehung gesetzt.

4.1 Art und Bezugsquellen von Luftbildern

Einer in den 1950er Jahren durchgeführten Schätzung zufolge ist bereits zur damaligen Zeit mehr als die Hälfte der Erdoberfläche mindestens einmal aus der Luft fotografiert worden, und das war an sich erst der Anfang. Seitdem werden Luftbilder kontinuierlich bis heute in großem Umfang aufgenommen. Sie werden von militärischen Stellen, Vermessungsämtern, Interessenkreisen des Bergbaus, der Industrie und der Forstwirtschaft sowie von Umweltschutzorganisationen usw. im Auftrag oder selbst aufgenommen, ausgewertet und archiviert.

Je nach Aufnahmetechnik unterscheidet man zwischen Schräg- und Senkrechtbildern. Schrägbilder zeigen Objekte aus einer uns gewohnten Perspektive und können daher Bildobjekte anschaulich darstellen. Sie eignen sich allerdings weniger für Vermessungszwecke. Senkrechtbilder wirken wie Karten und dienen auch primär zur Kartenherstellung. Sie stellen Objekte aus einer uns ungewohnten, nämlich senkrechten Perspektive dar. Man muss geschult sein, um solche Bilder richtig interpretieren zu können.

Schrägbilder werden in der Regel mit einer in der Hand gehaltenen Kamera durch ein geöffnetes Flugzeugfenster oder eine geöffnete Flugzeugtür aufgenommen. Die Geländefläche wird trapezförmig abgebildet, der Bildmaßstab nimmt vom Vordergrund zum Hintergrund stark ab. Derartige Bilder dienen überwiegend der Dokumentation spezieller Beobachtungen aus niedriger Flughöhe (Militäraufklärung, Vegetations-, Tierherdenüberwachung). Solche Fremdbilder sind aufgrund ihrer speziellen Zielsetzung für archäologische Auswertungen meistens nicht geeignet und ermöglichen allenfalls einen ersten Überblick.

Bei der archäologischen Flugprospektion werden ebenfalls Schrägbilder angefertigt. Bei deren Interpretation geht es einerseits darum, die auf mehreren unter unterschiedlichen Bedingungen entstandenen Luftbildern dokumentierten Befundfragmente so zusammenzufügen, dass ein mehr oder weniger komplettes Bild vom betroffenen Bodendenkmal rekonstruiert werden kann, andererseits einzeln zur Klassifizierung und Zuordnung des Bildbefundes oder im Sinne von Landschaftsarchäologie zur komplexeren Analyse in einer kulturell zusammenhängenden Region (vgl. Kapitel 3.7).

Die zum Vermessungszweck erstellten Luftbilder werden als Messbilder bezeichnet. Messbilder werden unter sehr streng eingehaltener Witterungsbedingung und anhand einer hochpräzisen Luftbildkamera, Reihenmesskammer genannt, aus einer größeren Flughöhe aufgenommen.

Bei der Nutzung von Messbildern ist im Allgemeinen zu beachten, dass sie alle zu nichtarchäologischen Zwecken und mit völlig anderer Zielsetzung wie z. B. Lufterkundung, Vermessung, Bodenschätze-Erkundung (Prospektion), Schadenskontrolle usw. entstanden. Im Hinblick auf die Archäologie sind Messbilder eher geeignet, um naturräumliche Gegebenheiten einer Kulturlandschaft zu erforschen, und weniger für die Erkundung von Bodendenkmälern. Oft sind die Wetterbedingungen, bei denen sich von unterirdischen Denkmälern verursachte flüchtige Merkmale im Bewuchs oder im gepflügten Boden zeigen, gerade für den Bildflug ungeeignet, dazu zählen dunstige Hochsommerwetterlagen während der Getreidereife oder Regentage im Winter, an denen die farbigen Bodenmerkmale besonders gut zu erkennen sind. Viel besser kann man Messbilder in Landschaften wie Steppen, Hochflächen, Wüsten oder Gegenden mit großflächigem Weideland, wo sich Spuren archäologischer Bodendenkmäler noch im Relief abzeichnen und ihre Erkennbarkeit nicht vom landwirtschaftlichen Zyklus abhängt, einsetzen. Es wäre dennoch ratsam, bei jeder ernsthaften luftbildarchäologischen Prospektion, auch in Gebieten mit intensiver Ackernutzung wie z. B. in Mitteleuropa, vorhandene Messbilder hinsichtlich ihrer Maßstäbe und Aufnahmedaten zu überprüfen, um auf diese Art und Weise mögliche Informationsquellen nicht auszulassen.

In der Bundesrepublik Deutschland werden Messbilder entweder von privaten Firmen im Auftrag oder direkt von den Vermessungsverwaltungen der einzelnen Bundesländer (früher Landesvermessungsämter, heute Landesämter für Geoinformation) aufgenommen. Die Bildflüge werden vom Institut für angewandte Geodäsie in Frankfurt und teilweise auch von den Landesvermessungsämtern registriert. In Österreich befinden sich etwa 90 % der Luftbilder im Archiv des Bundesamtes für Eich- und Vermessungswesen in Wien. In der Schweiz gibt es keine zentrale Archivierung, aber es werden alle Stereo-Luftbilder sowohl der amtlichen als auch privaten Sammlungen von der Eidgenössischen Vermessungsdirektion in Bern dokumentiert. In Großbritannien gibt es Luftbildarchive von amtlichen Stellen wie z. B. Ordonance Survey oder Royal Air Force.

Beispielsweise stammen die ältesten in Niedersachsen archivierten amtlichen Messbilder aus der zweiten Hälfte der 1950er Jahre. So fanden die ersten planmäßigen Bildflüge nach dem zweiten Weltkrieg mit der Aufhebung des Flugverbotes ab 1955 wieder statt. Sie werden mit einer am Flugzeugboden befestigten Reihenmesskammer, deren Objektivachse senkrecht zum Boden ausgerichtet ist, erstellt. Die Aufnahme erfolgt systematisch und in sich überlappenden Parallelstreifen. Die Längs-Überlappung in Flugrichtung beträgt ca. 60 %, die Quer-Überlappung zwischen den Parallelstreifen liegt bei 20–30 %. Durch die im gesamten Bildverband gegebenen Überdeckungen wird eine stereoskopische und somit dreidimensionale (geometrische) Bildauswertung möglich. Zwei sich etwa 60 % überlappende Luftbilder für Stereobetrachtung werden als Stereobildpaar bezeichnet.

Zunächst noch waren die Filmformate 18 x 18 cm^2 (7 Zoll) gebräuchlich, ab ca. 1960 ging man auf das Weltstandardformat 23 x 23 cm^2 (9 Zoll) über. Die Kameratypen Normalwinkel bzw. Weitwinkel fanden Anwendung in Interpretation, Grundrissauswertung, Fortführung des Topographischen Kartenwerkes oder in der Höhenauswertung für die Deutsche Grundkarte 1:5.000 (DGK5, heute AK5). Die Luftbilder selbst sind im Original (als Kontaktkopie), aber auch als geometrisch entzerrte Orthophotos digital zu beziehen. Der gebräuchliche Aufnahmebildmaßstab (Originalbildmaßstab) – resultierend aus Objektiv und Flughöhe – liegt bei 1:12.000 bis 1:13.000. Diese Größenordnung ist schon eher der kleinste Maßstab, um Informationen über die Restspuren von Bodendenkmälern wie Siedlungen und Gräberfelder zu extrahieren. Ausschnitte von Messbildern können jedoch bis zum 10-fachen vergrößert werden und liefern dadurch manche Details vom Fundplatz.

Parameter	archäologische Schrägaufnahme	photogrammetrische Senkrechtaufnahme
Flughöhe (m)	150–1200 m	1800/3600 m
Kamerasystem	Handkamera kl./m.For. leichtes Tele	Reihenmeßkammer 150, 300 mm 230 x 230 mm²
Abbildungsmaßstab	1 : 1000 (–20000)	1 : 12000
Flächenabdeckg	1 km² 45° Neigg, 1000 m Höhe	8 km²
archäolog. Bildflugbedggn	je nach Merkmal	möglicherweise nur Boden-, Feuchtemerkmal
geometrische Stabilität	Nicht-Meßkammer	Meßkammer
kartographische Eigenschaft	verzerrt	kartenähnlich

Tab. 3 Wesentliche Parameterunterschiede der Schräg- und Senkrechtaufnahme (aus Diplom-Arbeit Eckhard Heller).

Hinsichtlich der Filmarten gibt es u. a. panchromatische Schwarzweißbilder, Infrarot-Schwarzweiß und Infrarotfalschfarbenbilder oder Farbbilder. Da die Befliegungen in der Regel gebietsweise anfangs im 5-Jahres-Zyklus und später im 3-Jahres-Zylus durchgeführt werden, kann das Alter des zur Verfügung stehenden Bildmaterials zwischen wenigen Wochen (städtischer Bereich) und max. 3 Jahren (eher ländliche Gegenden) betragen.

Eine Gesamtübersicht stellt die wesentlichen Parameterunterschiede der beiden Datenaufnahmekonzeptionen – archäologische Schrägaufnahme vs. zweckfremde Senkrechtaufnahme – gegenüber:

Eine weitere Quelle für um 1945 entstandene Senkrechtaufnahmen der britischen Luftaufklärung ist das Archiv des Kampfmittelräumdienstes Niedersachsen, heute beim Landesamt für Geoinformation und Lan-

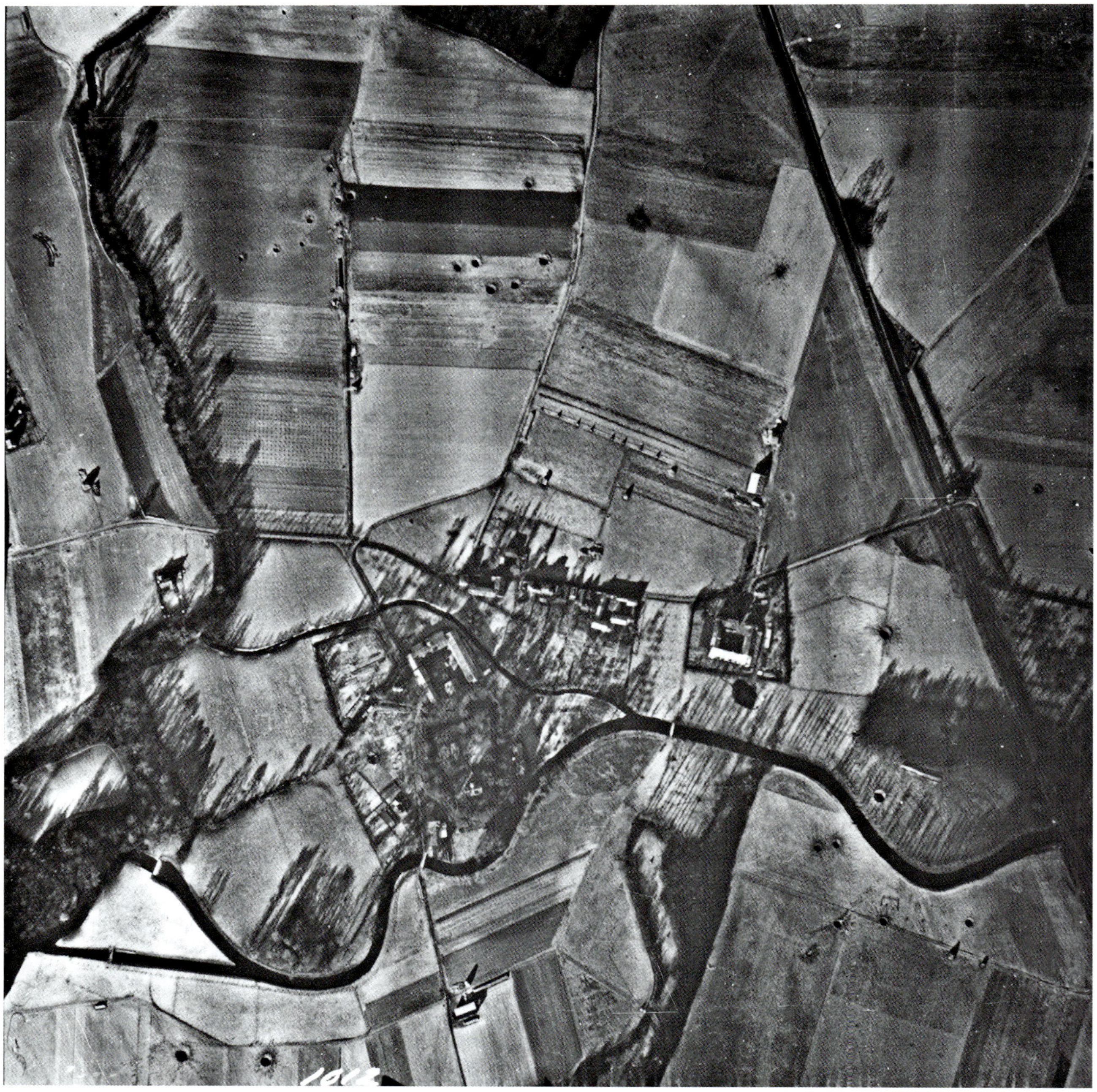

Abb. 89 Das Luftbild von Hombroich, Niederrhein, NRW, gehört zu Reihenaufnahmen im Rahmen von Luftaufklärung der britischen Luftwaffe aus dem Jahr 1944. Offensichtlich wurden die Bilder nach einem Bombardement aufgenommen. Ziel der Luftangriffe war wohl die Bahnlinie, die als Transportweg für die Versorgung eine militärische Bedeutung besaß (rechts im Bild). Wie zahlreiche Bombenkrater auf dem Luftbild zeigen, haben die Bomben ihr Ziel meist verfehlt. Zufällig wurde der Gutshof von Hombroich an der Erft als Ruine einer Wasserburg mit dem Luftbild dokumentiert und heute ist diese Ruine samt ihrer Gräfte in dieser Form nicht mehr vorhanden.

desvermessung Niedersachsen (LGLN) angegliedert. Auch in NRW gibt es eine ähnliche Institution mit Niederlassung in Düsseldorf und Hagen. Ursprünglich wurden die Luftbilder während und nach dem 2. Weltkrieg zu Aufklärungs-, Beobachtungszwecken und zur „Schadensinventur" aufgenommen. Seit Jahrzehnten werden sie für die Suche nach Blindgängern genutzt. Der Bildmaßstab liegt bei 1:40.000 und größer, die Bodenfläche deckt zehn mal zehn Kilometer im Quadrat oder kleiner ab.

Durch Ausschnitt-Vergrößerung des gescannten Bildes und Einsatz bildverarbeitender Maßnahmen konnte ein nicht mehr als 5 mm großer „Fleck" so extrahiert werden, dass ein kreuzförmiger Grundriss recht gut zum Vorschein kam – an der Stelle, wo der Vorgängerbau des heutigen Klosters Mariensee (Region Hannover) im 12. Jahrhundert für wenige Jahrzehnte als Kloster Vorenhagen gegründet worden sein soll (Abb. 90).[84]

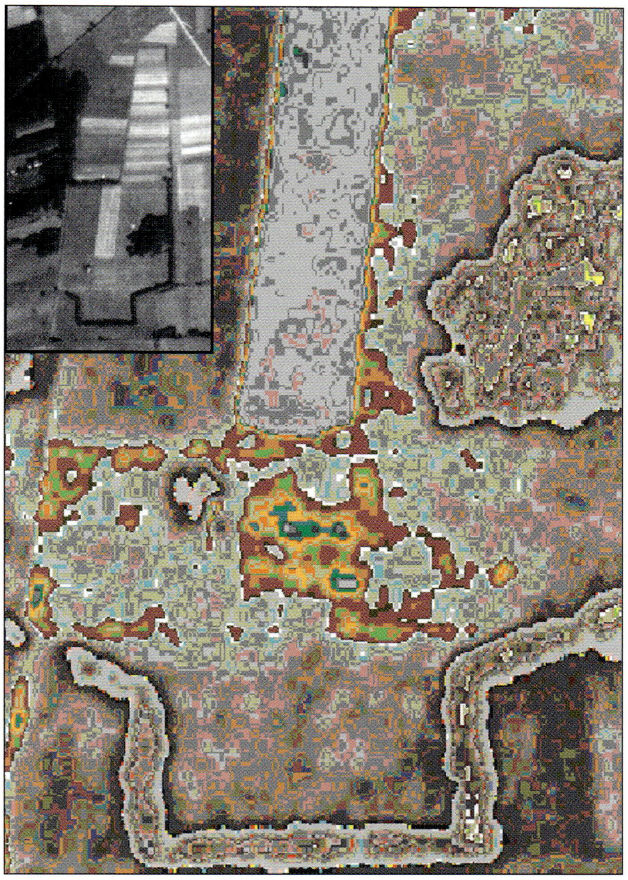

Abb. 90 Digital bearbeitete Ausschnitt-Vergrößerung des Klosters Vorenhagen aus dem Originalbild (Kampfmittelräumdienst Niedersachsen, bei LGLN – Landesamt für Geoinformation und Landesvermessung Niedersachsen).

4.2 Potential und historischer Dokumentationswert von Luftbildern

Luftbilder zeichnen die Erdoberfläche in einer sehr realistischen Weise zum Zeitpunkt der Aufnahme ab. Es besteht dadurch in Luftbildern ein enormes Potential zum Erforschen unserer Umwelt und unserer Vergangenheit seit Erfindung der Luftbildtechnik vor über 100 Jahren.

4.2.1 Landschaftsarchäologische Aspekte bei der Luftbildauswertung

In Luftbildern stecken unschätzbare archäologisch relevante Informationen, die im Rahmen der gängigen archäologischen Forschungskonzepte, wie beispielsweise Geo-, Landschafts- oder Siedlungsarchäologie, ausgewertet werden können. Hier möchten wir im Hinblick auf die Landschaftsarchäologie das Potential der Luftbildauswertung erläutern.

Den Begriff „Landschaftsarchäologie" gibt es schon seit mehreren Jahrzehnten, grundsätzlich handelt es sich jedoch dabei um eine recht junge Forschungsrichtung. Schaut der Archäologe erst einmal im Detail auf eine konkrete Fundstelle – im Rahmen einer Prospektion – so ist die übergeordnete Landschaftsarchäologie so zu verstehen, dass eine Analyse allumfassend mehr mit einbezieht. Der interdisziplinäre Einsatz von verschiedensten naturwissenschaftlichen Prospektionsmethoden ist nur ein Teil hin zur Betrachtung der Wechselwirkungen zwischen der Natur und dem Menschen bzw. zum Erforschen des Umwandlungsprozesses von der Naturlandschaft zur Kulturlandschaft.

Schon eine mögliche Definition von „Landschaft" kann das zugrundeliegende Territorium als eine unberührte Natur (naturräumliche Gegebenheit) oder zusätzlich mit ihrem gewachsenen „Cultural Overlay" (kulturelle Veränderung) verstehen, weiter über die Umwelt in unserer individuellen Wahrnehmung hin zu einer soziologischen Konstruktion, die gesamtgesellschaftliche Aspekte mit einbezieht; und das Ganze nicht nur in einer von vielen möglichen statischen Momentaufnahmen, sondern dynamisch in ihrer fortlaufenden Genese.

Ausgangspunkt bleibt die Landschaft in ihrer materiellen Grundlage, wie sie von der Natur in ihren vier Geo-Sphären (Lithosphäre, Asthenosphäre, Mesosphäre und Barysphäre) vorgegeben ist und vom Menschen fortlaufend umgestaltet wird.

Beschränkt sich eine Siedlungsarchäologie mit der Erforschung von (lokalen) Ansiedlungen auf Basis eines geometrischen Raumbezuges, beleuchtet eine Umweltarchäologie eher die Mensch-Umwelt-Beziehungen und deren gegenseitige Beeinflussung. Die Landschaftsarchäologie erweitert beide zuvor genannten hin zu einem Anschauungsraum, der umfassend beschrieben und interpretiert werden kann.

Grundsätzlich lässt sich eine Landschaft althergebracht in Form von klassischen Karten beschreiben. Heutzutage bietet ein Geographisches Informationssystem zudem die digitale Datenbasis für unterschiedliche Ansichts- und Präsentationsformen: Zeitlichen Maßstäben wird eine Beschreibung auch nur dahingehend gerecht, dass jede Zustandsbeschreibung für sich gesehen nur jeweils für eine (statische) Momentaufnahme steht. Die Ableitung eines Verlaufes kann dahingehend generiert werden, dass frühere Zustände nur näherungsweise abgeschätzt werden können.

Den Spannungsbogen zwischen zwei Extremen bilden für den großen Maßstab die Fundstelle per se, wie sie in ihrer Diskreditierung beschrieben werden kann, und die abstrahierte, generalisierte Darstellung einer weit umfassenden Übersicht kleinen Maßstabes, abgeleitet aus allen Detailinformationen einer gewählten räumlichen Abgrenzung. Dazwischen wird es schwierig. Fehlen Daten, muss beachtet werden, in welchem Rahmen Übertragbarkeiten möglich sind – ggf. sind zusätzliche Untersuchungen notwendig. Statt punktueller Verteilungen muss man von Gemeinschaftsräumen ausgehen und dabei beachten, dass es sämtliche Bereiche menschlicher Aktivitäten zu beachten gilt. Maxime dabei soll sein, neben der (eher lokalen) stratigrafischen Ausgrabung möglichst viele weitere Informationen der Hinterlassenschaften zu gewinnen – und zwar großflächig und zerstörungsfrei. Da kann nur die Kombination vielfältiger Möglichkeiten sinnvoll sein: Hierzu zählt nach wie vor die klassische Oberflächenbegehung. Gleichzeitig bietet wohl die geophysikalische Prospektion das meiste Potential, wenn der Boden „durchleuchtet" wird – auch off-site – und die vertikale Ausdehnung archäologischer Strukturen räumlich determiniert werden soll. Das Potential einer chemischen Prospektion sollte zukünftig mehr genutzt werden, um alle chemischen Spuren menschlicher Aktivitäten zur Interpretation nutzen zu können. Airborne Laserscanning (ALS) durchdringt von oben den Wald und schafft ein dreidimensionales Höhenprofil topographischer Unebenheiten am Waldboden in Form eines Digitalen Geländemodells. Weitere Bildbeispiele in diesem Buch belegen, dass darüber hinaus kleinste Höhenunterschiede auf „unbearbeiteten" Wiesen und selbst auf weiter „nivellierten" Ackerflächen aufgelöst werden. Unter all den hier genannten Feldmethoden ist die Luftbildarchäologie mit Flugprospektion, Luftbildauswertung und Luftbildmessung das einzige Verfahren, das in der Lage ist, nicht mehr lokal, komplette Landschaften großräumig mit vertretbarem Zeit- und Arbeitsaufwand systematisch abzudecken – dies kann vor allem unter Verwendung von sich überlappenden Messbildern bzw. Satellitenbildern aus größerer Höhe erfolgen. Abgesehen von Spuren der Besiedlung einer Region (Thema des nächsten Abschnitts) können großflächige (heutige) Landschaftsstrukturen, aber auch alte Flusssysteme und -verläufe (Paläomäander) sowie „Geologien" erkennbar werden. So wird es nachvollziehbar, wie wichtig es ist, ein lokales fundstellenbezogenes Denken durch eine räumlich großflächige Untersuchung unter kombiniertem Einsatz heterogener Verfahren zu ersetzen bzw. um diese zu erweitern – dies als Ausgangspunkt für eine anschließende systematische Gesamtinterpretation des Projektgebietes im Sinne einer allumfassenden Landschaftsarchäologie. Hierbei kann die Luftbildauswertung eine Pionierrolle spielen.

Sind Daten erhoben bzw. gemessen, so gilt es, eine Auswertung durchzuführen: alle archäologisch relevanten Informationen beschreiben, erklären, interpretieren, messen und verstehen. Das zentrale Analysewerkzeug ist hierbei ein Geographisches Informationssystem (GIS), welches die grafischen und beschreibenden Daten zusammenführt, um durch komplexe Datenbankabfragen wichtige Zusammenhänge herauszukristallisieren. Aber das ist nur ein Teil. Die Qualität der Ergebnisse selbst hängt dabei ab von der Qualität der Fragestellungen, die der Archäologe vorgibt. Ist er der objektive Betrachter, der die Kultur als System versteht und Veränderungen als Prozesse im Sinne einer Algorithmisierung der Realität (Prozessualismus) – mit dem Ergebnis einer „kartesischen" Verbreitungskarte? Oder sieht er sich als ein aktives Individuum inmitten des (prä-)historischen und gleichzeitig aktuellen Landschaftsraumes, welches sich (selbst einfühlend) mit den Beweggründen der gestalterischen Eingriffe in die Landschaft auseinandersetzt, um damit primär die Motive hierfür zu erkennen – unter Einbeziehung aller Blickwinkel: wirtschaftlich, sozial, religiös, politisch (Postprozessualismus)? Um die Differenzen zwischen diesen beiden Sichtweisen zu überbrücken, erkennt Michael Doneus hierzu ein vereinendes Konzept: „Die Landschaft muss zentrales Thema einer Landschaftsarchäologie sein. Physische und kulturelle Struktur der Landschaft können und müssen zwar beschrieben und erklärt werden, eine Landschaftsarchäologie muss aber über das Beschreiben materieller Sachverhalte hinausgehen und versuchen, die dahinterstehenden Vorstellungen und Konzepte zu verstehen."

4.2.2 *Historischer Dokumentationswert von Luftbildern*

Der archäologische Informationsgehalt der Luftbilder ist in einer Zeit, in der sich die Landschaften überall auf der Welt mit solcher nie dagewesenen Schnelligkeit verändern, außerordentlich wertvoll. Sie sind unter günstigen Umständen ein einmaliges Dokument über Denkmalbestände zum Zeitpunkt des „historischen" Bildflugs.

Bereits in den 1940er Jahren holte sich der amerikanische Gelehrte P. Kosok von der Universität Long Island viele und nützliche Informationen aus Luftbildsammlungen wie dem Servicio Aerofotografico National in Lima. Er wollte alte Tempel, Pyramiden, Kanäle, Landstraßen etc. der peruanischen Vorgeschichte finden.

Was die Anwendung in Deutschland betrifft, so ist es leicht, die Auswertung zweckfremder Luftbilder zu unterschätzen und ihre Unzulänglichkeiten zu betonen. Und doch wäre es töricht, sie außer Acht zu lassen, zumal Mittel und Möglichkeiten fehlen, rein bodenarchäologische Forschungen so großen Umfangs durchzuführen. Was die zweckfremden Luftbilder im

Hinblick auf die Erkundung von Denkmälern bieten können, werden wir an dem folgenden bemerkenswerten Beispiel sehen.

Seit der Aufhebung des Flugverbotes in Deutschland durch die Alliierten im Jahr 1955 haben sich die (analogen) Luftbildarchive zunehmend gefüllt. So beträgt der Aufnahmezyklus bei den Landesämtern für Geoinformation durchschnittlich nur wenige Jahre. So lassen sich z. B. für ein potentielles archäologisches Objekt die verschiedenen Ansichten (ausschnittsgleich) in Form einer Zeitreihe nacheinander betrachten, sog. multitemporale Auswertung, um den dynamischen Veränderungsprozess darzustellen. Im ersten Bild aus 1965 ist die ringförmige Anlage in der Schotenheide von Rodewald (Lkr. Nienburg/Weser) noch mit Laubbäumen und Gestrüpp bewachsen, die die eigentliche Objektinformation (noch) verdecken. Sieben Jahre später zeigt die Momentaufnahme aus 1972 das Objekt nach der Abholzung, ein kreisförmiger Graben mit einem Außenwall umschließt den Kern der Anlage. Im Zentrum ist eine punktförmige Vertiefung erkennbar. 1974 ist die ursprünglich noch vorhandene 3D-Struktur bereits mit der umliegenden Ackerfläche verebnet. Als verbliebene Restspur ist nur noch das klassische Bodenmerkmal (zweidimensional) übrig: Der Außenkreis (Graben plus Wall) zeichnet sich als breitbandiger, verwaschener Ring ab, vom Zentrum verbleibt ein dicker, leicht flächiger Punkt. Im nächsten verfügbaren Folgebild (aus 1984) ist schon keine signifikante Restinformation vorhanden. Diese Bildsequenz zeigt das Verschwinden einer Ringwallanlage, stellt aber gleichzeitig die Bedeutung des (historischen) Dokumentationswertes heraus. Diese alten Bildinformationen (Negative / Abzüge) sind Bestandteil eines analogen Luftbildarchivs. Teilweise sind sie jedoch bereits gescannt worden und somit für den Interessenten/Nutzer direkt als Digitalbilddateien verfügbar.

Das Verschwinden eines Objektes von der Erdoberfläche – wie das oben zitierte Beispiel zeigt – heißt jedoch nicht, dass es für immer unbemerkt bleibt. Seine Spuren können unter günstigen Umständen vielleicht als Bewuchsmerkmale wieder auftauchen. Hier wird eine gezielte Flugprospektion nötig. Was sich aber in jedem Falle für die Bildauswertung noch anbietet: Die dargestellten Messbilder gehören zu photogrammetrischen Bildserien. Dadurch ist es möglich, mit dem überlappenden Nachbarbild (Stereobildpaar) das Objekt dreidimensional in seinen Ausmaßen zu rekonstruieren – wie es seinerzeit an Ort und Stelle ursprünglich ausgesehen hat.

4.3 Luftbildinterpretation

Archäologische Luftbildinterpretation bedeutet Lesen und Verstehen archäologisch relevanter Information in Luftbildern. Generell erfolgt die Bildinterpretation in zwei Schritten, nämlich Erkennen und Erforschen des Bildbefundes, d. h. Identifikation von Bodendenkmälern anhand verschiedener Merkmale, danach funktionale, zeitliche und kulturelle Klassifikation anhand ihrer Lage, Größe und Form. Spezielle Fach- und Geländekenntnisse sind hier wichtig.

4.3.1 Selektive Wahrnehmung

Die Luftbildarchäologie nutzt Bilder, um Hinweise auf Strukturen der Vergangenheit mit dem Blick von oben zu finden, diese Informationen zu extrahieren und – entsprechend aufbereitet – als Ergebnis einer stufenweisen Auswertung abzubilden. Den ersten wesentlichen Auswertungsabschnitt in dieser Kette bildet die visuelle Luftbildinterpretation als Grundlage und Voraussetzung für eine anschließende geometrische Auswertung (Luftbildmessung).

Die hohe Komplexität des Interpretierens resultiert aus einer chronologischen Abfolge der Sinnesprozesse in unserem Gehirn. Es gilt, durch Beobachtung die z. T. recht schwachen und bruchstückhaften Oberflächenmuster zu erkennen. Diese können auf strukturelle Inhomogenität in Bodenschichten hindeuten, indem sie sich von ihrem natürlich gewachsenen „Umgebungs"-Untergrund unterscheiden. Diese Identifikation eines Bildbefundes basiert auf einer Reihe deduktiver Einzelfaktoren: Grau- oder Farbton, Form und Gestalt (bei stereoskopischer Betrachtung), Schattenwurf, mögliche Strukturierungen in Muster (bzw. detaillierter Texturen). Nach einer Phase der bewussten und unbewussten Analyse dieser Erscheinungsformen folgt abschließend die funktionale, zeitliche und kulturelle Klassifikation und Einordnung des Bildbefundes.

Gezielt das „Richtige" zu erkennen und visuell zu separieren wird erreicht mit dem „Spezial-Filter" unserer selektiven Wahrnehmung bzw. der des Interpreten. Im Folgenden werden die Grundzüge dieser Methodik dargestellt und ihre Besonderheiten herausgearbeitet:

Die selektive Wahrnehmung ist ein psychologisches Phänomen, bei dem nur bestimmte Aspekte der Umwelt wahrgenommen und andere ausgeblendet werden. Sie beruht auf der Fähigkeit des menschlichen Gehirns, Muster oder ähnliche Erscheinungsformen zu erkennen. Es ist ständig auf der – meist unbewussten – Suche nach Mustern, um neue Informationen in bereits vorhandene besser eingliedern zu können. Dies ist erforderlich, um die Fülle an Informationen überhaupt bewältigen zu können. Dabei ist es „menschlich", dass Argumente, welche die eigene Position stützen, stärker wahrgenommen werden als solche, die sie beschädigen. Wahrnehmung ist immer selektiv, da der Mensch gar nicht in der Lage ist, alle Daten, die auf ihn einwirken, gleichzeitig wahrzunehmen. Sie ist individuell und subjektiv zu verstehen, da sie immer historisch-biographisch bedingt ist. Eine „objektive" Wahrnehmung ist unmöglich.

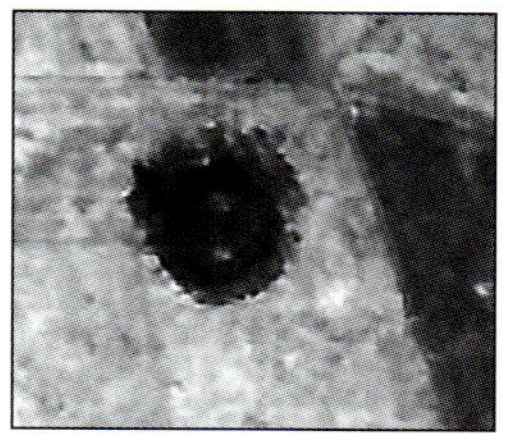

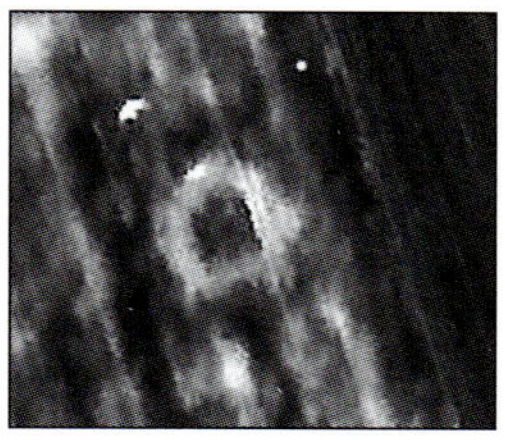

Abb. 91-1–3
Zeitlicher Verfall von Erhaltungszuständen einer Ringwallanlage (hier: Messbilder aus den Jahren 1965 (oben), 1972 (Mitte) und 1974 (unten; LGLN Niedersachsen).

Die Wahrnehmung ist hoch komplex und bietet erstaunliche Möglichkeiten durch die verschiedenen menschlichen Sinne. Wir beschränken uns im Folgenden allein auf die visuelle Komponente. Ein Blick auf ein Bild/Objekt kann eine Vielzahl von Sichtweisen bieten. Für den Sonderfall der zwei Möglichkeiten stehen Vexierbilder („Umkehrbilder") zur Veranschaulichung. Es handelt sich um Bilder, die auf eindrucksvolle Weise unterschiedliche Bildinhalte vermitteln können. Ist erst einmal überhaupt keine Ziel-Blick-Richtung vorgegeben, fällt in der oberen Darstellung (Abb. 92 oben) vorrangig vielleicht der Kelch (weiß) auf, erst auf den zweiten Blick die beiden sich gegenüberstehenden Gesichter (schwarz) oder das Ganze in umgekehrter Reihenfolge. Das untere Bild (Abb. 92 unten) kann auf eine alte Frau hinweisen oder aber auch auf eine junge Dame. Die große Hakennase bei der schräg von vorn sichtbaren Alten entspricht der linken Gesichtshälfte bei der schräg von hinten anzuschauenden jungen Frau. Es ist höchst interessant, wie dieselbe gezeichnete Struktur aus seinem Kontext heraus für unterschiedliche Gesichtspartien stehen kann, wie also die selektive Wahrnehmung I einer völlig anderen selektiven Wahrnehmung II korrespondieren kann. Was fällt mir sofort ins Auge? Wann sehe ich den „zweiten" Inhalt, das mir nachrangig erscheinende Muster? Diese Reihenfolge ist rein subjektiv und wird durch das Vorwissen und die Kontextwelt des Wahrnehmenden bestimmt. Aber es ist auch denkbar, dass es Menschen gibt, die nichts von beiden erkennen (können), weil ihnen die biographisch bedingte Referenz fehlt. Diese klassischen Beispiele sind übertragbar auf andere Phänomene: Interessiert mich der Gesundheitszustand eines Waldes durch das Betrachten der Baumkronen, die Nutzung/der Vegetationsstand landwirtschaftlicher Flächen oder beschäftigt mich die geheimnisvolle Luftbildarchäologie? Das Auge nimmt auch hier nur das wahr, was den Betrachter interessiert. Luftbildarchäologen fällt beispielsweise in der Regel das auf, was auf archäologische Spuren – einst von Menschenhand erschaffene Strukturen – hinweist.

Abb. 92-1 und 2 Das Prinzip „Selektive Wahrnehmung" am Beispiel von zwei Vexierbildern – oben: Kelch oder Gesichter – unten: eine alte oder eine junge Frau? (aus Artikel Eck.Heller in VDVmagazin).

Aber was ist einzigartig an einem Luftbild, ganz allgemein betrachtet, erst einmal ohne konkreten Bezug zur Luftbildarchäologie? Durch welche individuellen Charakterzüge zeichnet es sich aus? Der Blick aus der Vogelperspektive – das ist das Faszinierende. Und obwohl mit dem Luftbild die reale dreidimensionale Welt quasi zwangsverebnet wird, bleibt doch die gesamte Situation in ihrer Vielfalt und Vollständigkeit quasi „unreduziert" erhalten. Der Betrachter erkennt zusammenhängende Muster, die sich ihm vom Boden aus mit seinem „beschränkten" Horizont einfach nicht (zusammenhängend) erschließen (können). Luftbilder zeigen den vollen Informationsgehalt, der für mannigfaltige Interpretationsrichtungen offen ist. Im Gegensatz dazu zeigt eine gemeine Landkarte erst einmal „nur" die topographische Situation, dargestellt als ein graphisches Gemenge aus Punkten, Linien und Flächen. Diese Grundinformationen sind aber das abstrahierte Ergebnis eines interpretativen Reduktionsprozesses und zeigen lediglich einen geographischen Grundbezug. Zusätzlich kann dieser Grundkarte eine Thematik überlagert sein, z. B. die Wegeführung einer Radwanderkarte oder die Orte touristischer Belange (Museen, Burgen, Schlösser). Und „mehr" ist nicht drin. Ein Luftbild aber „lebt" mit vollem Informationsgehalt und muss nur auf die Belange der spezifischen Zielthematik hin erschlossen werden.

Zur Veranschaulichung folgt ein Beispiel. Wir befinden uns im Moravia (Mähren/Tschechien) der Römischen Kaiserzeit, genau genommen zur Zeit der Markomannenkriege (172–180 n. Chr.). Von der Basis Carnuntum an der Donau zog Marc Aurel Richtung Norden gegen die Aufständischen. Am Ende eines jeden Tages wurde nach römischer Manier ein Marschlager gebaut, in der Form eines (kurzen) Rechtecks, begrenzt durch einen Spitzgraben, dessen Aushub durch die Legionäre nach innen hin zu einem (ausgestalteten) Wall (*pila muralia*) aufgeworfen wurde. Charakteristisch sind die vier abgerundeten Ecken in Form eines Viertelkreisbogens – wie bei einer Spielkarte und die sie einander verbindenden Begrenzungslinien. Dieses vor unseren Augen stehende Muster bzw. Teile davon sollen die Referenz sein, die wir aus der Vogelperspektive heraus am Erdboden suchen. Wir denken also „römisch". Unser selektiver Wahrnehmungsfilter soll im Folgenden vorrangig hierauf ausgerichtet sein. Die Ausgangssituation bildet links ein Ausschnitt aus einem Luftbild.

Nach genauer Betrachtung fallen auf einer vegetationslosen Ackerfläche zwei helle dünne Linien als Bodenmerkmal ins Auge, die (in dieser Ansicht) nahezu senkrecht aufeinander zulaufen und im Treffpunkt einen schwach ausgeprägten Übergangsbogen aufweisen. Wir erinnern uns: Der Betrachter ist vorbelastet und selektiv fixiert, weil er „römisch" denkt. Somit war eine Voraussetzung gegeben, dieses (luftbildarchäologische) Bodenmerkmal zu fassen in Form der hell erscheinenden nachträglichen Grabenverfüllungen.

Das Ergebnis der Interpretation ist ein potentielles „Angebot", welches das Denken in eine bestimmte Richtung lenkt bzw. lenken kann. Erst die Verifikation am Boden wird mehr Klarheit schaffen können; eine Grabung wird letztlich zur Bestätigung oder zur Verwerfung der Hypothese, dass es sich hier um Teile eines römischen Marschlagers handelt, führen.

Weiterhelfen kann aber auch ein anderer „Blickwinkel". Damit können ein weiteres oder mehrere Luftbilder gemeint sein, welche mit einem anderen Sensor (Kamera/Aufnahmesystem) und zu einem anderen Zeitpunkt aufgenommen wurden.

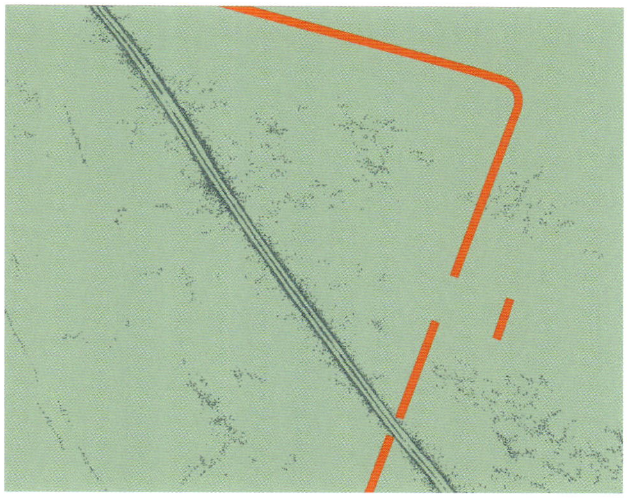

Abb. 93
Römisches Marschlager des Marc Aurel bei Pribice (Moravia / Tschechien; links; Senkrechtaufnahme durch PRIMIS – Professional Imaging and Mapping Solutions, Brno, Tschechien), Umzeichnung als Reduktion einer Ansicht aus der Luftbildarchäologie (rechts; Grafik-Design von Werner Pollak).

Beispielhaft wird hier der Ausgangssituation ein anderes Abbild gegenüber gestellt, die Ansichten sind lediglich um 90 Grad gegeneinander verdreht: Es ist die Umzeichnung eines (klassischen Schräg-) Luftbildes aus dem Jahr 1996, welches nahezu die gleichen Inhalte fixierte, nur ungleich deutlicher als Bewuchsmerkmal. Die Befundbetonung wurde gesteigert durch die hier abstrahierte (Strich-)Umzeichnung – quasi ein ideales Null-Eins-Binärbild, welches unseren visuellen Kanal (im Vergleich zum ersten Bild) bestmöglich anspricht.

Das hier angewandte Prinzip steht für eine übergreifende Verdichtung von Informationen. Durch Nutzung zusätzlicher Quellen werden quasi unabhängige Einzel-Interpretationen ermöglicht, die einander gegenübergestellt werden können. Diese Erweiterung – ausgehend von einem Bild – auf mehrere Quellen wird anschließend gemäß des Prinzips einer Informationskonsolidierung zurückgeführt. Daraus resultiert ein gesichertes Identifizierungsergebnis, weil es sich hier um ein „Summiertes" (das Prinzip der Mehrzahl) handelt: In der Praxis sieht es so aus, dass schwache „Kandidaten" in der einen Aufnahme durch das Heranziehen eines weiteren Bildes nicht nur ihre Bestätigung bzw. Verstärkung finden können, also tatsächlich signifikant zu sein scheinen. Das entgegengesetzte Resultat kann auch auftreten. Durch einen Interpretationswiderspruch kann die große Wahrscheinlichkeit naheliegen, dass ein scheinbares Positivergebnis komplett verworfen werden muss.

Muster oder Merkmale in einem Luftbild und deren richtige Identifizierung hängen von der Eindeutigkeit und Signifikanz ihres Erscheinungsbildes ab. Wie werden sie vom jeweiligen individuellen Betrachter bewertet? Reicht es für ein Positivum nicht aus, muss es in die Schublade des Negativums wandern, oder liegt es in der mehrdeutigen Grauzone des „sowohl-als-auch"? Eine sachlich begründete (aber auch geforderte) Objektivität wird sicherlich teilweise geleitet von einer individuellen Subjektivität. Diese wird zwangsläufig überlagert von dem Wunsch, erfolgreich bei der Suche zu sein. Aber was eigentlich zeichnet den Wunsch aus? Es ist das Begehren oder Verlangen nach einer Sache oder einer Fähigkeit oder zumindest die Hoffnung auf das Erreichen eines Ziels für sich selbst – durch Veränderung der Realität. Man sucht einfach nur den Vorteil. Der Wunsch, etwas zu finden, wird begleitet von der Dauer und Intensität des Suchens, aber auch von der individuellen Bereitschaft, vielleicht vorschnell eine Signifikanz („Treffer") einzuräumen. Voraussetzung ist, dass das Auge geometrische Auffälligkeiten erkennt. Dies hängt in erster Linie von seiner Erfahrung ab. Diese hat man durch fortlaufendes „Trainieren" und Schärfung seiner Suchmaske erreicht. Eindeutige Muster werden gefunden, aber auch schwächere strukturelle Ausprägungen können als signifikant bewertet werden. Die Subjektivität des Suchenden ist nicht außer Acht zu lassen und sollte berücksichtigt werden. Der unreflektierte „Jäger" sieht immer mehr. Selbst schwächere Merkmale werden von ihm positiv klassifiziert. Die Gefahr einer sich einschleichenden Euphorie ist gegeben. Und je länger man dem Wunschgedanken nacheilt, umso eher glaubt man, das Gesuchte endlich erkannt zu haben. Aber dabei muss es nicht bleiben; die nächste Stufe ist dann, dass man mehr sieht bzw. mehr zu erkennen glaubt. Nicht nur ein Muster, sondern: „Da sind ja noch mehr!" – zwar schwächer ausgeprägt, aber ganz bestimmt noch signifikant. Gelingt es dem suchenden Beobachter/Auswerter, dem „Kräfteverhältnis" zwischen einer vom Wunsch geleiteten Subjektivität und einer weitgehend sachlich begründeten Objektivität die richtige Bewertung abzugewinnen? Auf der anderen Seite wird der zaudernde Selbstkritische zu vorsichtig vorgehen und zu sehr zögern und potentielle Kandidaten möglicherweise vorschnell verwerfen.

Der visuelle Wahrnehmungsprozess und die damit verbundenen Interpretationsergebnisse (positiv/negativ) werden nicht nur vom aktuellen Bewusstsein bestimmt, sondern auch in nicht unerheblichem Maße vom latent Unbewussten. Hieraus wird die Sichtweise auf Referenzmuster gesteuert. Grundvoraussetzung ist, sich klar zu werden über die Physiognomie des Gesuchten: Wie sieht das Referenz-Muster aus? Welche Qualität hat es? Gibt es diesbezüglich wiederum Unterschiede zwischen den verschiedenen Objektkategorien? Hier sollen es die für Römer typischen Lager-Rechtecke mit ihren abgerundeten Ecken sein, die i. A. qualitativ gut herauskommen. Es können auch Objekte der Kategorie „kreisrunder Ringwälle" sein, die durch die virtuelle Welt des Internets („armchair archaeology") auch Hunderte bzw. Tausende von Kilometern entfernt sein können, die sich z. B. in der Rodewalder Schotenheide (Niedersachsen) über ein großes Gebiet von mehr als 50 km² (!) verteilen. Diese sind weniger prägnant ausgebildet, dafür aber umso anfälliger für Fehlinterpretationen. Darf man sich dem geglaubten Erkannten hingeben? Im Zweifelsfall: Ja?!? Klarheit können nur weiterführende Untersuchungen bzw. (Geo-)Techniken vor Ort im Gelände schaffen.

Die Selektive Wahrnehmung kann betrachtet werden als eine „Einseitigkeit", die nach Mustern einer bestimmten Kategorie (hier: römische Marschlager) sucht (Abb. 93). Aber selbst die „uninteressanten" Informationen sind doch hilfreich, weil sie, wenn verworfen, die Signifikanz wiederum übriglassen. Das Zielobjekt und sein Komplement sind im Rahmen des Interpretationsprozesses untrennbar miteinander verbunden. Der vielversprechenden Informationsfülle der Luftbilder mit potentiellen Eindeutigkeiten stehen auf der anderen Seite Mehrdeutigkeiten gegenüber, die nicht aus ungesundem Ehrgeiz positiv geredet werden sollten. Ebenso sollten mögliche Kandidaten auch nicht vorschnell verworfen werden. Diese Gratwanderung doch einigermaßen sicher zu bestehen, kann im Grenzfall auch eine große Herausforderung werden. Die selektive Wahrnehmung des Luftbildarchäologen und seine Interpretation kann nur ein „Einstieg" oder eine Grundlage für weiterführende Methoden bzw. Techniken sein.

4.3.2 Grundsätzliches zur Interpretation:

Bei der Auswertung zweckfremder Luftbilder geht es vor allem um Messbilder, die systematisch und in regelmäßigen Abständen aufgenommen worden sind. Sollte Prospektion unterirdischer Bodendenkmäler, die nur z. B. durch Boden- oder Bewuchsmerkmale erkennbar sind, im Vordergrund stehen, so reicht die Auswertung von Einzelbildern (Einzelbildverfahren) mit einer Lupe aus. Oberirdische Bodendenkmäler hingegen erfordern die stereoskopische Bildauswertung. Hierfür eingesetzte Stereoskope geben ein dreidimensionales Modell von Geländeflächen wieder, das etwa 50 % mehr an Informationen bietet. Zugleich ist die Rate der Fehlinterpretation mit dem Stereoverfahren erheblich geringer.

Die Art der Vorgehensweise der Luftbildinterpretation ist individuell zu gestalten. Sie hängt von Zielsetzung, Forschungsstand, Größe und geographischer Lage des Arbeitsgebietes, Art und Erhaltungszustand der Bodendenkmäler und nicht zuletzt von Erfahrungen und Fachkenntnissen des Interpreten ab. Prinzipiell gelten folgende Ansätze: Vorauswertung, Interpretation, Geländearbeit mit Hilfe der Luftbilder, Darstellung und Nutzung der Ergebnisse.

Die Auswahl geeigneter Luftbilder stellt die Basis weiterer Arbeiten dar. Was die Auswahlkriterien betrifft, so sind vor allem Bildarten (panchromatische Schwarzweiß-, Infrarot-Schwarzweiß-, Infrarotfalschfarb-, Farbbilder usw.), Bildmaßstab und Aufnahmedatum zu nennen. Einzelne Bildarten heben Eigenschaften des Geländeobjektes in unterschiedlicher Art und Weise hervor.

Bilder im Maßstab von 1:50.000 bis 1:20.000 sind geeignet, um landschaftliche Grundzüge, geologische Strukturen, Vegetation sowie ausgedehnte oberirdische Bodendenkmäler wie z. B. Stadtanlagen, Straßensysteme usw. zu bearbeiten. Spuren verlandeter Flüsse können z. B. ebenfalls ersichtlich sein. 1:10.000 ist wohl der kleinste Maßstab, um Informationen über die kleinräumigen Bodendenkmäler wie Siedlungen

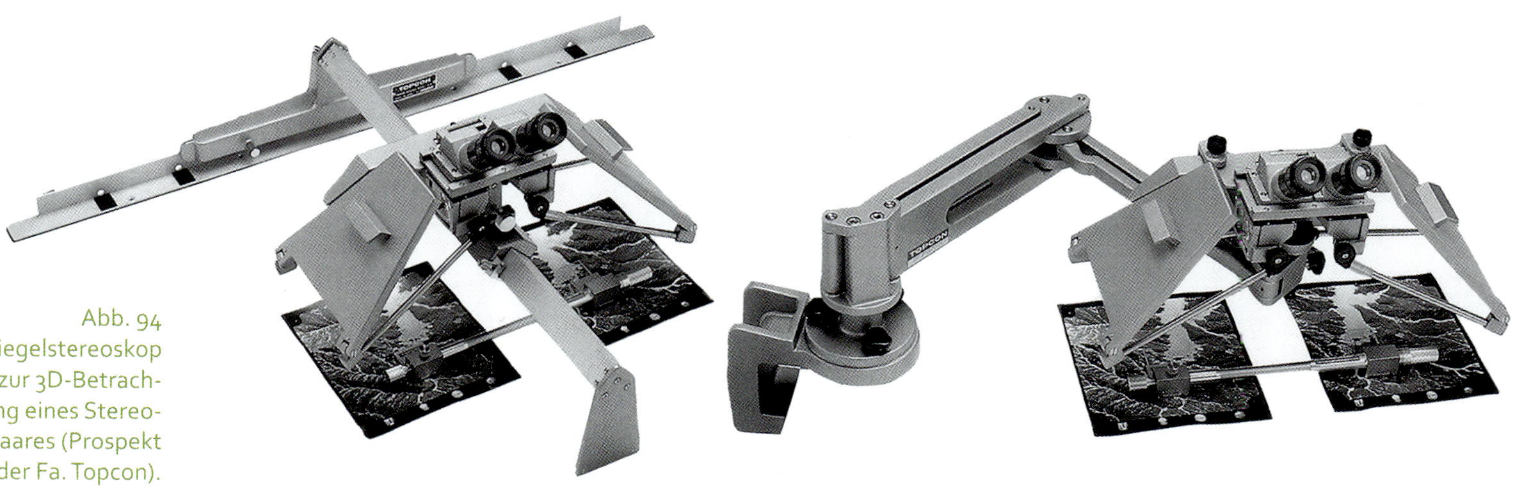

Abb. 94 Spiegelstereoskop dient zur 3D-Betrachtung eines Stereobildpaares (Prospekt der Fa. Topcon).

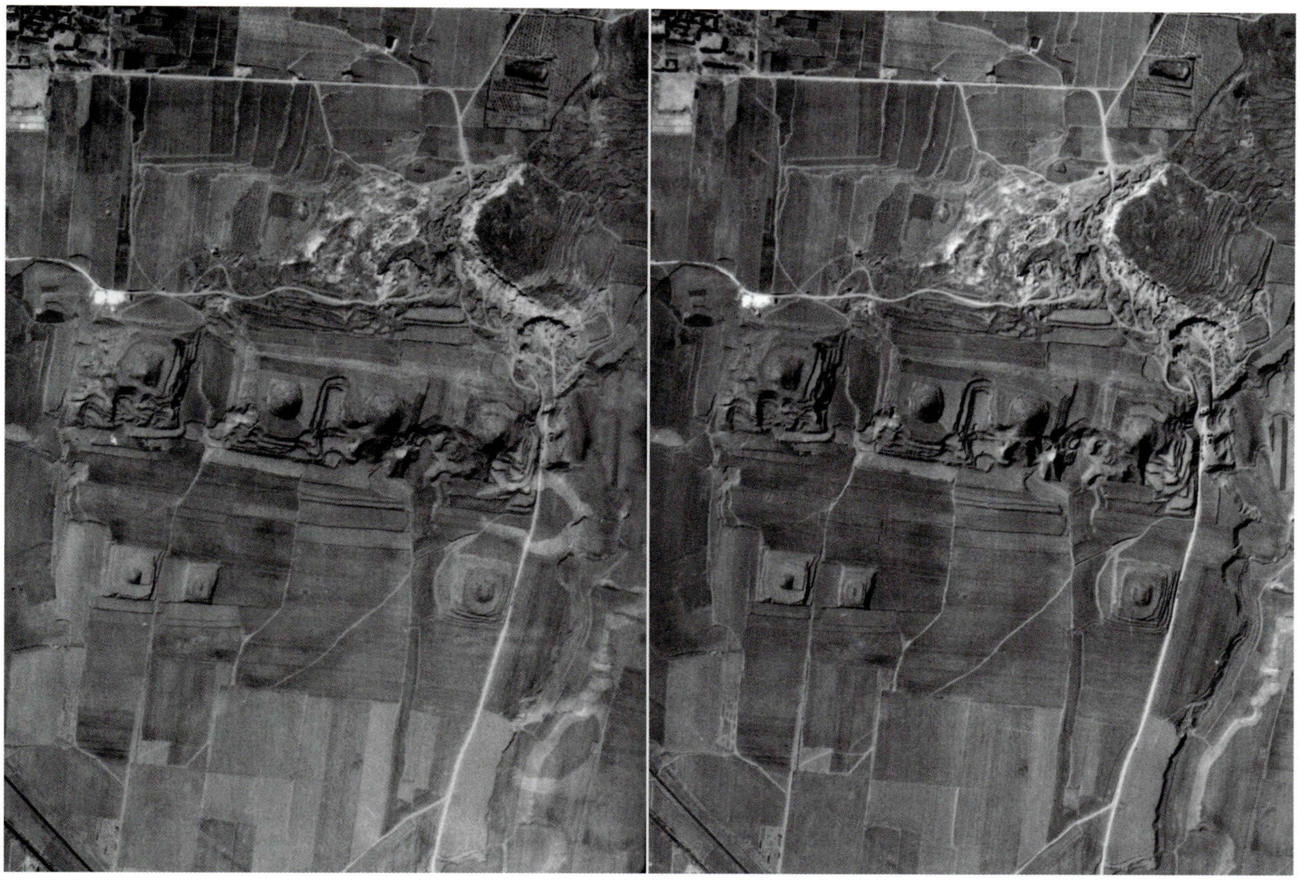

Abb. 95
Ausschnitt des Stereobildpaares von Grabanlagen der Ost-Zhou-Zeit (770–221 v. Chr.) in Linzi, Provinz Shandong, China. Das Stereomodell bietet die Möglichkeit, die Formen, Beziehungen und die topographische Lage der Gräber verschiedener Typen genau zu studieren (Messbilder vom Vermessungsamt der Provinz Shandong, 1974, ca. 1:14.000; bearbeitet von Baoquan Song).

oder Gräberfelder zu bekommen. Auf der Luftbildkarte im Maßstab von 1:5.000 können sich Fundstellen wie z. B. Höhenfestungen, Oppida oder große Grabhügel deutlich abzeichnen. Sind überwiegend unterirdische Bodendenkmäler in landwirtschaftlich genutzten Gebieten zu erwarten, empfiehlt es sich, das Aufnahmedatum der Bilder zu überprüfen. Bewuchsmerkmale können z. B. in Mitteleuropa zwischen Juni und September aufgezeichnet werden. Boden- und Feuchtemerkmale zeichnen sich überwiegend im Herbst und Winter ab.

Die Auswertung archäologischer Fachliteratur sowie topographischer und thematischer Karten bildet die Grundlage für die Luftbildinterpretation. Hierbei sollte man sich mit Abläufen der historischen Entwicklung und typischen Befunden einzelner Epochen sowie naturräumlichen Gegebenheiten in der betroffenen Region vertraut machen. Grundsätzlich geht man bei der Interpretation immer vom Bekannten zum Unbekannten. Es sollte nach Möglichkeit der sog. Interpretationsschlüssel erstellt werden. Hierbei handelt es sich um eine Art systematischer Zusammenstellung von charakteristischen Merkmalen in Luftbildern der zu interpretierenden Objekte in bestimmten Bildserien (gleiche Art und gleicher Maßstab), es kann auch eine Sammlung von erläuterten Bildbeispielen sein, die ähnlich wie die Legende einer Karte benutzt werden können. Daraus werden bei der Bildinterpretation durch visuellen Vergleich diejenigen Befunde markiert, die dem fraglichen Objekt am nächsten kommen. In einem neuen Arbeitsgebiet müssen evtl. vor der Interpretation diverse Geländearbeiten durchgeführt werden, um Kenntnisse und Erfahrung zu sammeln.

Die Luftbildinterpretation soll die Kenntnis über bekannte Fundstellen erweitern und Hinweise auf unbekannte Fundstellen liefern. Dabei werden Bodendenkmäler bzw. mutmaßliche Fundstellen erkannt und anschließend in ihren Einzelheiten studiert und mit vorhandenen Informationen, wie Publikationen und Karten, verglichen und analysiert, um sie schließlich nicht nur funktional, sondern auch zeitlich und kulturell anzusprechen. Ein effektives Hilfsmittel ist die stereoskopische Interpretation, um Zusammenhänge zwischen Oberflächenformen des Geländes und Bodendenkmälern herauszuarbeiten. Die Ergebnisse der Interpretation können auf transparenten Deckblättern skizziert werden. Evtl. erforderliche Geländearbeit kann nun gezielt geplant werden, um beispielsweise neue Fundgattungen, die durch Luftbildinterpretation entdeckt worden sind, zu verifizieren und zu identifizieren.

Ergebnisse werden kartographisch erfasst. Fehlen entsprechende Kartenunterlagen, kann man photogrammetrisch vorgehen.

4.3.3 *Methoden zur Bildverarbeitung*

Das Bild, genau genommen das Luftbild, in seiner digitalen Form als rechteckige Anordnung von Bildele-

Abb. 96 Die durch Einbildmessung digital erstellte Luftbildkarte der Palaststadt von Shangdu, eine der Hauptstädte der Yuan-Dynastie (1279–1368 n. Chr.), Innere Mongolei, China (erstellt mit dem photogrammetrischen Programm Erdas Imagine von Baoquan Song).

Abb. 97
Die digital erstellte Orthophotokarte der kaiserlichen Grabanlage Yongding der Song-Dynastie (960–1127 n. Chr.), Gongyi, Provinz Henan, China (erstellt vom Lehrstuhl für Ur- und Frühgeschichte der Ruhr-Universität Bochum und dem Deutschen Bergbau-Museum Bochum).

menten (Pixeln) lädt dazu ein, in seinen Eigenschaften dahingehend bearbeitet/verarbeitet zu werden, dass die Strukturen, die für den Luftbildarchäologen von Interesse sind, zielgerichtet verändert werden. Das Ergebnis soll eine Bildverbesserung im Hinblick auf eine verbesserte Interpretierbarkeit (s. o.) und Erkennbarkeit der Strukturen sein, die sich dem Auge erst einmal eher schwach ausgebildet darstellen. Dieser Effekt zeichnet sich in der Regel noch deutlicher bei zweckfremden Messbildern ab als in den Aufnahmen der klassischen Luftbildarchäologie, wo das betreffende Merkmal signifikant heraussticht.

Bildverarbeitung hat im Allgemeinen großen Einfluss auf Luftbildinterpretation und Luftbildmessung. Konkret sei an dieser Stelle bereits auf auf dem Histogramm basierende Punktoperationen verwiesen, wenn die statistische Verteilung der Pixelwerte auf den maximal verfügbaren Wertebereich gestreckt wird. Dies bedeutet eine Kontrastverbesserung, die besonders an den Stellen wirkt, wo ursprünglich nur schwache Detailseparierungen gegeben sind. Ein eindrucksvolles Beispiel hierfür wird an späterer Stelle gezeigt: Schummerungsdarstellungen, die aus Airborne-Laser-Scans resultieren.

4.4 Luftbildmessung – Entzerrung und Georeferenzierung

Aus dem Ergebnis der Luftbildinterpretation resultiert eine grobe Fundortlokalisierung. Die Vermessung eines Fundplatzes mit dazugehörigem Befund kann durch eine geometrische Auswertung der Luftbilder erfolgen. Das ist die Domäne des Fachs *Photogramme-*

trie. Um die Bildinformation über eine Fundstelle in ihrer Form, Größe und Lage messtechnisch überhaupt zu erfassen, wird vorausgesetzt, dass sie vorher durch die Luftbildinterpretation als solche erkannt wurde. Die Photogrammetrie wurde eigentlich zur Erstellung großmaßstäbiger topographischer Karten entwickelt. In der Luftbildarchäologie wird sie primär bei der Darstellung und Dokumentation von Ergebnissen der Luftbildinterpretation und Flugprospektion benutzt. Ferner wird sie bei der Erforschung und Dokumentation von Baudenkmälern angewandt.

Die Aufgabe der Photogrammetrie besteht in der geometrischen *Bildentzerrung*, hierbei geht es um eine Korrektur der durch die Zentralprojektion der Luftbildkamera entstandenen Abbildungsfehler. Nach der Entzerrung erhält man korrigierte Luftbilder, Orthophotos genannt, welche geometrisch die gleiche Eigenschaft wie topographische Karten, nämlich die der sog. Parallelprojektion, besitzen. Orthophotos können daher mit weniger Aufwand zu Luftbildkarten weiterverarbeitet werden und bilden Grundlage für Herstellung von Topographischen Karten. Das geodätische Koordinatenreferzenzsystem der Orthophotos bzw. das der Landesvermessung bildet die Projektionsfläche. Die Transformation auf dieses absolute Referenzsystem wird als *Georeferenzierung* bezeichnet.

In der Photogrammetrie wird zwischen Einzelbild- und Stereobildmessung unterschieden.

4.4.1 *Einbildmessung*

Einbildmessungen reichen aus, wenn sich Fundstellen auf ebenem Gelände (gleich einer horizontalen Objektebene) befinden. Die Bildebenen von Einzelbildern sollen in etwa parallel zur Objektebene liegen. Voraussetzung für diese einfache oder ebene Entzerrung sind Passpunkte, die im Bild identifiziert werden können und deren Koordinaten in einem übergeordneten XY-Koordinatensystem bekannt sind. Somit wird der geometrische Bezug zwischen der mehr oder weniger schiefen Bildebene und der Geländefläche hergestellt.

Für archäologische Zwecke genügen hier oft Schätzungen bezüglich zu vernachlässigender Abweichungen vom Normalfall wie geringe optische Verzerrungen des Kameraobjektivs, eine leichte Bildneigung oder minimale Höhenunterschiede im topographischen Relief. Dies wird letztlich durch die Messgenauigkeit und die Größe bzw. der Definitionsunsicherheit der Strukturelemente des archäologischen Befundes bestimmt.

4.4.2 *Stereobildmessung*

Bei stark schwankenden Höhenunterschieden des Geländes ist eine Stereobildmessung oder Differentialentzerrung erforderlich. Dadurch werden die durch das Geländerelief verursachten Lagefehler im Bild eliminiert. Für die genaue Messarbeit von Stereobildpaaren, die sog. strenge Stereoauswertung, gibt es technisch hoch entwickelte Geräte, wie z. B. optisch-mechanische Analogauswertegeräte und computergesteuerte analytische Auswertegeräte, die – weil vollständig digitalisiert – heute vielfach als Photogrammetrische Workstations bezeichnet werden. Für diesen Bearbeitungsprozess werden die Orientierungsparameter des jeweiligen Bildes benötigt, ebenso müssen die Höhen der Geländepunkte einem vorliegenden Digitalen Geländemodell (DGM) entnommen werden.

In der Luftbildarchäologie wird zunehmend die digitale Photogrammetrie angewandt, bei der Mess- und Schrägbilder computergestützt geometrisch entzerrt bzw. georeferenziert werden. Hier macht es kaum einen Unterschied, ob auf Schrägbilder der Flugprospektion oder auf Senkrechtbilder der Vermessung zurückgegriffen wird. Das Ergebnis ist in beiden Fällen geometrisch entzerrt und somit lagerichtig. Dies kann die Grundlage für ein Archäologisches Informationssystem bilden, in dem Luftbilder, Karten und die dazu gehörende Sach-Attributierung, welche die Merkmale der Funde und Befunde beschreibt, gespeichert werden. Mit dieser Methodik können nicht nur exakte Pläne von einzelnen Bodendenkmälern angefertigt werden, sondern auch alle für die Denkmalbestandsaufnahme und andere Forschungszwecke relevanten Informationen auf Karten mit verschiedenen (Ziel-)Maßstäben präsentiert werden. ERDAS Imagine ist beispielsweise ein System, das zu den erfolgreichen, leistungsfähigen und international weit verbreiteten Programmen der digitalen Photogrammetrie gehört. Damit wurde ein Archäologisches Informationssystem in dem Arbeitsgebiet Linzi, Provinz Shandong, China aufgebaut.

4.5 Maschinelles Lernen – Automatische Objekterkennung durch Neuronale Netze

Die bisher besprochenen Verfahren zur Suche archäologischer Bodendenkmäler anhand von Merkmalen – sei es durch Flugprospektion oder durch Auswertung zweckfremder Luftbilder – geschehen rein visuell und manuell durch Interaktion und Interpretation des Menschen. Neue Möglichkeiten, diesen Prozess automatisiert und selbstlernend durchführen zu lassen, bringt das Feld der Künstlichen Intelligenz (KI) und die mit ihr verwandten Begrifflichkeiten ins Spiel: Machine Learning, Convolutional Neural Networks und Deep Learning.

Die „Notwendigkeit" bzw. das Naheliegende zum Einsatz automatisierter Prozesse kommt mit der Datenerfassung von Airborne-Laser-Scanning (ALS), das dreidimensionale Scans großflächiger Gebiete liefert. Ein Vorzug gegenüber der Luftbildarchäologie ist dadurch gegeben, dass die fächerförmigen Laserstrahlen das Blätterwerk eines Waldes durchdringen und oberirdische Strukturen von Bodendenkmälern am

Waldboden aufzeichnen, um diese – nach Berechnung eines Digitalen Geländemodells (DGM) – in einer schräglichtgeschummerten Visualisierung sichtbar zu machen. Automatisierung lohnt sich hier, bedenkt man, dass der Waldanteil der Gesamtoberfläche (in Deutschland und weltweit) bei einem Drittel liegt. So ergibt sich plötzlich ein Flächenzuwachs von 50 % zur „Durchforstung" mittels ALS, die der Luftbildarchäologie (bis auf wenige Ausnahmen) vorenthalten bleibt. Nicht die Automatisierung von mechanischen Vorgängen, sondern die digitale Nachbildung mentaler Prozesse im menschlichen Gehirn sollen und können dabei helfen, diese plötzliche „Flächenerweiterung" intelligent zu verarbeiten.

Ein informationsverarbeitendes Werkzeug hierfür sind Künstliche Neuronale Netze (KNN), die der Struktur und Funktionsweise des menschlichen Nervensystems ähneln. Diese neuronalen Netze bestehen aus einer Vielzahl miteinander verbundener Neuronen, die sich als Knotenpunkte ihre (parallel) verarbeiteten Signale über gewichtete Verbindungen zusenden – von der Anzahl her ein Bruchteil von den rund 100 Milliarden Neuronen des menschlichen Gehirns.

Die übergeordnete Struktur der Verarbeitungssequenz unterscheidet zwischen Input-Layer, Output-Layer und den dazwischenliegenden Hidden-Layers, wo die eigentliche (interne) Verarbeitung stattfindet (Abb. 98).

Für unsere Zielsetzung sind der Input Digitaler Geländemodelle bzw. deren „bildhafter" Höhen-Daten von relevanten archäologischen Objekten interessant, die es automatisiert zu suchen gilt.

Das Klassifikationsverfahren wird bestimmt durch die „Lernregel", mit denen das neuronale Netzwerk durch Input der Daten zunächst trainiert werden muss, bevor es neue, bisher unbekannte Objekte identifizieren und liefern kann. Diese Regel ist als eine Klasse von aus Erfahrung lernenden Algorithmen zu verstehen, indem die Erkenntnisse auf reale Fälle angewandt werden. Man spricht von Machine Learning (ML), wenn die Merkmale des zu suchenden Objekts vorab einzeln (vom Menschen) definiert werden müssen. Diese menschliche Interaktion erübrigt sich, wenn Deep Learning (DL – tiefgehendes Lernen) angewandt wird – eine spezielle, fortgeschrittene Form des ML. DL liegen tiefe neuronale Netze zugrunde, die auch als neuronale Faltungsnetzwerke (CNN – Convolutional Neural Networks/ConvNets) bezeichnet werden und mittels mathematischer Modelle die Funktion der Klassifizierung hochwertiger Merkmale selbst übernehmen.

Die Herausforderungen des DL (gegenüber ML) sind, dass sehr viele Parameter zu lernen sind und sehr viele Trainingsdaten notwendig werden, mit sehr langen Trainingszeiten – jedoch: ihre Ergebnisse verbessern sich ständig weiter, sobald der Umfang der Daten weiter zunimmt.

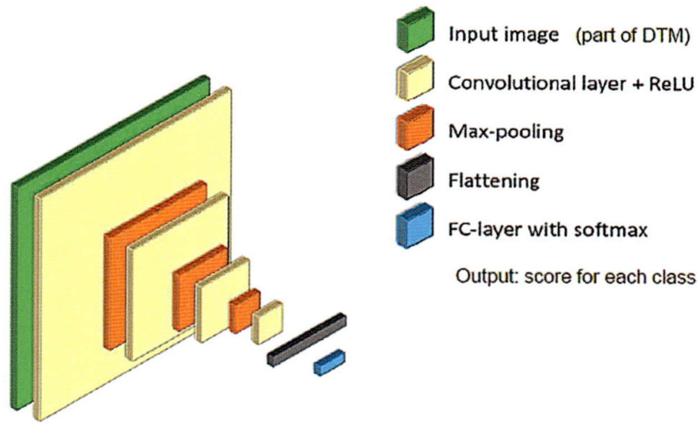

Abb. 98
Exemplarischer Aufbau eines Neuronalen Faltungsnetworks – hier die komplexe innere Struktur der „Hidden Layers" (IKG – Institut für Kartographie und Geoinformatik, Leibniz-Uni Hannover).

Die relevanten (Einzel-)Merkmale müssen also nicht (durch einen manuellen Bruch) vordefiniert werden, sondern werden nebenbei „nur" gelernt. Das CNN auf Basis einer Menge von (Ausgangs-)Bildern des Objektes wird als „Ganzes" trainiert. Die automatisierten Selbst-Extraktionen der Einzel-Merkmale bzw. der spezifischen Dateneigenschaften vollziehen sich im verborgenen Schichtenbereich der „Hidden Layers", wo fortlaufend – beginnend mit den Low-Level-Features – nach und nach immer komplexere Merkmale entstehen: vom Pixel über die Kanten, lokale Muster, Objektteile hin zum Gesamtobjekt in seiner spezifischen Form und Struktur.

Die Güte der Strukturfindungen bzw. die Erkennungsleistung definiert sich über die Gewichte der inneren Knoten (Neuronen). Dieser automatische Prozess des „tiefgehenden Lernens" wird beeinflusst bzw. gesteuert durch die einzustellenden Parameter des CNN: Anzahl und Größe der Filter, Anzahl der Layer, Wahl der Aktivierungsfunktion etc. Das Zusammenspiel und die Abstimmung der Parameter untereinander gilt es zu optimieren im Hinblick auf ein gutes Klassifizierungsresultat hoher Wahrscheinlichkeit, welches sich durch Anwendung des (vorher) trainierten Systems auf die Testdaten ergibt. Bei einem zu stark vereinfachten Modell kann es zum „Underfitting" kommen, eine Überanpassung kann zu einem „Overfitting" führen. Hier gilt es, die richtige Abwägung zu finden.

Die Methode des Deep Learning benötigt große Mengen an Referenz-Objekt-Bildern (ähnlich wie Interpretationsschlüssel), um besonders gute Ergebnisse zu erzielen. Deren Verarbeitung kann nur mit einer hohen Parallelisierung umgesetzt werden – wie sie von Hochleistungs-GPUs bereitgestellt werden. Und dennoch kann dieser Prozess des Trainierens eines CNN eher Wochen denn Tage dauern – im Moment noch.

Ein Anwendungsbeispiel in Sachen Deep Learning ist das Forschungsprojekt ProNiedersachsen – durchgeführt am Institut für Kartographie und Geoinformatik (IKG) der Leibniz Universität Hannover. Gegenstand der Untersuchung ist die Gebirgsregion des Oberharzer Wasserregals (UNESCO-Weltkulturerbe),

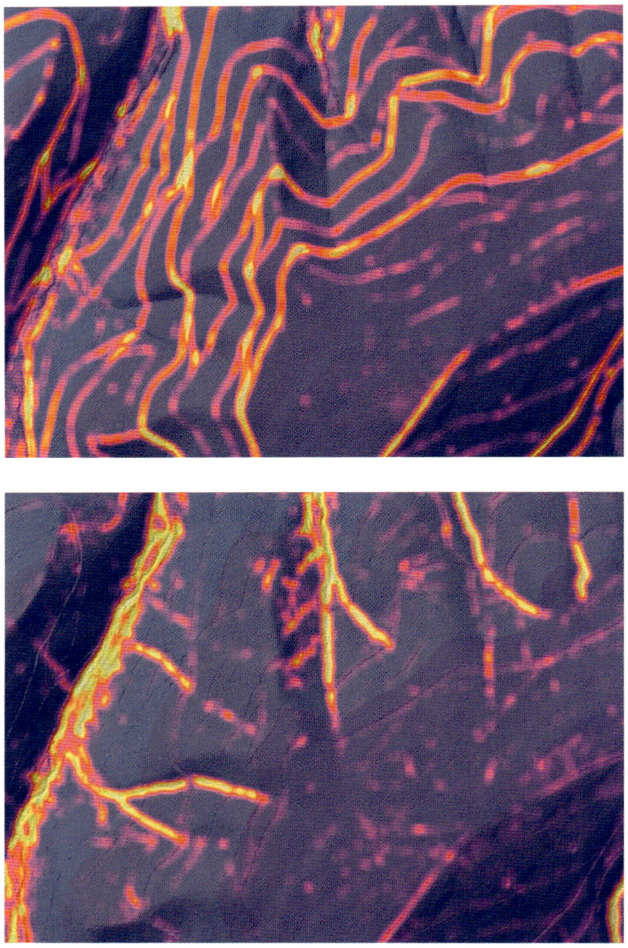

Abb. 99-1 und 2 Heat Map der detektierten Wege (oben) und Bachläufe (unten), Deep-Learning-klassifiziert aus 3D Airborne Laser Scans – ein Ausschnitt aus dem UNESCO-Welterbe Oberharzer Wasserregal. Der Farbverlauf rangiert von gelb (heiß / höchste Wahrscheinlichkeit) bis violett (kalt; IKG, Frank Thiemann).

welches von flächendeckenden Airborne Laser Scans erfasst wurde. Die Aufgabe war es, für das Niedersächsische Landesamt für Denkmalpflege, archäologische Geländestrukturen in dieser historischen Bergbaulandschaft zu finden. Es wurde mit lediglich zwei Objektklassen begonnen: „Alte Wege" und „Bachläufe". Weitere Bergbauspuren/Klassen wie Gräben, Hohlwege, Holzkohlemeiler, Halden, künstliche Dämme, Teiche etc. sollen folgen.

In einem ersten Verarbeitungsschritt wurde aus den Rohdaten der unregelmäßigen Laserpunktwolken ein reduziertes DGM berechnet, welches als rasterisierte Höhenkarte zu verstehen ist.

Um Trainingsdaten zu generieren, wurde dieses Geländemodell mit GIS-Daten (ADABweb und ATKIS) überlagert. Hieraus wurden insgesamt 36.000 Bilder herausgeschnitten bzw. einzelne mehrfach verfremdet: 19.000 Wegebilder und 17.000 Wasserläufe. 80 % dienten zum Trainieren, 20 % als Testdaten, um unter Anwendung unterschiedlicher CNNs Aussagen über die Klassifizierungswahrscheinlichkeiten/-güten ableiten zu können.

Das Rechenmodell der objektbasierten Klassifizierung beruht auf dem System MarsNet/Palafox, mit dem bereits aus Bilddaten Geländestrukturen auf der Marsoberfläche detektiert wurden (Project: Deep Learning applied to Planetary Science). Das Grundprinzip basiert auf fünf CNNs, die sich – neben weiteren funktionalen Schichten – hinter den „Hidden Layers" verbergen. Von jedem Objekt werden fünf verschieden große Bildausschnitte, sog. rasterised height maps, jeweils zentriert und in vier Sub-Bilder segmentiert – einer mathematischen Faltung (convolution) über das Gesamtgebiet unterzogen. Jedes CNN liefert andere Wahrscheinlichkeitsverteilungen, die zu jeweils einer Heatmap-Klasse aggregiert werden, um schwellwertbezogen die Objektdetektion (je Klasse) abzuschließen.

Das Ergebnis – nach Klassifizierung der zu testenden Daten – ist ein Bild, in dem die potentiellen Strukturelemente der gefundenen Objektmerkmale gemäß ihrer Bedeutung durch farbcodierte Wahrscheinlichkeitsdichtewerte dargestellt werden (Abb. 99).

Fazit des Projektes Oberharz: Die objektbasierte Klassifikation liefert angemessene Ergebnisse, die für einen ersten praktischen Nutzen sprechen: Das Modell identifizierte aus den Testdaten Objekte mit einer Genauigkeit von ca. 75 %. Mit mehr Trainingsdaten (inklusive einer höheren Merkmalsvariation) wird das CNN des DL noch besser lernen und höhere Trefferquoten liefern können. Damit einhergehend werden weitere Klassen detektierbar sein. Ein weiterer Fortschritt wird erreichbar sein, wenn komplexere Objektgeometrien erkannt werden können, um hieraus in einem weiteren Schritt 3D-Objekt-Modelle abzuleiten.

Noch befindet sich Maschinelles Lernen in der Anfangsphase seiner Entwicklung. Infolge seiner Weiterentwicklung besteht durchaus die Hoffnung, dass nicht nur die ALS-Daten, sondern auch die unzähligen Massen bereits jetzt vorhandene Daten der Luft- und Satellitenbilder in absehbarer Zeit automatisch unter archäologischen Gesichtspunkten ausgewertet werden.

4.6 Virtuelle Luftbildarchäologie mittels Geodaten

Die Flugprospektion ist ein fast unschlagbares Hilfsmittel, mit dem Blick von oben ganz gezielt und unter Beachtung spezifischer Umgebungsbedingungen (Witterung, Landnutzung und Fruchtstand etc.) bisher unbekannte Bodendenkmäler zu erkunden und fotografisch mit Schrägbildern festzuhalten. Eine Alternative, sich diesen realen Flug erst einmal zu sparen, wäre mit Google Earth o. ä. vom Schreibtisch aus per „streaming technology" in eine virtuelle Welt einzusteigen bzw. auf den digitalen, virtuellen Globus zu schauen. Die in diesen internetbasierten Werkzeugen hinterlegten Luft- und Satellitenbilder sind aus archäologischer Sicht als zweckfremd zu bezeichnen, da sie z. B. geflogen wurden, um topographische Kartenwerke zu aktualisieren und fortzuführen. Auch wenn hier die nahezu idealen Umgebungsbedingungen aus dem Blickwinkel eines Luftbildarchäologen nicht gegeben zu sein scheinen, können sich archäologische Objekte doch gerade als Bewuchs- oder Bodenmerkmal mehr oder weniger stark im senkrecht aufgenommenen Messbild abzeichnen.

Der Begriff „Virtuelle Luftbildarchäologie“ nimmt dabei Bezug auf die Virtuelle Realität (Virtual Reality): Das, was wir sehen, ist nicht der „klassische“ und reale Blick des Luftbildarchäologen aus seinem Flugzeug heraus, sondern wir sehen z. B. bei Google Earth ein „imaginäres“ Abbild von der Erdoberfläche, welches auf einem virtuellen Erdkugelmodell in Form von digitalen Bilddaten/Pixelwerten dem Auge des Betrachters zuhause am Computer angeboten wird.

Ausgehend von diesem Ansatz werden im Verlauf dieses Kapitels weitere Aspekte zum Thema „virtuell“ aufgezeigt, die für aktuelle Fragen und Entwicklungen in der Forschung zur Luftbildarchäologie stehen:

- Wo befinden sich die Quellen dieser zweckfremden Luft- und Satellitenbilder – analog und digital?
- Wie kann die Vielfältigkeit dieser Luftbilder im Hinblick auf ihre multisensoralen, multispektralen und multitemporalen Eigenschaften (unterschiedliche Quellen, Plattformen, Kameras/Sensoren) zu einer Verbesserung der Auffindbarkeit von archäologischen Merkmalen führen? Die multitemporale Komponente kann insbesondere den historischen Dokumentationswert von alten Luftbildern aufzeigen – auch mit dreidimensionalen Spuren, die heutzutage nicht mehr sichtbar sind, jedoch örtlich lokalisiert und durch Ausgrabungen untersucht werden können.
- Nicht nur Google Earth hilft dabei, sondern weitere Online-Quellen und -werkzeuge im Internet: Z. B. die Geo-Browser der Bundesländer können im einfachsten Fall neben Luftbildern Topographische Karten (auch Ur-Kartenwerke) für den öffentlichen Zugriff anbieten.
- Noch weiter ausgereifte Landes-Viewer, Geodatenportale mit ihren heterogenen „Datentöpfen“, bieten weitere Nutzungsmöglichkeiten und Synergien: Per LiDAR aufgenommene Airborne-Laser-Scan-Daten stehen bereit, deren bildhafte Darstellung in Form von geschummerten DGM-Landschaften für die luftgestützte archäologische Inspektion hilfreich sein können. Gerade Waldgebiete, die bei uns ca. ein Drittel der Oberfläche abdecken, können von oben bis auf den Waldboden nach alten, noch teilkonservierten, archäologischen Topographien durchleuchtet werden – welch ein Potential.
- Weiter nach vorn schauend: Welche „maschinellen“ Methoden können – vom Menschen angelernt – automatisiert auf die Suche gehen? Die Stichworte sind Maschinelles Lernen/Neuronale Netze.
- Ein weiterer „Nutzungssprung“ lässt sich nur erahnen – vertrauen wir auf die fliegenden erdumkreisenden „Schuhkartons“ („Nanosats“, „Planeten-Scanner“, „Microsatellites“ usw.), wenn sie erst „die Erde täglich neu kartografieren“.

Der Vergleich der klassischen Luftbildarchäologie mit dem Prinzip „Virtuelle Luftbildarchäologie“ soll im Folgenden durch eine Gegenüberstellung – links das klassische Schrägluftbild, rechts das „zweckfremde“ Senkrechtluftbild – verdeutlicht werden (Abb. 100).

„Schräg“ wurde aufgenommen von Otto Braasch. Es zeigt im Teilausschnitt die rechte untere „Ecke“ des römischen Marschlagers Wilkenburg an der Leine, in unmittelbarer Nähe zur südlichen Stadtgrenze Hannovers. Es handelt sich um das nördlichste und erste in der norddeutschen Tiefebene des teilbesetzten Germaniens gelegene Lager und wird historisch vermutlich um 4 oder 5 n.Chr. in die Zeit des „immensum bellum“ datiert. Die ca. 1 m breite dunkle Linie stellt den ehemaligen Spitzgraben dar, welcher der eigentlichen Wallabgrenzung vorgelagert ist. Charakteristisch ist

Abb. 100-1 und 2
Römerlager Wilkenburg im klassischen Schrägluftbild (unten, Niedersächsisches Landesamt für Denkmalpflege/Otto Braasch) und im zweckfremden Senkrechtluftbild (unten, Google Earth / Geocontent).

die Rundung (Radius: hier ca. 40 m), wie wir sie bei einer Spielkarte kennen.

„Senkrecht" zeigt den korrespondierenden Ausschnitt, wie er in Google Earth – georeferenziert und nach Norden ausgerichtet – abgebildet wird. Das Bewuchsmerkmal zeigt den Graben während der Hauptwachstumsphase als dunklere Linie. Die unmittelbare Umgebung zeigt das schon etwas „leidende" Getreide in hellerer Ausprägung, teilweise „getupft" mit den dunklen Gruben einer überlagerten nahezu zeitgleichen germanischen Siedlung. Der helle Grabenverlauf im linken Bild steht für die farbliche Umkehr kurz vor der Ernte, während weite Flächen der Umgebungssituation schon teilweise in die Notreife kommen.

Die Gegenüberstellung der beiden Bildquellen zeigt in diesem konkreten Fall quasi, dass ein „zweckfremdes" Messbild dem Schrägbild der Flugprospektion in nichts nachstehen muss, vielleicht manchmal sogar an Güte übertreffen kann.

4.6.1 Google Earth – der Einstieg in die „Virtuelle Luftbildarchäologie"

Google Earth kann als ein weltweites Hilfsmittel für die Luftbildarchäologie betrachtet werden. Es ist eine kostenlose Software der Google Inc., die über eine Internetverbindung die Darstellung eines virtuellen Globus ermöglicht. Beginnend bei einer Ansicht des Globus ist es möglich, immer weiter in die Details hinein zu zoomen. Es können Satelliten- und Luftbilder unterschiedlicher geometrischer Auflösung mit Geodaten (im Sinne von Vektor-Karten) überlagert und auf einem digitalen Geländemodell (DGM) der Erde dargestellt werden. Dieses Höhenmodell kann über frei zu wählende Schrägansichten durchflogen werden – z. B. entlang von Fluss- oder Bergtälern.

Neben der einfachen Navigation auf dem Globus – durch frei wählbare Schrägansichten – wurden eine Suchfunktion und ein Messwerkzeug integriert. Über ein Auswahlmenü können unterschiedliche Kartenschichten (Layer) ein- und ausgeblendet werden. Es gibt auch zwei kostenpflichtige Varianten (GE Plus/Pro, wobei letztere mittlerweile ebenfalls frei verfügbar ist), die jeweils erweiterte Funktionen für professionelle Zwecke beinhalten. Die Software wurde ursprünglich von der 1996 durch Michael T. Jones gegründeten Firma Keyhole entwickelt. Keyhole geht auf den Namen einer Serie von nahezu 300 amerikanischen Spionagesatelliten des Militärs zurück. 2004 wurde diese Firma von Google Inc. übernommen. Die erste Version dieser kostenlosen Software – Google Earth – wurde 2005 präsentiert.

Die gesamte Erdoberfläche setzt sich aus einem ballförmigen Mosaik-Teppich zusammen, bei dem zahlreiche einzelne Bilder an ihren Nahtstellen geometrisch und radiometrisch angepasst sind. Die Bild- und Geo-Daten stammen aus verschiedenen Quellen. Lässt ein Satellitenbild lediglich grobe (Übersichts-)Strukturen erkennen, z. B. die Abgrenzung eines Ortes gegenüber dem Umland, sind auf dem Luftbildmaterial je nach Auflösungsgüte sogar einzelne Häuser, Autos und Schattenwürfe von einzelnen Menschen erkennbar. Die Basisauflösung der Rasterdaten beträgt weltweit 15 m. Verschiedene typische hohe Auflösungen liegen im Bereich von 1 m bis sogar 15 cm. Die 1-m-Bodenauflösung entspricht einem Blick aus ca. 4500 m Flughöhe. Global verteilen sich hohe Auflösungen in den meisten Ballungsräumen vor allem in den USA und Europa. Die Datenaktualität variiert nicht nur weltweit, sondern auch regional. Insgesamt ist das Material nicht älter als drei Jahre.

Seit der 2010 vorgestellten Version 5.0 der Geo-Software verlässt GE immer mehr die rein erdbezogenen Bilder hin zu Abbildungen der Räume des Meeres, des Mondes und anderer Himmelskörper. GE bietet seinen Nutzern u. a. drei neue Möglichkeiten: zum einen den Grund der Ozeane virtuell zu erforschen, zum anderen den Mars zu besichtigen. Das dritte Feature ermöglicht es, Veränderungen der Erde im Zeitverlauf zu beobachten durch mehrfach überlagerte Luftbilder unterschiedlicher Aufnahmezeitpunkte.

Musste man sich die Bilddaten zunächst nur als einen einzigen weltumspannenden, einlagigen Luftbildteppich vorstellen, hat man es seit Version 5 quasi mit einem „Zwiebelschalen-Zeitmodell" zu tun.

Über den sog. Zeitschieberegler (das Uhrensymbol in der oberen Menüleiste) lässt es sich auf einer horizontalen Skala zwischen den Indexmarken der Bildebenen ausschnittsgleich hin- und herspringen. Mit diesen „historischen", z. T. auch nur wenige Jahre alten Aufnahmen, ist ein Verlauf über mehrere zeitliche „Stützpunkte" gegeben, die Zustandsänderungen auf der Erdoberfläche offenbaren können. Mit einem einfachen Klick kann man die Ausbreitung der Vorstädte, schmelzende Eiskappen, erodierte Küsten verfolgen oder luftbildarchäologische Merkmale entdecken: Diese – sind sie erst einmal gefunden – zeichnen sich in verschiedenen Aufnahmen je nach Ausprägung unterschiedlich ab, um sich in Summe zu ergänzen und für eine bessere Interpretation des Fundes bzw. Befundes zu sorgen.

4.6.2 Weitere Online-Bilddienste

Von der globalen Übersicht bis zum großmaßstäbigen Detail hinunter zu „zoomen" ist das eindrucksvolle Feature, welches man bisher von Google-Earth kannte. Die geographische Ausdehnung weiterer verfügbarer Datenpools erstreckt sich von global über länderspezifisch bis hin zu einer regionalen Ebene. Hierauf zuzugreifen ist mit ähnlichen Werkzeugen wie Google-Earth möglich.

Neben „Geo-Browser" als Geodaten-Visualisierer haben sich in ähnlichem Sinne Begriffe herausgebildet wie Geoviewer, EarthViewer, EarthBrowser, GlobeBrowser, GIS-Dataviewer – weil die Schnittstelle zwischen dem Anwender und den im Internet bereitgestellten Geodaten in der Regel mit einem Webbrowser (z. B. Firefox, Internet Explorer/Edge, Opera etc.) hergestellt wird. Es können aber auch kleine, zu installierende Programme sein, die den Zugang zu den Geodaten herstellen. Im Folgenden werden einige ausgesuchte Beispiele vorgestellt.

NASA World Wind hat Zugriff auf die Aufnahmen von mehreren NASA-Satelliten, die, je nach ausgewählter Region, Bilder von bis zu 1 m Bodenauflösung liefern. Die Anwendung, 2004 publiziert, ist frei navigier- und zoombar bis hin zu 3D-Darstellungen. Neben der virtuellen Erdkugel lassen sich auch weitere Planeten und Himmelskörper erkunden. Die Open-Source-Software bietet zudem hochaufgelöste Satelliten- und Luftbilder von ausgewählten Gebieten der Erde.

MSN Virtual Earth 3D von Microsoft brachte uns zum ersten Mal die virtuelle Welt. Die „Photogrammetry Division" nahm Bildmaterial mittels ihrer „UltraCam digital frame camera" auf[85]. Weitere Bezeichnungen dieses Produktes in seiner Entwicklung waren *Windows Live Maps*, *Windows Live Local* und *Live Search Maps*. Das Produkt ging 2009 zuletzt im Namen *Bing Maps* auf.

ArcGIS Explorer von ESRI ist ebenso ein kostenloser GIS-Viewer. Er liest verschiedene internetbasierte Datenquellen.

Der *DOP-Viewer* des Bundesamtes für Kartographie und Geodäsie (BKG) stellt Digitale Orthophotos zur Ansicht bereit. Das sind entzerrte und georeferenzierte Bilder Deutschlands aus der Vogelperspektive. Die Bildkacheln des deutschen Mosaiks haben eine Größe von 2 km x 2 km. Die Bodenauflösung beträgt kachelspezifisch entweder 40 cm oder 20 cm.

Eine Teileinheit bildet auf Bundeslandebene der *NiedersachsenViewer*, entsprechend der föderalen Zuständigkeit für die Fläche von Niedersachsen. Er ist auch ein Werkzeug zur Visualisierung von Geodaten: Luftbilder/Digitale OrthoPhotos (DOP) und verschiedene topographische Karten unterschiedlicher Maßstäbe werden angeboten. *GeoLife* ist ein weiteres niedersächsisches Produkt – gedacht als Kartennavigator, der neben Luftbildern auch ein historisches Kartenwerk anbietet: Die Preußische Landesaufnahme, die in den Jahren von 1877 bis 1912 entstand, zeigt die Landschaft, wie sie vor ca. 100 Jahren noch aussah.

Als weiteres landesspezifisches Geodaten-Portal gibt es *TIM-online*, das Werkzeug von Nordrhein-Westfalen, vergleichbar dem *NiedersachsenViewer* – dazu in den Beispielen später mehr.

Zoom Earth ist ein weltweiter Dienst, der zwischen verschiedenen Luftbildquellen und NASA-Satellitenbilddaten wechseln lässt. Zuvor war dieses Hilfsmittel unter dem Namen *Flash Earth* bekannt, welches zwischen Yahoo Maps und Bing Maps ausschnittsgleich wechseln ließ.

Ein recht umfangreiches Internet-Konglomerat ist Landkartenindex.de. Es stellt eine Weboberfläche mit den vielfältigsten Geodaten zahlreicher Geodienste wie z. B. Google, Bing, OpenStreetMap, Esri – neben deutschen (Bundes-)Land-Viewern auch europäische Adressen anderer Staaten wie das Géoportail aus Frankreich oder das spanische mapa.es bereit. Nicht nur Landkarten, wie der Index es suggeriert, sondern neben Stadtplänen auch Satelliten- und Luftbilder – multisensoral, multispektral, multitemporal – ein riesiger Fundus, der für die Virtuelle Luftbildarchäologie ausgeschöpft werden kann (John Jensen s. u.).

4.6.3 *Offline-Bilddienste*

Nach der Reihe bekannter digitaler Online-Luft-/Satellitenbildquellen sei auf das Ende der 1990er Jahre zurückgeblickt. Bereits eine digitale, jedoch noch offline-Variante waren die *D-Sat*-CDs. Sie zeigten Deutschland von oben in Nahaufnahme. Die ursprünglichen Bildquellen waren hochauflösende russische Satellitenaufnahmen vom Typ KFA-3000 (Auflösung 2–3 m) bzw. KVR-1000 (2,2 m). Die ehemals militärischen Schwarz-Weiß-Satellitenbilder werden als Bildprodukte vom russischen Forschungs- und Produktionszentrum für Weltraumfotografie PRIRODA angeboten, nach einer Entscheidung der russischen Regierung im Jahr 1992, sich nach Ende des Kalten Krieges dem Westen zu öffnen[86]. Das russische Militär hatte dieses Bildmaterial in den frühen 1980er Jahren von ihren geheimen „Conversion Satellites" aus aufgenommen. Die Bodenauflösungen, 0,7 m bei der Aufnahme und für den zivilen Nutzerkreis künstlich auf 2 m reduziert, sind für luftbildarchäologische Prospektionen verwendbar (ANB Berlin), wie sich bei der Suche nach den Resten eines Zisterzienser-Klosters aus dem 12. Jahrhundert gezeigt hat. An anderer Stelle konnten alte Straßenverläufe aus der Römerzeit entdeckt werden. Die Trägerplattformen waren Satelliten in niedrigen, erdnahen Umlaufbahnen (240 km). Das analoge Bildmaterial wurde, wenn verbraucht, über russischem Territorium abgesprengt und an der Erdoberfläche aufgenommen. Nur wenige Jahre später kam dann Google Earth online.

Zu den Offline-Bilddiensten hinzuzuzählen sind die klassischen Luftbildarchive, deren Bestände ursprünglich analog waren, heutzutage jedoch teilweise digital zur Verfügung stehen. Wird das Luftbild als Kontaktkopie herausgegeben bzw. auf CD/DVD gespeichert, wird es zum Offline-Produkt.

4.6.4 *Fallbeispiele von Merkmalstypen*

Im Folgenden werden einige ausgewählte Beispiele von Merkmalstypen in der virtuellen Luftbildarchäologie vorgestellt.

Abb. 101 Wallanlage bei Wallwitz mit den dunklen „Nässelinien" eines Feuchtemerkmals (GoogleEarth).

4.6.4.1 FEUCHTEmerkmal

Nach dem eingangs zum Thema „Selektive Wahrnehmung" gezeigten Bodenmerkmal (1) aus Moravien (Tschechien, hier ehem. Mähren) folgte die Ausprägung des römischen Spitzgrabens (Wilkenburg) als Bewuchsmerkmal (2) – in klassischer und virtueller Ansicht. Im Kapitel Waldgebiete bewirkt eine niedrigstehende Sonne auf das nur in Teilen unterschiedlich hohe Baumkronenwerk das Schattenmerkmal (3) von Bergzow.

Als ein weiteres „virtuelles" Beispiel folgt nun ein Feuchtemerkmal (4) (Abb. 101): Der insgesamt vegetationslose Acker bei Wallwitz (Saalekreis) zeigt in Teilbereichen dunkle Stellen, die für Nässe bzw. Feuchte stehen. Diese mögen für tiefere Flächen stehen, aber auch für unterschiedliche Bodenpartikel, deren eigentliche Einfärbung durch zusätzliche Feuchtigkeit besonders hervorgehoben bzw. verstärkt wird. So fällt im Zentrum des Bildes eine künstliche Struktur in den Maßen 90 x 99 m auf. Die dünnen, dunklen Linien eines verschütteten Grabens stehen für den erhöhten Wasseranteil des feineren Oberflächenmaterials und zeichnen ein Quadrat mit abgerundeten Ecken. Im oberen rechten Bereich der nahezu quadratischen Anlage schließen sich weitere, weniger stark ausgeprägte lineare Verläufe an.

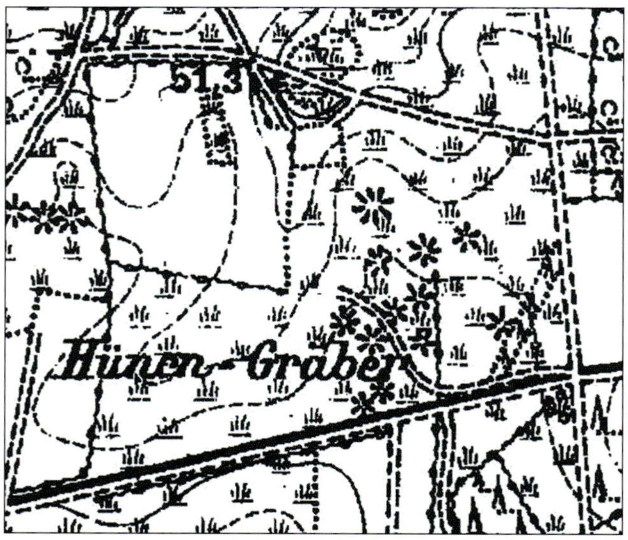

Abb. 102-1 und 2 Hügelgräber als Bodenmerkmal bei Mehlbergen, Landkreis Nienburg/Weser, dokumentiert in Luftbild (links) und Preußischer Landesaufnahme (rechts; Luftbild u. Karte: LGLN Niedersachsen).

4.6.4.2 BODENmerkmal und historische Kartenwerke

Die folgende Luftbildquelle (Online-Bilddienst) ist ein Teil von *GeoLife*, ein Freizeitportal aus Niedersachsen. Dieses als Navigator ausgelegte Werkzeug bietet primär verschiedene topographische Kartenwerke – landesweit flächendeckend – an, die ausschnittsgleich durch Umschalten dem Farb-Luftbild gegenübergestellt werden können (Abb. 102).

Luftbildarchäologisch erkennen wir verschiedene punktuelle Störungen, die in einem gewissen Abstand flächig über die offene, vegetationsfreie Ackerfläche verteilt sind. Diese als Bodenmerkmale zu klassifizierenden Auffälligkeiten aus der Umgebung von Mehlbergen, Landkreis Nienburg/Weser stellen Restverfärbungen von Hügelgräbern der Bronzezeit dar. Unterstützung in der Interpretation bietet die GeoLife-Kartenebene „Historische Karten" – hier das Kartenwerk „Preußische Landesaufnahme" (PLA), welches vor mehr als 100 Jahren im Verlauf von mehreren Jahrzehnten (1877–1912) entstanden war. Diese zu jener Zeit noch in der Landschaft vorhandenen und hier topographisch kartierten Kulturdenkmäler ließen sich heute mit Hilfe der großmaßstäbigen Luftbildinformation lagerichtig rekonstruieren. Im Übrigen ließen sich die Korrespondenzen zwischen den Kartierungen der PLA und den Signifikanzen der Bodenverfärbungen im Luftbild überprüfen. Ein Abgleich mit dem Archäologischen Informationssystem der Denkmalpflege könnte ergänzende Erkenntnisse zutage bringen.

An dieser Stelle sei erneut auf die zusätzlichen „Ebenen" (neben Luftbild) von GeoLife verwiesen. Mit diesem internetbasierten Werkzeug ist bereits der Übergang vom reinen Bilddienst hin zu einem weiter umfassenden Geodatenportal (siehe weiter unten) mit seinen heterogenen Datentöpfen in Teilen gegeben.

In dieser Vorstufe steht GeoLife bereits für einen multisensoralen wie multitemporalen Ansatz – der Luftbildausschnitt und verschiedene Landkartentypen stehen für „Snapshots" von unterschiedlichen Aufnahmezeitpunkten. Dies gilt als Überleitung zum folgenden Abschnitt der vielfältigen „Multi"-Aspekte.

4.6.5 Multisensoraler, multispektraler und multitemporaler Aspekt

Ein Bodendenkmal kann sich zu unterschiedlichen Zeitpunkten in verschiedenen Luftbildern durch unterschiedliche „Merkmalsausprägung" darstellen. Als Beispiel dienen die verschiedenen Ansichten einer Grabenanlage – zunächst in ihrer Gesamtausdehnung.

Die beiden folgenden zwei Teilansichten entstammen jeweils aus unterschiedlichen Bildern – ein farbiger Ausschnitt (oben links der Gesamtanlage) und ein schwarz-weißer (rechts unten der Gesamtanlage) (Abb. 103). Die Fundchronik weist das Ensemble der großen Doppelkreise (80 m/60 m Durchmesser) mit angebautem Grabentrapez vorläufig als mögliches Gehöft des späten Mittelalters oder der frühen Neuzeit aus.

Die verschiedenen Ansichten – hier schwarz-weiß, dort in Farbe, hier als Bodenmerkmal, dort als Bewuchsmerkmal – bieten Teilinterpretationen und können in Summe der Gesamtansicht nach dem Prinzip eines „image mosaicing" korrespondieren bzw. sich gegenseitig ergänzen. Im Minimum wäre der schwache schwarz-weiße und strukturlose Teilausschnitt lediglich der Hinweisgeber bzw. das Indiz für den Gesamtkomplex.

An dieser Stelle werden die Vielfalt der Luftbilder und damit die Nutzungsmöglichkeiten deutlich. Nennen wir die unterschiedlichen Aspekte: multisensoral bei Verwendung verschiedener Kameras; multispektral, wenn an dieser Stelle eine Farbaufnahme als spektral different zu Grauwertabstufungen eines Schwarz-Weiß-Bildes zugelassen wird, und multitemporal, wenn verschiedene Aufnahmezeitpunkte in der jüngeren und älteren Vergangenheit vorliegen.

Eine vorläufig höchste Entwicklungsstufe wird mit Geodatenportalen erreicht, wenn neben den Variationen „Luftbild" weitere Datentöpfe mit einbezogen werden, um virtuelle Luftbildarchäologie auf der Basis zweckfremder Quellen noch weiter differenziert und damit noch umfassender betreiben zu können.

4.6.5.1 Verschiedene Datentöpfe eines Integrierten Geo-Informationssystems

Für eine Kategorie dieser vielfältigen internetbasierten Werkzeuge stehen die „Landes-Viewer" bzw. Geodatenportale der Bundesländer, die den Blick auf ihre Geobasisdaten der breiten Öffentlichkeit bereitstellen. Wenn sie auch lokal/regional auf ein Bundesland begrenzt sind und keine weltweite Verbreitung wie u. a. Google Earth aufzeigen, so schafft die heterogene Datenvielfalt (vereint in einem Werkzeug) im Vergleich ein positives Ungleichgewicht für die Forschung, aus denen sich weitere Entwicklungsmöglichkeiten ableiten lassen.

Das Angebot der Geodatenportale der einzelnen Bundesländer ist unterschiedlich: Vom Umfang her beschränken sich die Geo-Portale z. T. auf die Kategorien topographische Karte und Luftbild. Weitere ergänzende Datentöpfe sind vereinzelt historische Ur-Karten, seltene Farb-IR-Luftbilder und Airborne-Laser-Scanning-basierte Digitale Geländemodelle (DGMs). Beispielhaft sollen den im Folgenden die Möglichkeiten des „Brandenburg-Viewer" betrachtet werden. Er

Abb. 103-1–3 Mittelalterliche Anlage „Zingel" bei Rodewald, Landkreis Nienburg/Weser, als Gesamtkomplex (oben, ESRI), Teilausschnitt Kreis oben (unten), Teilausschnitt Kreis unten (Mitte, beide Landesamt für Geoinformation und Landesvermessung Niedersachsen).

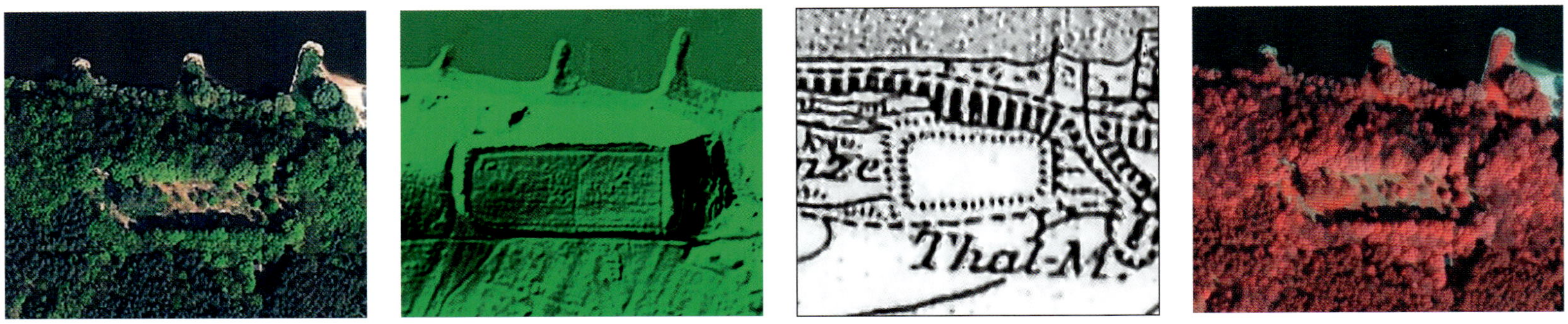

Abb. 104 Das in den Fränkischen Annalen überlieferte Kastell Höhbeck – Darstellungen aus verschiedenen Datentöpfen: (links) Farb-Luftbild; (Pos. 2) ALS / DGM; (Pos. 3) Deutsches Reich 1902–1948 und (rechts) Farbinfrarot-Luftbild (CIR, Brandenburg-Viewer – GeoBasis-DE/LGB).

ist ein Produkt der Landesvermessung und Geobasisinformation Brandenburg (LGB). Mit diesem amtlichen „Kartennavigator“ – eine weitere Bezeichnung, die den Möglichkeiten nicht gerecht wird – steht dem Bürger ein Werkzeug zur Präsentation der Geobasisdaten des LGB frei zur Verfügung. Das Daten-Menü zeigt verschiedene Kategorien heterogener, vom Verfasser als „Datentöpfe“ bezeichneter, digitaler Quellen unterschiedlicher Herkunft. Diese sollen im Folgenden zur Informationsverdichtung für die virtuelle Luftbildarchäologie genutzt werden. Dabei soll sich hier die Frage anschließen, welche Möglichkeiten sich durch die integrative Nutzung aller Datentöpfe für eine Virtuelle Luftbildarchäologie ergeben.

Airborne-Laserscanning-basierte DGMs werden bundesweit nur zu einem sehr geringen Teil für die Öffentlichkeit bereitgestellt. Da das Brandenburg-DGM bis zu 2 km über die Landesgrenze hinausragt, kann das Land Niedersachsen von der Nord-West-Spitze Brandenburgs profitieren, bis auch hier ein entsprechendes Portal der allgemeinen Öffentlichkeit über das Internet zur Verfügung gestellt werden kann.

Wir befinden uns südlich des Elbverlaufes bei Höhbeck, Landkreis Lüchow-Dannenberg (Abb. 104). Im Farb-Luftbild ist ein Bewuchsmerkmal im Baumkronenwerk eines Waldes zu erkennen: Inmitten des dunkelgrünen Nadelwaldes fällt die hellgrüne Rechteckberandung von Laubbäumen auf. Klarheit in diese scheinbare „Störung“ bringt der Blick auf den Waldboden. Das LiDAR-basierte DGM bringt eine alte Wallanlage zum Vorschein – nicht nur die Wall-Graben-Umrandung, sondern auch weitere mikrotopographische Details im Inneren wie im Äußeren. Der Datentopf „Historische Karten“ dokumentiert im alten Kartenwerk „Deutsches Reich 1902–1948“ an gleicher Stelle die böschungsartige Umwallung des „castellum hohbuoki“, eine fränkisch-karolingische Befestigungsanlage des späten 8. Jahrhunderts, die im 19. Jahrhundert von Carl Schuchhardt ergraben wurde. Multispektral wird es mit dem Farb-Infrarot-Luftbild, welches von seiner Natur her differenziertere Interpretationen eines Bewuchsmerkmales zulässt.

Die verschiedenen Datenquellen können vielfältig miteinander kombiniert und genutzt werden. Und gibt es erst einen „Anfangsverdacht“ in der einen Informationsebene, so kann direkt und ausschnittsgleich im Browser auf eine der anderen Layers umgeschaltet werden. Dieses kombinatorische Prinzip, ermöglicht durch die verschiedenen „Datentöpfe“, macht solch ein Geo-Portal zu einem mächtigen Werkzeug.

4.6.6 WMS – Web Map Service, GDI, Standards

Im vorherigen Abschnitt wurde bereits einleitend auf Google Earth und vergleichbare Produkte unterschiedlicher Darstellungstiefe eingegangen. An dieser Stelle soll ergänzend auf das fast unüberschaubare Angebot an Geodaten-Diensten im Internet weiter eingegangen werden. Die Basis hierfür bilden webbasierte Standardtechnologien, die es ermöglichen, auf den Bestand von über 600 öffentlichen Einrichtungen wie Bundes- und Landesbehörden und kommunale Träger zurückzugreifen. Diese vielfältigen digitalen Dienste lassen sich zusammenfassen unter Begriffen wie Geodatenportale, Geodatendienste, Geowebdienste oder Web Map Services (WMS), die auch ehemals analoge Daten ohne Medienbruch durch große Geodatenbanken abgelöst haben. Eine Voraussetzung für den Zugriff auf digitale Geodaten sind flächendeckende Landkartenwerke und global verfügbare Fernerkundungsdaten, aufgezeichnet von satelliten- und flugzeuggetragenen Scannern.

An dieser Stelle sei erwähnt, dass ca. 80 % (!) aller Daten im allgemeinen Sinne einen Raumbezug (Georeferenz) besitzen. Bei den Geo-Daten-Beständen der Anbieter spricht man von Volumen in der Größenordnung von TeraByte (TB), die bei der Betrachtung mittels Browser von einem zentralen Server fortlaufend nachgeladen werden. Die Detailgenauigkeit dieser weltumspannenden Bilddaten reicht von der noch recht grob aufgelösten Satellitenaufnahme bis hin zu einer Pixelauflösung eines Luftbildes im Submeterbereich – derart detailliert, dass sich das amerikanische Militär um die Begrifflichkeit des Datenschutzes bemühte, weil der Blick aus dem Weltraum bisher geheime Details eines neuen U-Boot-Typs offenlegte.

Zur Strukturierung dieser Daten, die je nach Art sowohl in Form von Rasterdaten als auch in Form von Vektordaten vorliegen können, bedarf es modellhafter Konzepte. Hierbei bildet die Lage-Koordinate die Basis, das Geometriedatum, welches mit weiter beschreibenden Sachdaten verknüpft ist bzw. umgekehrt.

Die strukturierte Grundlage hierfür wird als Geodateninfrastruktur (GDI) bezeichnet, bei der die Geodaten die sog. Metadaten (zu deren Beschreibung) mit einschließen. Für den Aufbau einer europäischen GDI verabschiedete das Europäische Parlament 2007 die INSPIRE-Richtlinie (Infrastructure for Spatial InfoRmation in the European Community), welche wiederum in nationales Recht umgesetzt wurde, so in Deutschland unter der Bezeichnung GDI-DE. Gemeint ist damit die Verwaltungsvereinbarung zwischen dem Bund und den Ländern. Einstiegspunkt in eine GDI ist aus Nutzersicht in der Regel das Geoportal (Geoportal.de), unter dessen Gestaltung ein reines Informationsportal mit statischem Inhalt verstanden werden kann, aber auch funktional umfangreiche (Bundesländer-)Portale mit integriertem Kartenviewer. Geoportal.de ist die zentrale Geodatensuchplattform für Deutschland – für einen zentralen Zugang zu Karten und anderen raumbezogenen Daten, Diensten und Anwendungen.

In der Standardisierung wird zwischen Normen und Standards unterschieden, wobei erstere für rechtliche Verbindlichkeit stehen, der Standard dagegen ist nicht offiziell herausgegeben. Ein international tätiges Konsortium ist das Open Geospatial Consortium (OGC), welches über ein Netzwerk Spezifikationen und Standards für die Bereitstellung und den Austausch von Geodaten erstellt. Hierzu haben sich ca. 500 Vertreter aus Wirtschaft, Wissenschaft und Verwaltung zusammengeschlossen.

Für die netzgebundene Kartenpräsentation von Geodaten in Form eines Luftbildes haben die Darstellungsdienste auf zwei Standards des OGC zurückgegriffen. Einer davon ist der OGC-Web Map Service (WMS), der einen Kartenausschnitt geodatenbasiert über Internettechnologien bereitstellt. Dabei werden über jeden gängigen Browser die georeferenzierten Daten in einem Rasterformat, beispielsweise PNG, TIFF oder JPEG, dargestellt; bei Vektordaten werden die Karten im SVG-Format verarbeitet. WMS ermöglicht zudem die Kombination und Überlagerung von verschiedenen Kartenebenen.

Der zweite Standard zur Bereitstellung eines Darstellungsdienstes ist der OGC-Web Map Tile Service (WMTS), der auf bereits vorprozessierte Bildkacheln (tiles) zurückgreift, die aufgrund von Caching-Mechanismen sehr schnell ausgeliefert werden können.

Bei der Nutzung von Geodatendiensten ist eine häufige Fragestellung von Endanwendern nach der Existenz von Daten und Diensten. Zu diesem Zweck werden – im Sinne einer Suchmaschine – Recherche-Anwendungen („Kataloge“) bereitgestellt bzw. in Geoportalen oder vergleichbaren Web-Applikationen implementiert (geoportal.de), ggf. um räumliche, zeitliche oder thematische (Such-)Kriterien ergänzt.

Nach der Identifizierung übernehmen Geodatenviewer die Aufgabe, dem Benutzer über eine Web-Oberfläche geographische Funktionen, wie z. B. Zoom, Pan, Flächen- und Distanzmessung, Ein- und Ausblenden sowie Hinzuladen und Entfernen von Kartenebenen bereitzustellen. Beim Geodatenvertrieb gibt es kostenpflichtige Bereitstellungen von Geodatendiensten (z. B. die „Plus“-Varianten von Applikationen). Für eine möglichst breite Verwendung der Daten, im Sinne eines Open/E-Governments, führen inzwischen immer mehr zur kostenlosen Bereitstellung von bisher kostenpflichtigen Geodaten als „Open Data“. Dies vollzieht sich durch definierte Lizenzbedingungen, wie z. B. creative commons.

Basierten die bisherigen Luftbilder auf dem Ergebnis eines fotografischen Prozesses, so resultieren die nun folgenden Abbildungen (Kapitel 5) aus den Visualisierungen von laserbasierten Höhenprofilmessungen. Damit handelt es sich im Ergebnis (auch) um ein korrespondierendes bilderzeugendes Messverfahren.

5 3D-TECHNIK

In den vorherigen Kapiteln geht es vor allem um Einsätze von Luft- und Satellitenbildern als zweidimensionales Informationsmedium in der Luftbildarchäologie. Um die Jahrtausendwende reifte eine Reihe von Techniken heran, mit denen Bau- und Bodendenkmäler dreidimensional erfasst, untersucht und dokumentiert werden können. Hierzu gehören u. a. Flugzeuggetragenes Laser Scanning (ALS = Airborne laserscanning) und Bildbasierte 3D-Modellierung (SfM = Structure from Motion = Struktur durch Bewegung). Auch Waldgebiete, an deren Kante die Luftbildarchäologie bis dahin meistens an ihre methodische Grenze stieß, können nun durch die neue Technologie (ALS) eingehend erforscht und genau dokumentiert werden. SfM liefert heute neben dem hohen Dokumentationswert auch die Datengrundlage für „begehbare" Augmented bzw. Virtual Reality-Modelle.

5.1 Airborne Laser Scanning

Mit dem Airborne laserscanning wird ein technisches Verfahren bezeichnet, mit dem man die Topographie der Erdoberfläche (Bodenrelief) schnell, detailliert und präzise vermessen kann. Dazu wird ein Laserscanner an einer Arbeitsplattform wie Flugzeug, Hubschrauber oder UAV (Drohne) befestigt. Ähnlich wie bei den Vermessungsflügen fliegt die Plattform mit dem Laserscanner streifenweise das Arbeitsgebiet systematisch ab. Dabei sendet der Scanner kurze Laserimpulse aus, die fächerförmig quer zur Flugrichtung abgelenkt werden. Dadurch werden die meisten Laserstrahlen nicht senkrecht, sondern schräg nach unten zum Boden geschickt. Trifft das Laserlicht auf ein Objekt am Boden, so wird es meistens diffus reflektiert, so dass folglich nur ein geringer Teil der reflektierten Laserenergie, Echo genannt, von einem Fotosensor der Empfangseinheit des Laserscanners registriert wird. Aus der Laufzeitdifferenz zwischen einem ausgesendeten Signal und einem empfangenen Echo kann die Entfernung zwischen dem Laserscanner und dem Objekt berechnet werden. Mit einem differenziellen GPS und einer inertialen Messeinheit (IMU = Inertial Messurement Unit) an Bord werden gleichzeitig die genaue Position und die Lage des Laserscanners in der Luft laufend aufgezeichnet. Aus der gemessenen Entfernung, dem Ablenkwinkel sowie den GPS- und IMU-Daten können die Koordinaten des reflektierenden Objektes exakt berechnet werden. Abhängig vom angewandten Laserscanner können normalerweise zwischen 30.000 und 400.000 Laserimpulse pro Sekunde ausgestrahlt werden, wodurch eine hohe Dichte an gemessenen Geländepunkten erreicht werden kann.

Unterwegs zur Erdoberfläche kann der Laserstrahl von verschiedenen Objektteilen reflektiert werden. Nehmen wir als Beispiel ein Waldgebiet: Hier könnten die ersten zurückgeworfenen Echos von Baumkronen stammen. Da der Durchmesser eines gefächerten Laserpulses in der Regel am Zielobjekt zwischen 20 cm und 1 m beträgt, wird nur ein Teil der Strahlung von Baumkronen reflektiert. Der Rest der Energie gelangt durch das Kronenwerk und wird dann von unteren Ästen, Unterholz und ähnlichem bis letztlich dem Waldboden reflektiert. So gesehen kann das letzte Echo also im idealen Fall vom Waldboden stammen. Nur dieses Echo ist für unsere Untersuchung von Bedeutung. Wenn aber die Baumstämme und die Vegetation am Waldboden sehr dicht sind, kann es passieren, dass die Laserstrahlung überhaupt nicht zum Boden gelangt. Aus diesem Grund kann die Jahreszeit, welche die Größe und Dichte der Wipfel bestimmt, den Erfolg des ALS-Einsatzes beeinträchtigen.

Vom ersten bis zum letzten Echo erhält man zusammenaddiert eine dichte Punktwolke, die nicht nur den Waldboden, sondern auch alle auf ihr befindlichen Unterholz und Baumteile in ihrer räumlichen Lage wiedergeben. Separiert man ausschließlich die ersten Echos aller Laserimpulse, so erhält man ein Digitales Oberflächenmodell (DOM, in Englisch DSM = Digital Surface Model). Fasst man alle Daten der letzten Echos (= maximale Entfernung) zusammen, so bekommt man ein Digitales Geländemodell (DGM, in Englisch DTM = Digital Terrain Model), bei dem Bäume und Unterholz rechnerisch komplett ausgeblendet sind und nur der „nackte" Waldboden übrigbleibt. Zur Qualitätssteigerung des DGMs werden Filtersysteme entwickelt und eingesetzt, um die letzten nicht vom Waldboden reflektierten Punkte in einem DGM zu beseitigen.

Im analogen Zeitalter wurden die Höhenlinien der Topographischen Karten anhand von Stereoluftbildauswertung mit aufwendigen optischen oder mathematisch-analytischen Verfahren erstellt. Im Vergleich dazu ist das von ALS-Daten abgeleitete DGM viel detailreicher und präziser. Die absolute Genauigkeit des DGMs wird dadurch gemessen, inwiefern die mit ALS bestimmten Koordinaten mit den tatsächlichen realen Koordinaten von Objekten am Boden übereinstimmen. Das hängt in erster Linie von der Georeferenzierung der gemessenen Punkte ab. Im Allgemeinen kann man davon ausgehen, dass die horizontale Lagebestimmung in X- und Y-Koordinaten etwa zwischen ±25–50 cm liegt. Die vertikale absolute Genauigkeit wird durch Fehler der GPS- und IMU-Messungen bedingt und liegt normalerweise bei etwa ±15 cm.

Für die archäologische Auswertung der ALS-Daten ist allerdings nicht die vertikale absolute Genauigkeit, sondern die vertikale relative Genauigkeit, welche die lokalen Höhendifferenzen zwischen den benachbarten Punkten innerhalb einer ALS-Befliegung angibt, von Bedeutung. Je größer die vertikale relative Genauigkeit ist, desto feinere und detailreichere Bodenreliefunterschiede können zum Vorschein kommen und dadurch die Auswertung erleichtern. Gemäß der praktischen Erfahrung liegt diese Genauigkeit – abhängig von Bewuchs und Erdoberflächenbeschaffenheit – zwischen ±5 und ±10 cm.[87]

5.1.1 Flächennutzung und Methoden

Die Statistik zur Flächennutzung in Deutschland weist neben dem geringen Anteil der Siedlungsflächen (17%) zur Hälfte (51%) landwirtschaftlich genutzte Flächen mit Acker und Grünland aus, Wälder verdecken mit einem Anteil von 30% die Sicht auf den Boden. Bei den freien landwirtschaftlichen Flächen beginnt das Ranking der luftbildarchäologischen Indikatoren eindeutig mit Bewuchsmerkmalen, es folgen Boden-, Feuchte- und Schattenmerkmale vor den weniger häufigen Auffälligkeiten von Schnee-, Reif- und Flutmerkmalen. Bei den Waldflächen kann das Kronenwerk im Idealfall das Schattenmerkmal bedienen, was jedoch selten vorkommt.

Erfasst der ALS über verschliffenen Ackerflächen eher weniger signifikante Höhenunterschiede als auf Grünland, das tendenziell weniger stark nivelliert bzw. „zerformt" ist, so ist das Potenzial eines ALS über dem relieferhaltenden Wald ungleich mächtiger. Kaum zerstörte Strukturen am Waldboden können durch die Sichtlücken des Blätterwerkes vom Laser erreicht und herausgearbeitet werden.

Betrachtet man die verschiedenen Flächennutzungen, so bleiben Acker und Grünland maßgeblich eine Domäne für die Flugprospektion und Luftbildauswertung, während das Waldgebiet eher dem ALS vorbehalten bleibt (Abb. 105).

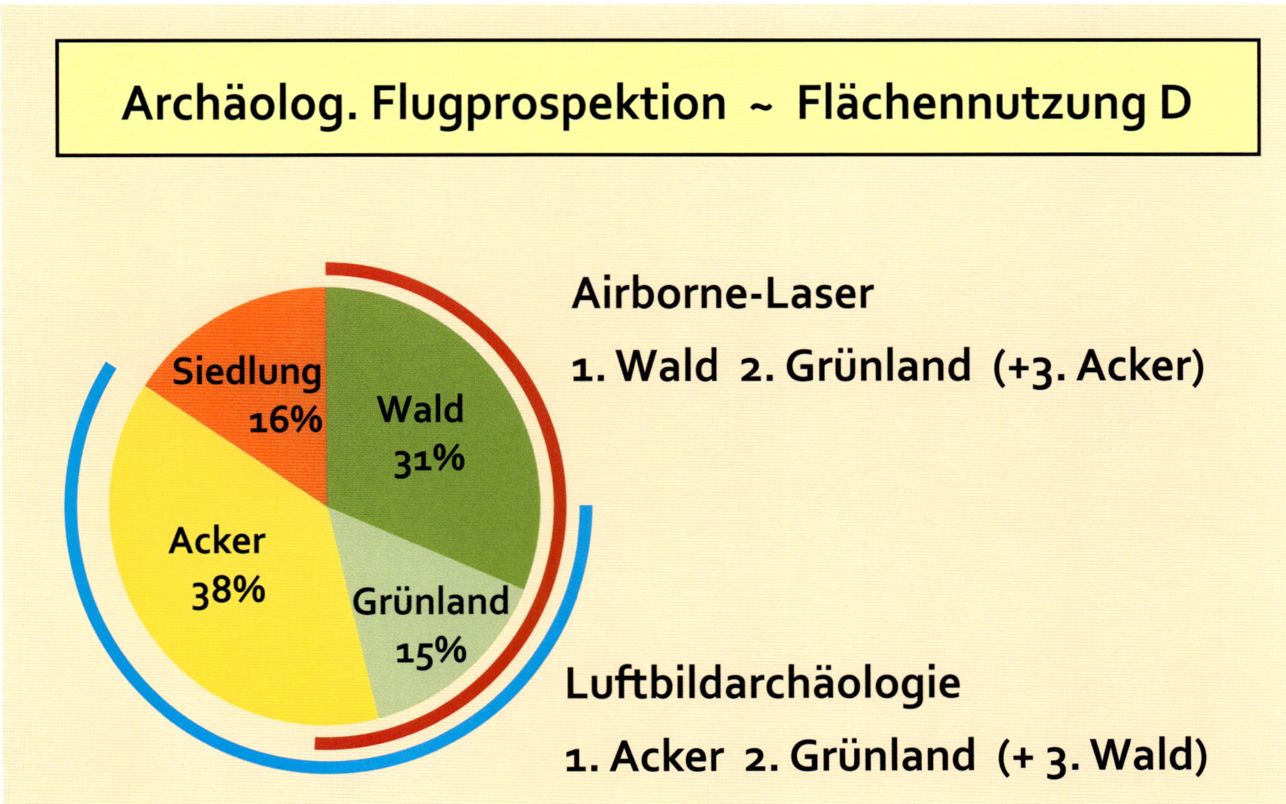

Abb. 105 Nutzungsmöglichkeiten von Luftbildarchäologie und Airborne Laser (LiDAR) über Freiflächen und Waldgebieten (Eckhard Heller).

5.1.2 Römerlager bei Castra Bonnensia – ALS durch Wald hindurch

Während das korrespondierende Luftbild (Abb. 106 links) ein geschlossenes Kronenwerk von oben zeigt, welches vom Waldboden nichts preisgibt, so sehen wir klar und deutlich die oberirdisch gut erhaltenen Bodendenkmäler im Airborne-Laser-Scan (Abb. 106 rechts). Zur besseren Einordnung ist dem „ALS-Schummerungs-DGM“ die Ebene „Topographische Karte“ überlagert, erkennbar an den Mischwald-Symbolen, den Wegeverläufen und den Höhenlinien.

Das archäologische Auge erkennt hier im Kottenforst bei Bonn drei römische Marschlager, die vor 2000 Jahren zu Manöverzwecken von Legionären angelegt wurden: abgerundete Ecken, nach innen gezogene Wall-Enden im Eingangsbereich, sog. Clavicula-Tore. Das Messwerkzeug in TIM-online liefert metergenaue Maße. Die Längen der drei abgebildeten Lager rangieren in der Längenausdehnung von 132 m bis 149 m, die Breite von 99 m bis 106 m – jeweils gemessen zwischen den Walloberkanten. Ein eindrucksvolles Beispiel bleibt es allemal, wenn auch die originären Spitzgräben längst verfüllt und somit nicht mehr per ALS auffindbar sind.

Weitere Anlagen dieses Typs sind dank der Schutzfunktion des Waldes erhalten geblieben und konnten mit ALS „sichtbar“ gemacht werden. Noch wesentlich spektakulärer sind Funde, die im Dschungel Mittelamerikas zu Tage getreten sind. Die internationalen Medien berichteten von unzähligen bislang unbekannten Überresten der Maya-Zivilisation in Guatemala. Der Scan einer Fläche von 2100 km² legte ein „riesiges, miteinander verbundenes Netzwerk aus Städten, Befestigungen, Farmen und Straßen“ offen (u. a. nationalgeographic.de, 01. 02. 2018).

5.1.3 Bildverbesserung von ALS-/DGM-Darstellung

Zeigte das vorangegangene Bildbeispiel das Resultat der durch das Kronenwerk des Waldes hindurch wirkenden Laserstrahlen am Waldboden, so bewegen wir uns nun über der „Freifläche“ einer Wiese. Auch dieser Typ „Grünland“ kann alte Strukturen weitgehend konservieren, weil sie nicht den ständigen Umwälzungen eines im jährlichen Wechsel gepflügten Ackers ausgesetzt sind. Jedoch wird hier schon deutlich, wie groß der Nutzen von bildverbessernden Maßnahmen bei den recht kontrastschwachen Schummerungsdarstellungen sein kann.

Die Umsetzung der Höhenmessung mittels Laserstrahlen findet ihr erstes Zwischenergebnis in einem Digitalen Gelände-Modell (DGM), ein Zahlengerüst aus dreidimensionalen Koordinaten. Diese Punkte bilden mittels topologischer Nachbarschaftsverknüpfungen die Geländeoberfläche, gleich einem mit Tuch bespanntem Zeltdach. Ein bildhaft plastischer DGM-Eindruck wird für unser Auge durch das Prinzip der Schummerung erreicht. Wie durch die Bestrahlung mit einer imaginären Lichtquelle werfen hervorgehobene Kanten mal mehr, mal weniger Schatten und bewirken so im Ergebnis eine Profilstruktur der Geländeoberfläche. Die Wissenschaft kennt das gleiche Prinzip auch unter dem Begriff „Shape-from-Shadow“, bei dem sich die dreidimensionale geometrische Form von der Ausprägungsstärke des jeweils lokalen Schattenwurfes ableiten lässt. Bei aller „Schattenvariation“ sei an dieser Stelle auf die von Natur aus kontrastschwache Schummerungsdarstellung von ALS-Daten hingewiesen. Außerdem ist die Position imaginären Lichtes bei der Schummerung schon festgelegt, dadurch können manche Details, z. B. in Lichtrichtung, nicht mehr zum Vorschein kommen. Aus diesem Grund sollte man sich, wenn eine Wahl zwischen DGM-Rohdaten oder Schummerungsdarstellung zu treffen ist, immer für ersteres entscheiden, um mit verschiedenen Schattenvarianten arbeiten zu können.

Sollte einem nur eine Schummerung zur Verfügung stehen, so kann die digitale Bildverarbeitung

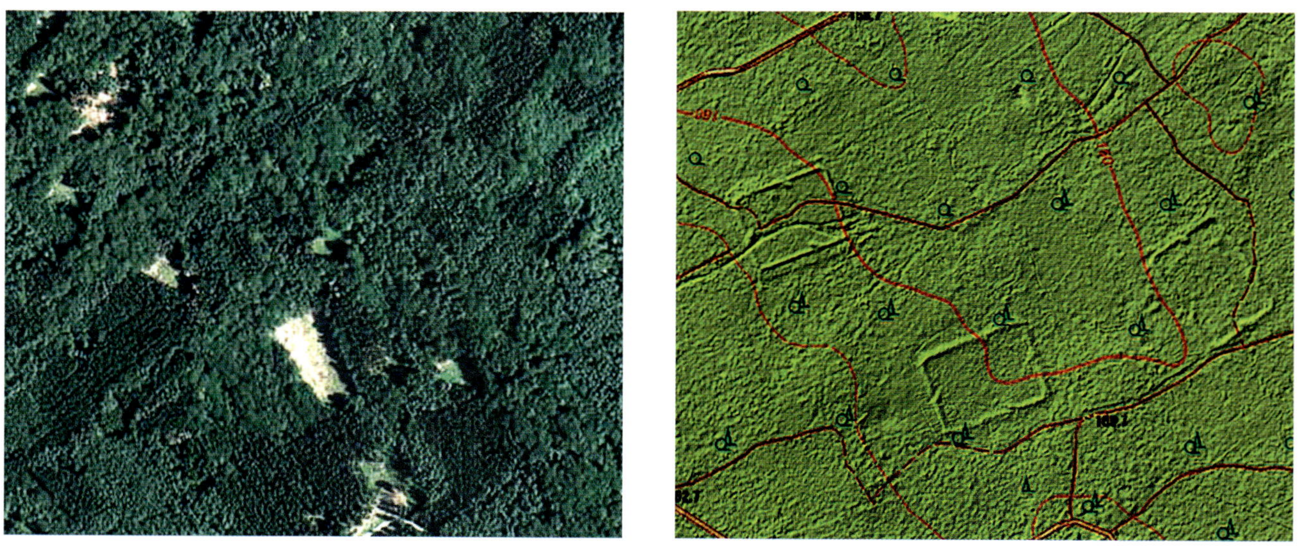

Abb. 106-1 und 2 Bonn-Kottenforst: drei römische Übungslager mittels LiDAR am Waldboden herausgescannt (rechts) und als Farbbild in der Belaubung (links; © Geobasis NRW 2016).

Abb. 107-1–4 Ringwallanlage Dambeck (Streesow / Mecklenburg-Vorpommern) – ALS / LiDAR im Original (links) und das Ergebnisbild nach Histogrammstreckung mit verbesserter Erkennbarkeit und neuen Details (Pos. 2), rechts jeweils die Verteilung der Pixelwerte im Histogramm im „schwachen" Originalbild (rechts oben) und die Streckung der Pixelwerte über den gesamten, verfügbaren Wertebereich (rechts unten, Brandenburg-Viewer – GeoBasis-DE/LGB).

hier zur Verbesserung des Originalbildes genutzt werden. Durch eine Histogrammstreckung (hier in der Größenordnung um den Faktor 10) wird die schmale „Grauwertverteilung" des kontrastschwachen Bildes auf den vollen Wertebereich von 256 Abstufungen gespreizt und somit der Bildkontrast verstärkt. Ausgehend vom flauen Originalbild (links) können die Detailstrukturen der Ringwallanlage von Dambeck signifikant besser voneinander separiert werden. Es tauchen plötzlich „neue", besser erkennbare Linienelemente und Muster auf, die den Betrachter zu neuen Erkenntnissen führen. Neben den beiden zentralen Geometrien (Kreis, Oval) wird u. a. im oberen Bereich des linken Bildrandes ein Rechteck (von 60 x 60 m) sichtbar. Der Streckungsfaktor dieses Beispiels ist repräsentativ für die grundsätzlich recht kontrastarmen Laserbilder. An der Stelle sei angemerkt, dass dieses technische Grundverfahren einer Histogrammstreckung auch auf die Luftbildbeispiele anwendbar ist.

Unter Verwendung der Rohdaten des ALS/DGM lassen sich unterschiedliche Ansichten errechnen, indem man die imaginäre Lichtquellenbestrahlung aus verschiedenen Himmelsrichtungen, auch aus dem Norden, kommen lässt. So werden plötzlich weitere Strukturen sichtbar, die sonst bei parallel zur Beleuchtungsrichtung verlaufenden Objektlinien nicht auffielen, weil kein Schattenwurf vorhanden wäre.

Rechnerisch ein höherer Aufwand und im Allgemeinen unüblich lassen sich die Kombinationen aus (gleichzeitig) mehreren unterschiedlichen Beleuchtungsrichtungen im Ergebnis als sog. Multischummerung (Kombinations-) mit höherem Informations- und Differenzierungsgehalt darstellen. So werden kreisförmige Lineaturen voll dargestellt und es wird vermieden, dass unglücklich orientierte Objektbereiche von der Beleuchtungsquelle „schattenmäßig" nicht erfasst werden. Dieser einseitigen Beleuchtungsproblematik begegnet man bereits auf dem Geoportal.nrw, welches die Geodaten der öffentlichen Hand frei zur Verfügung stellt. Zur Visualisierung der Höheninformation bietet der Viewer die Auswahl bzw. den ausschnittsgleichen Wechsel der Ansicht zwischen Schummerung-NW und Schummerung-NO. Somit können die Geländestrukturen mittels zweier senkrecht zueinanderstehender Schattenwürfe quasi vollständig ausgeleuchtet werden, ohne dass reale Geländeinformation verloren geht.

Das Prinzip des Sky View Factor (SVF) simuliert die Beleuchtung mit diffusem Licht im sichtbaren Anteil des Himmels – welches als eine weitere Möglichkeit zur verbesserten Visualisierung teilweise abgetragener archäologischer Bodenstrukturen darstellt.

5.1.4 ALS im Übergangsbereich zwischen Wald und Wiese

Abbildung 108 zeigt oberhalb des Waldrandes drei nahezu vertikale Trennlinien zwischen den Parzellen der einzelnen Weiden. Diese sind auch im korrespondierenden DGM (Abb. 108 links) wieder zu erkennen. Das Grün der Weideflächen sieht insgesamt recht homogen aus, kann aber nicht die Strukturen wiedergeben, die das DGM im Detail abzubilden vermag. Das bedeutet, dass die lokalen Höhendifferenzen auf der Oberfläche zwar klein, jedoch für den ALS signifikant bleiben. Auffallend ist die Variation des Erhaltungsgrades der einzelnen Seiten des quadratähnlichen Vierecks (von min. 96 m bis max. 105 m Seitenlänge). Der untere Abschluss im Bereich der Waldkante ist gut erkennbar ausgeprägt, ebenso der überwiegende Teil des rechten Randes, obwohl die lineare Struktur hier auf der Grünfläche freiliegt und den landwirtschaftlichen Aktivitäten stärker ausgesetzt ist. Dagegen zeigt das DGM den linken wie auch den oberen Rand schwächer ausgeprägt bis hin zu einem fast vollständig verwaschenen Zustand. Die Übergangsbereiche zwischen den Weiden korrespondieren eindrucksvoll mit den unterschiedlichen Parzellen, an denen unterschiedliche landwirtschaftliche „Nutzungseingriffe" deutlich werden. Dieses Beispiel gehört zum Ort Leiberg bei Bad Wünnenberg im Kreis Paderborn, gelegen im Talauebereich

Abb. 108-1–2 Leiberg bei Bad Wünnenberg, Kreis Paderborn, das digitale Geländemodell offenbart überraschende Details (rechts); und das korrespondierende Senkrechtluftbild – im Übergang vom Wald zur Weide (links, Geobasis NRW 2016).

südlich des Flüsschens Afte. Es ist ein Paradebeispiel dafür, was ALS gegenüber einem Luftbild im Höhenprofil differenziert aufzulösen vermag – vor allem im Übergangsbereich von Wald und Wiese.

5.1.5 Römerlager auf freiem Acker – im Luftbild und im ALS

Das Luftbild in Abbildung 109 wurde 2016 aufgenommen und zeigt Bewuchsmerkmale auf einem Getreidefeld in der Menzeler Heide bei Xanten, unweit der Burg Winnenthal (älteste Wasserburg am Niederrhein) – dort wo bereits 1970 zwischen Winnenthaler Kanal und einer alten linksrheinischen Limesstraße (heute B57) zahlreiche Lager mit abgerundeten römischen Ecken entdeckt wurden. Dem Luftbildausschnitt gegenüber gestellt ist die DGM-Schummerungsdarstellung des ALS.

In Abbildung 109 hebt sich aus verschiedenen interessanten Linienführungen im linken Bereich der dunkle Grabenverlauf eines Viertelkreises (mit Verlängerung nach oben bzw. links) hervor, dieser zeigt – wie bei einer Spielkarte – den abgerundeten Eckbereich eines typischen Römerlagers. Die roten Pfeile markieren das Graben-Pendant des Bewuchsmerkmals, welches breiter ausgewaschen ist. Die schwarzen Pfeile deuten eine leichte Erhöhung an – vom äußeren Graben aus zum Lagerinneren gesehen. Diese steht für den nach innen geworfenen Erdaushub der *pila muralia*.

Wie lassen sich diese unterschiedlichen Breiten interpretieren? Der ALS zeigt die reale Situation an der Erdoberfläche nicht nur in ihrer situativen Breite, sondern auch in ihrem dreidimensionalen Höhenprofil. Die ehemalige (schmalere) Grabenstruktur ist im Laufe der Jahre durch Ackerbau immer mehr verflacht worden, bleibt jedoch in jedem Fall ein erkennbares Zeugnis der Vergangenheit. Das Luftbild zeichnet lediglich eine schmale Breite – so, wie es der Kontrast eines luftbildarchäologischen Vegetationsmerkmals zur „gestressteren" Umgebung (hellere Flächentönungen) hergeben kann. Dort ist das Getreide notgedrungen schon weiter im (Not-)Reifeprozess – das gesättigte Grün der Linie steht für die bedeutend bessere Versorgung mit mehr Feuchtigkeit des verfüllten Grabens, bedingt durch die humose, feinporigere Grabenverfüllung. Diese Breite repräsentiert ungefähr die ursprüngliche Ausdehnung des Grabenwerkes, welche real jedoch etwas größer anzusetzen ist. Extreme Witterungsbedingungen für den Wachs-

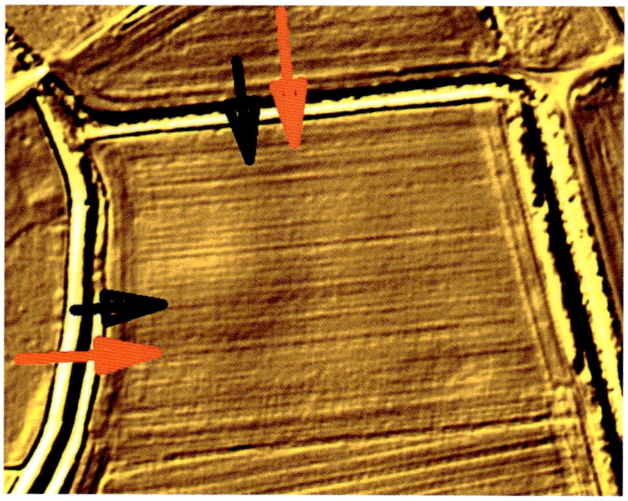

Abb. 109-1 und 2 Menzeler Heide südlich von Xanten mit Bewuchsmerkmalen (oben) und im Airborne-Laser-Höhenprofil (unten, © Geobasis NRW 2016).

tumsprozess des Getreides (mehr Hitze, weniger Regen) würden die Linie entsprechend dünner erscheinen lassen. Erst der Schnitt einer Ausgrabung wird die wahren Maße des Grabens in Breite und Tiefe liefern können.

Dieses Beispiel zeigt zum einen, wie die richtigen Witterungsbedingungen den Graben im zweckfremden Luftbild „auf den Punkt" herausarbeiten können; zum anderen: Selbst wenn ein Acker durch landwirtschaftliche Bearbeitung schon quasi nivelliert zu sein scheint, kann der ALS in der Lage sein, selbst geringste Höhendifferenzen aufzulösen.

5.2 Bildbasierte 3D-Modellierung

Structure from Motion (SfM) gehört zur Technologie photogrammetrischer 3D-Modellierung, auch „bildbasierte 3D-Modellierung" genannt. Sie kann sowohl terrestrisch mit Bodenfotos als auch aus der Vogelperspektive mit Luftbildern erfolgen. Anders als die im Kapitel 4 beschriebenen Einbild- und Stereobildmessungen (anhand von Stereobildpaaren) der klassischen Photogrammetrie kann man die SfM als Mehrbildphotogrammetrie verstehen. SfM ist derzeit nur mit leistungsstarkem Computer – ausgestattet mit entsprechender Hard- und Software – anwendbar. Die teilweise sehr komplexen Berechnungen werden häufig sowohl auf dem Hauptprozessor (CPU) als auch auf dem Grafikprozessor (GPU) ausgeführt.

Während die strenge Photogrammetrie mit teuren, aber sehr präzisen Messkammern arbeiten musste, kann die SfM mit handelsüblichen Digitalkameras operieren und dennoch sehr präzise Ergebnisse liefern. Das Geheimnis liegt darin, dass SfM eigentlich ein mit Computer ausgeführter Prozess ist, in dem aufgrund von korrespondierenden Merkmalen aus einer Anzahl ungeordneter Bilder die räumliche Struktur der Objekte und die Parameter der Kamera automatisch berechnet werden. Das geschieht mit Software unter Verwendung von entsprechenden Algorithmen. Damit es einigermaßen klar ist, was im Hintergrund solcher Berechnung abläuft, werfen wir einen kurzen Blick auf den Bearbeitungsprozess, der sich im Wesentlichen in folgende Arbeitsschritte gliedern lässt:

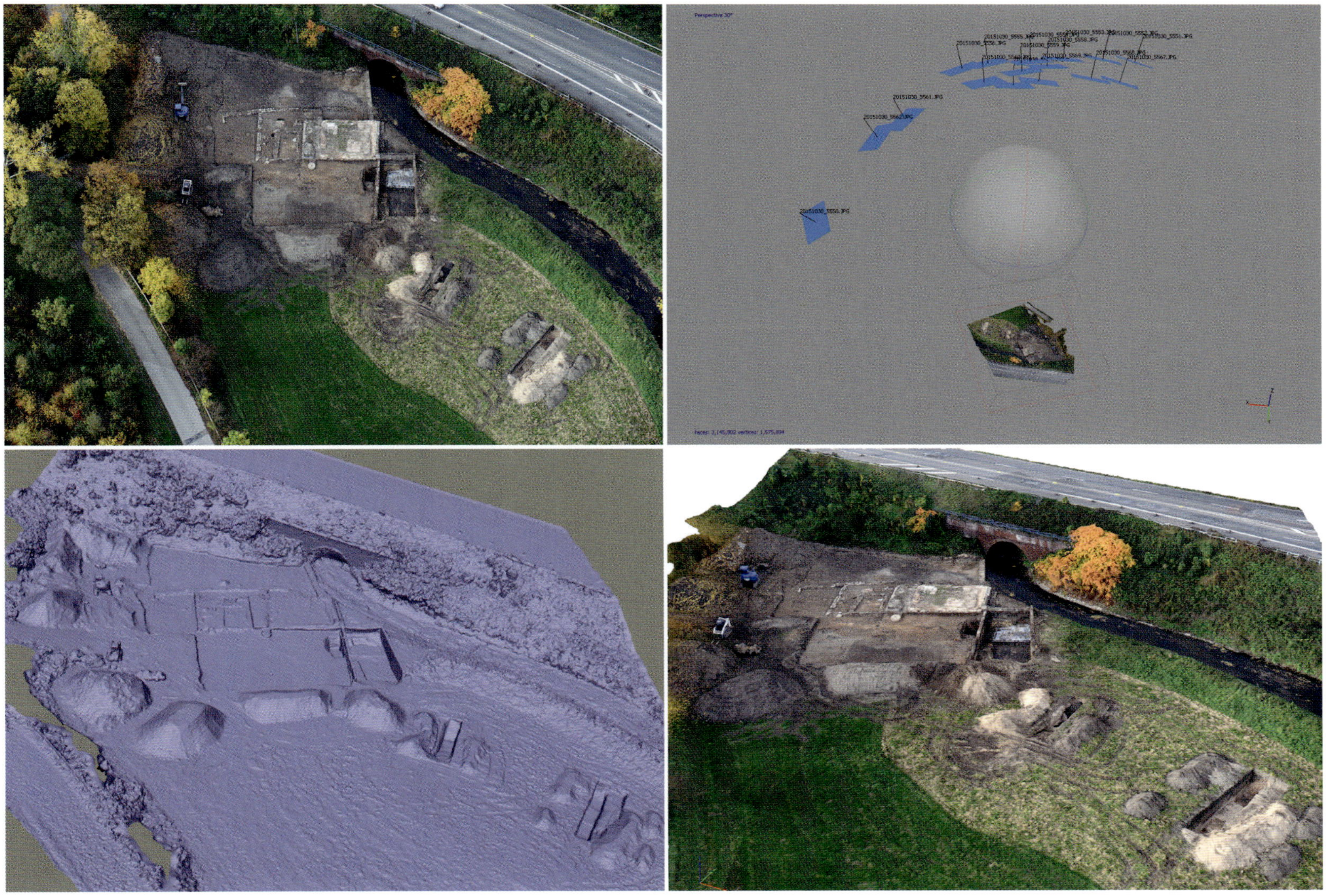

Abb. 110 Luftbild der Ausgrabung in Duisburg-Huckingen (oben links, aufgenommen am 30. 10. 2015 von Baoquan Song). Mittels SfM berechnete Punktwolke mit Kameraposition (oben rechts). Digitales Geländemodell der Grabungsfläche auf der Basis der mittels SfM berechneten Punktwolke (unten links) und 3D-Modell (unten rechts, generiert von Thorsten Rabsilber).

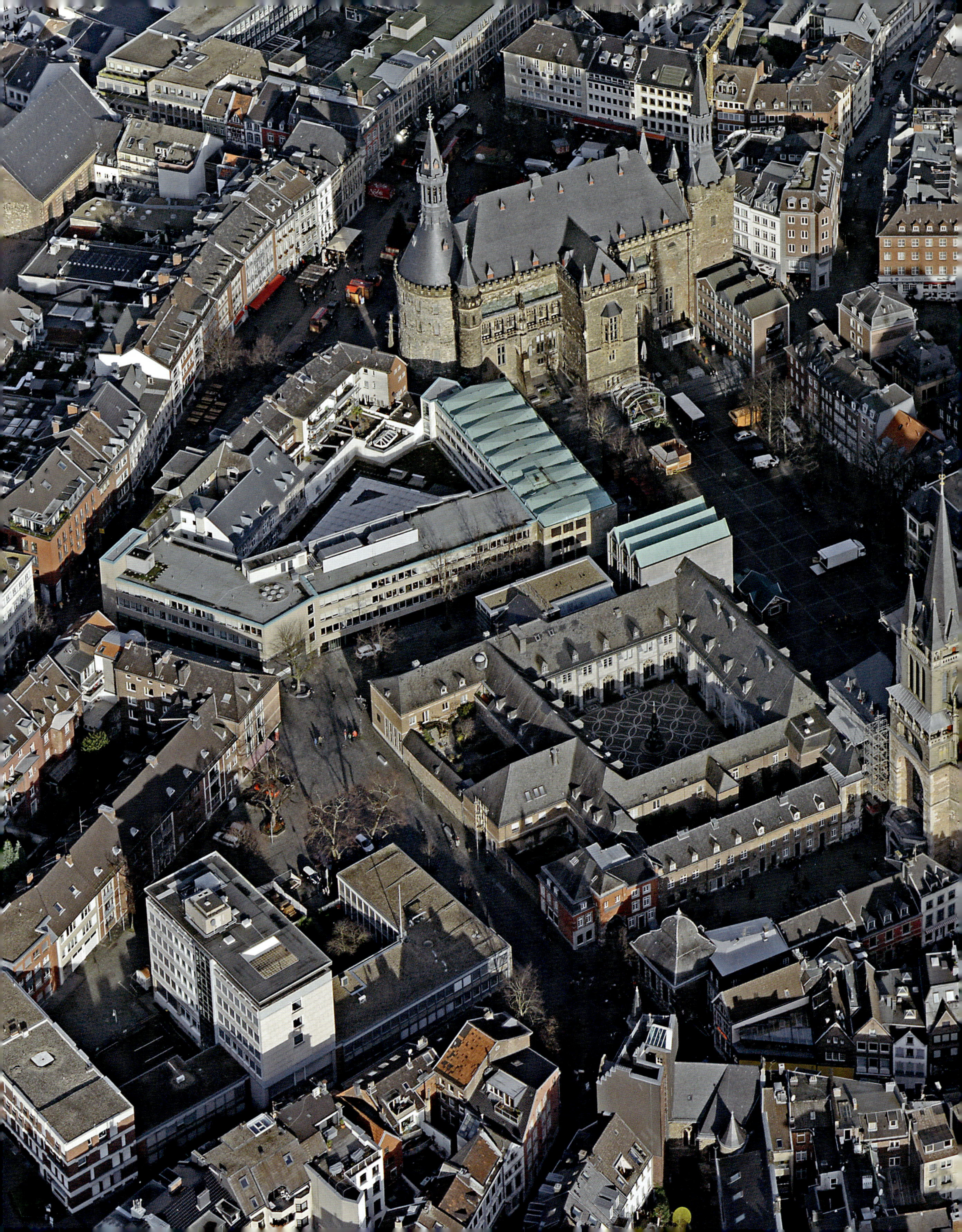

Abb. 111
Luftbild der Altstadt Aachen (aufgenommen am 28. 12. 2015 von Baoquan Song).

- Merkmalsextraktion (feature extraction, key point detection): Zuerst wird die Aufnahmesituation eines Bildverbandes rekonstruiert. Dazu werden die Bildkoordinaten korrespondierender Punkte (identische Objektpunkte in allen beteiligten Bildern), auch Verknüpfungspunkte oder Orientierungspunkte genannt, bestimmt. Mit Algorithmen wie Scale Invariant Feature (SIFT), Speeded Up Robust Feature (SURF) oder Feature from Accelerated Segment Test (FAST) wird automatisch nach lokalen flächenhaften Merkmalen in den Bildern gesucht.
- Zuordnung von Merkmalspunkten (matching): Die automatisch gefundenen, korrespondierenden Merkmalspunkte im Bildverband werden anschließend einander zugeordnet. Dazu werden Methoden wie Random Sample Consensus (RANSAC) oder Fast Library for Approximate Nearest Neighbors (FLANN) entwickelt.
- Bildtriangulation (adjustment): Zunächst werden Lage und Orientierung von zwei Bildern zueinander als ein photogrammetrisches Modell berechnet. Mit Hilfe von Verknüpfungspunkten können weitere Bilder interaktiv zum Bildverband hinzu-

Abb. 112 Voxelgraphik mit Kameraposition und eingefärbten dünnen Volumenpunkten (oben) und Voxelgraphik mit den eingefärbten dichten Volumenpunkten (unten, generiert von Thorsten Rabsilber).

gefügt werden. Das Modell wird dann durch Objektinformationen neu orientiert und skaliert. Durch Nutzung einer Software zur sog. Bündelausgleichung – wie z. B. Bundler – erhält man die Geometrie der Bildszene als dünne Punktwolke mit Kamerapositionen und Orientierungspunkten. Das ist das Ergebnis der eigentlichen SfM.

- Multi-View Stereo (MVS): Zur Verdichtung der dünnen Punktwolke der SfM kann ein MVS-Algorithmus zusätzlich auf die Ausgabedaten von SfM angewandt werden.

Im Rahmen von Forschungsprojekten wurde die Anwendungsmöglichkeit der SfM in einigen praktischen Einsätzen in Zusammenhang mit der Luftbildarchäologie getestet. Alle hier angeführten Beispiele wurden mit der Software Agisoft Photoscan und Capturing Reality erstellt.

Das erste Fallbeispiel stammt von einer Ausgrabung in Duisburg-Huckingen unter der Leitung von Thorsten Rabsilber. Zur Dokumentation der Grabungsbefunde wurde eine Serie von 36 Luftbildern aufgenommen (Abb. 110, oben links). Daraus wurde anhand SfM zunächst eine Punktwolke mit Kameraposition c, oben rechts) erstellt, dann ein Digitales Geländemodell (Abb. 110, unten links). An der Oberfläche des DGMs wurde schließlich die aus Luftbildern entnommene Textur angebracht (Abb. 110, unten rechts). So kann nun das 3D-Modell der Grabungsfläche sowohl senkrecht als auch schräg aus einem beliebigen Blickwinkel von 360° betrachtet werden, während es sich stufenlos skalieren (ein- und auszoomen) lässt.

Häufig wird SfM mit UAV-Bildmaterial aus niedrigen Flughöhen (in der Regel bis 100 m) bearbeitet. Damit werden häufig nur Grabungsflächen oder einzelne Baudenkmäler dokumentiert. Ob bzw. inwiefern auch große Denkmal-Ensembles mit den für die Flugprospektion typischen Schrägbildern in 3D modelliert werden können, wollten wir mit dem historischen Kern der Stadt Aachen herausfinden (Abb. 111). Dafür wurden insgesamt 128 Luftbilder aus verschiedenen Flughöhen und Blickwinkel aufgenommen. Dabei wurde besonders darauf geachtet, tote Winkel in den meist engen Gassen zu vermeiden. Die Originalbilder in der Größe von 7360 x 4912 Pixel (36 Megapixel) mussten heruntergerechnet werden, damit eine Bearbeitung mit der vorhandenen Rechnerausstattung innerhalb einer kurzen, für Testzwecke vertretbare Zeitspanne möglich war.

Die Software Photoscan hat eine graphische Benutzeroberfläche, und die 3D-Modellierung erfolgte in einer Reihe von Arbeitsschritten, die hier anhand des Fallbeispiels Aachen kurz skizziert werden. Sobald Luftbilder importiert worden sind, beginnt das Programm mit der Berechnung der Kameraposition und Orientierungspunkte (Abb. 112 oben). Aus den Kamerapositionen und dem Bildmaterial wird in dem darauffolgenden Schritt die dichte Punktwolke berechnet (Abb. 112 unten). Vor der Generierung der Objektoberfläche kann die Punktwolke mit den Editierwerkzeugen korrigiert und bereinigt werden. Die Modellierung wird durch die Voreinstellung in Bezug auf die gewünschte Geometrie bzw. Höhenraster gesteuert. Das Oberflächennetz kann aus den Orientierungspunkten erstellt werden. Zur Texturierung stellt die Software diverse Modi und Einstellungen wie beispielsweise Generic, Orthophoto, Single Camera etc. zur Verfügung (Abb. 113 oben). Das Modell kann als Orthophoto (Abb. 113 unten) oder in Varianten von der Punktwolke bis hin zur texturierten Oberfläche sowie im Stereomodus bis hin zu „befliegbaren" AR-Modellen präsentiert werden.

Abb. 113
Textur (oben) und das auf DGM basierte Orthophoto (unten, generiert von Thorsten Rabsilber).

6 ARCHÄOLOGISCHES INFORMATIONSSYSTEM (AIS)

Ein Informationssystem bezeichnet ein funktionales System, das Informationen aufnimmt, speichert, verarbeitet und wiedergibt. Dazu bedient man sich der Informationstechnologie (IT), die in erster Linie durch Hard- und Software gekennzeichnet ist. Werden Informationen digitalisiert, so entstehen daraus Daten, die in der Regel mit einer Datenbank bzw. einem Datenbanksystem für eine bestimmte Anwendung verwaltet werden. Ein Informationssystem bzw. Datenbanksystem besteht – im Sinne elektronischer Datenverarbeitung (EDV) – im Wesentlichen aus vier Komponenten: der Hardware, der Software, den Daten und der Anwendung/dem Anwender. Mit der Geoinformatik kommt der Raumbezug hinzu, der für die eindeutige Zuordnung von Geo- und Objektdaten zu einem Ort auf der Erdoberfläche mittels eines Koordinatensystems steht. Man kann ein Geoinformationssystem (GIS) wie ein Datenbanksystem mit Raumbezug verstehen und die Daten können in einem GIS in Form von Vektor- und Rasterdaten sowie Sachdaten (Attributdaten) erfasst und redigiert, gespeichert und reorganisiert, modelliert und analysiert sowie alphanumerisch und graphisch präsentiert werden.

Die Anwendung eines GIS in der Archäologie kann als ein Archäologisches Informationssystem (AIS) bezeichnet werden, das sowohl in der archäologischen Forschung als auch in der Denkmalpflege eingesetzt werden kann. In der Praxis liegt der Schwerpunkt der AIS-Anwendung im Forschungsbereich primär auf der Datenanalyse und -modellierung, während ein AIS im Bereich der Denkmalpflege eher für Verwaltungsfunktionalitäten genutzt wird. Abhängig von Aufgaben und Fragestellungen können wir prinzipiell zwischen einem Forschungs- und einem Verwaltungs-AIS unterscheiden.

Wissenschaftlich erschlossene, archäologische Quellen (Funde und Befunde) haben in der Regel immer einen Raumbezug. Die Verbreitungskarte (Kartierung bestimmter Fundtypen auf einer sog. stummen Karte) ist ein wichtiges und unverzichtbares Instrument, das in der Forschung zur Erfassung von kulturellen Zusammenhängen und Kontakten eine entscheidende Rolle spielt. Möchte man jedoch das interaktive Verhältnis zwischen Menschen und Natur näher untersuchen, so wie es beispielsweise das Forschungskonzept der Landschaftsarchäologie vorsieht, wird es notwendig, Fundstellen im Kontext mit den naturräumlichen Gegebenheiten zu betrachten. Dazu gehören etwa geologische und geographische Faktoren, wobei der Fokus zumeist auf Klima, Bodengüter, Rohstoffressourcen, Gewässer, Flora und Fauna usw. gelegt wird. Eine solche Untersuchung überfordert normalerweise die 2D-Kartierung auf einer gedruckten Karte, was ein GIS für die Verarbeitung solcher komplexen Geo- und Fachdaten unverzichtbar macht.

Hierbei ist zu betonen, dass ein AIS nicht „denken" kann, d. h. der Archäologe als Anwender muss sich zuerst umfassende Gedanken darüber machen, welche Aufgaben mit dem AIS erledigt und welche Abfragen an das AIS gestellt werden sollen, bevor er eine angemessene Datenbankstruktur einrichten kann. Was die Anwendung im Bereich der Luftbildarchäologie betrifft, so kann ein AIS z. B. zum Erfassen, Verarbeiten, Analysieren, Prognostizieren und Präsentieren von Fundstellen angewendet werden. Nachdem die auf analogen Topographischen Karten im Maßstab 1:50.000 aufgezeichneten Fundstellenkartierungen mittels Digitalisierung und Georeferenzierung in das AIS übertragen worden sind, können die mit Hilfe von GPS-Daten neu lokalisierten Befunde fortlaufend mit Vektorgraphiken in Form einer Flächenkartierung erfasst werden. Digitale Orthofotos können hierbei eine nützliche Orientierungshilfe sein, da auch sie einen Raumbezug besitzen und somit gleichzeitig mit den Felddaten im AIS dargestellt werden können. Um aus digitalen Luftbildern Orthofotos zu erstellen und somit die vektorgraphische Kartierung von Befunden zu unterstützen, müssen diese vorab im AIS entzerrt und georeferenziert (orthorektifiziert) werden. Digitale Orthofotos können hierbei eine nützliche Orientierungshilfe sein, da auch sie einen Raumbezug besitzen und somit gleichzeitig mit den Felddaten im AIS dargestellt werden können. Um aus digitalen Luftbildern Orthofotos zu erstellen und somit die vektorgraphische Kartierung von Befunden zu unterstützen, müssen diese vorab im AIS entzerrt und georeferenziert (orthorektifiziert) werden. Nach der Flächenkartierung können dann, bei Bedarf, durch die Ermittlung des Flächenzentrums im AIS automatisch generierte Punktkartierungen erstellt werden. Der Luftbildarchäologe kann die Flächen- bzw. Punktkartierungen mit Hilfe des mobilen AIS und der mit GPS ausgestatteten moving-map-Technik bei der Flugprospektion mit ins Flugzeug nehmen (vgl. Abschnitt 3.4), so dass schon an Bord überprüft werden kann, ob es sich bei den beobachteten Spuren um eine neue oder eine bekannte Fundstelle handelt. Bei einer neuen Fundstelle ist es dann problemlos diese direkt zu dokumentieren bzw. deren Koordinaten in das AIS einzupflegen.

Ein AIS kann darüber hinaus auch in der Luftbildarchäologie zur Prognose potentieller Fundstellen eingesetzt werden. Erfasst man z. B. alle Faktoren für bekannte Siedlungsfundstellen, wie die dort vorherrschenden topologischen Lagebeziehungen zu Gewässern, Bodenarten, Bodengüte, Hangneigung, Rohstoffressourcen usw., so können mittels einer Geoverschneidung potentielle Siedlungsräume bzw. -plätze lokalisiert werden. Bei einer Geoverschneidung wird für jedes einzelne Kriterium ein eigener Datensatz erstellt, um diese im Anschluss logisch so miteinander zu verknüpfen, dass der Ergebnisdatensatz nur diejenigen Flächen anzeigt, in denen alle Bedingungen erfüllt und alle Ausschlusskriterien exkludiert sind. Je mehr entsprechende Daten zur Verfügung stehen, desto treffsicherer kann man eine solche Arbeit durchführen. Darauf aufbauend können die Luftbildauswertung und die Flugprospektion effektiver gestaltet werden. Solche Einsätze bieten gleichzeitig künftig ein äußerst interessantes Feld für maschinelles Lernen.

Die raumbezogene Analyse typgleicher Luftbildbefunde – ergänzt und vervollständigt durch Funde und Befunde, die durch Feldforschung gewonnen worden sind – stellt eine solide Basis für z. B. Aussagen zur Besiedlungs- und Wirtschaftsgeschichte einer Region zu verschiedenen prähistorischen Epochen dar; zieht man hierbei die landschaftsarchäologischen Aspekte heran, so kann eine Reihe von Forschungsthemen zur Kulturlandschaftsgenese behandelt werden. Hierin besteht das größte Potential eines Forschungs-AIS.

Im Folgenden soll das Archäologische Informationssystem vom Niedersächsischen Landesamt für Denkmalpflege (NLD) als ein Beispiel für ein Verwaltungs-AIS vorgestellt werden. Ursprünglich vom Land Baden-Württemberg entwickelt, ist ADABweb (Allgemeine Denkmaldatenbank web-basiert) auch für das Land Niedersachsen ein unverzichtbares Werkzeug der Landesdenkmalpflege geworden. Denkmalmanagement, Inventarisierung, Archivierung, Forschung, Öffentlichkeitsarbeit – für die rund 60.000 bekannten Baudenkmäler und zahlreichen Bodendenkmäler in ähnlicher Größenordnung. Das ADABweb steht für eine Vernetzung von der oberen Landesbehörde NLD hin zu den nachgeordneten Stellen der unteren Denkmalschutzbehörden. Neben den verschiedenen Ressorts der Landesverwaltung bestehen weiterhin Zugriffe für Kommunen, Forschungseinrichtungen und Museen in Niedersachsen. Die Denkmäler sollen zukünftig in einem Digitalen Denkmalatlas teilweise der Öffentlichkeit zugänglich gemacht werden.

ADABweb ist ein webbasiertes Informationssystem mit GIS-Funktionalitäten. Die eine Komponente besteht aus einer Datenbank für die Fachdaten – archäologische Daten oder Daten der Bau- und Kunstgeschichte. Das zweite Modul ist ein GIS, das die denkmalpflegerischen Fachdaten mit den Geodaten des Landes verknüpft.

Technische Komponenten für das ADABweb bilden ein Apache Webserver, ein PostgreSQL sowie PostGIS-Datenbankmanagementsystem (DBMS) und ein Applicationserver. Der Anwender interagiert mit dem System über eine Weboberfläche. Über Abfragen werden Ergebnislisten erzeugt. Dem Anwender stehen zahlreiche Funktionen, wie z. B. Editieren, Berichte erstellen, Kartieren, Bildgalerie, Exportieren usw. zur Verfügung.

Zur räumlichen Visualisierung werden die Objekte, z. B. archäologische Fundstellen, in einem Kartierungsdienst entsprechend ihrer Objektinformationen graphisch aufbereitet und durch den Einsatz von Scalable Vector Graphics (SVG) dargestellt. Es handelt sich bei SVG um ein XML-basiertes 2D-Vektorgrafik-Format, das vom World Wide Web Consortium (W3C) für den Einsatz in Web-Anwendungen entwickelt wurde. Das macht das ADABweb zum Geodaten-Viewer.

Als Kartenhintergrund kann in ADABweb jeder Web Map Service (WMS) eingebunden werden. Topographische Karten stellt über den VKV-Mapserver das Landesamt für Geoinformation und Landesvermessung Niedersachsen (*LGLN*) im Rahmen der Geodateninfrastruktur Niedersachsen (GDI NI) bereit. Diese wiederum ist ein Teil der bundesweiten GDI-DE. Zunächst einmal handelt es sich um Topographische Karten unterschiedlicher Maßstäbe, es können jedoch auch weitere flächenhafte Hintergrundinformationen georeferenziert eingebunden werden, z. B. historische Karten, digitale Orthophotos und plastisch wirkende LiDAR-Daten aus Airborne-Laser-Scans. Das jeweils resultierende Kartenbild wird layermäßig differenziert und zusammengeführt. ADABweb ist offen für weitere Web-Services, z. B. die des Bundesamtes für Kartographie und Geodäsie (BKG) und des Geozentrums Han-

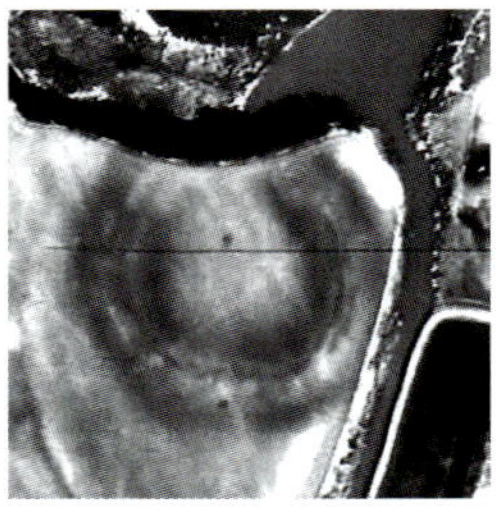

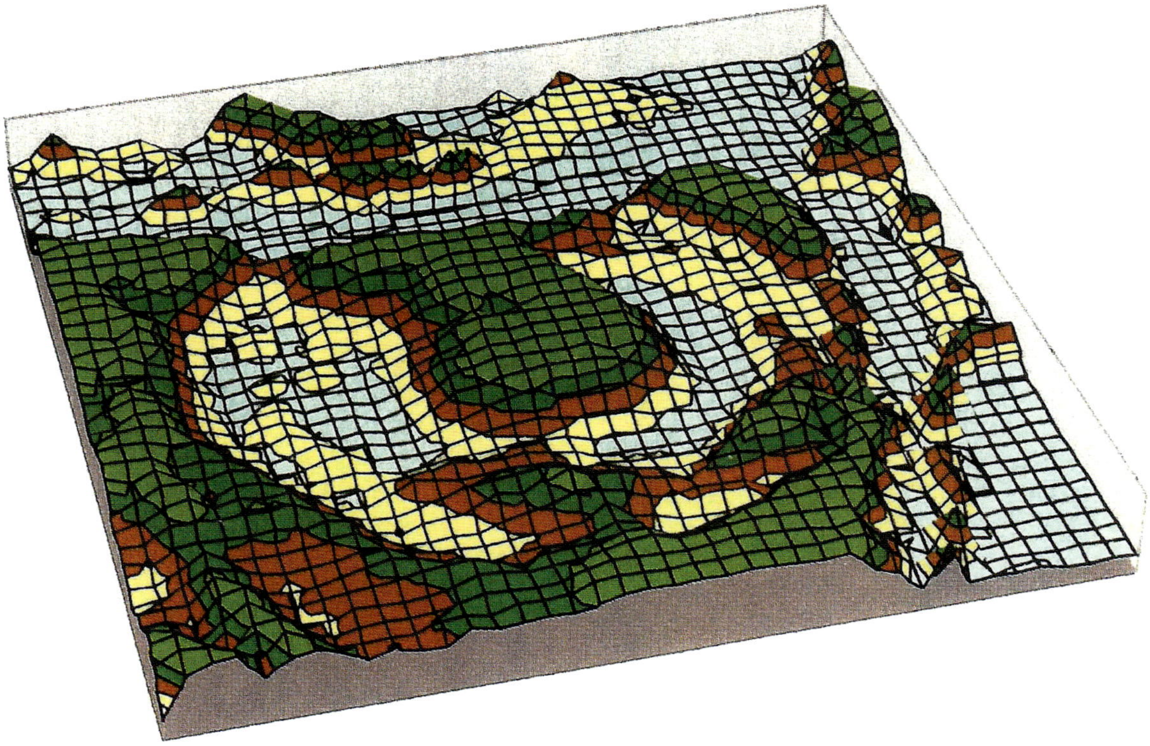

Abb. 114
Original SW-Bildmatrix (2D; links) und EXCEL-generiertes 3D-Oberflächenmodell / Diagramm (rechts, LGLN u. Eckhard Heller).

nover, Landesamt für Bergbau, Energie und Geologie (LBEG). So kann im Geodatenportal eine thematische Kartierung generiert werden, indem der NLD-Datenbestand mit einer ingenieurgeologischen Karte des LBEG geschaltet wird. Neben WMS steht der Web-Feature-Service (WFS) für einen weiteren online-Datenaustauschdienst im Kontext mit Fremdsystemen.

Eine weitergehende Verwaltung von Fachdaten in diesem Archäologischen Informationssystem wird realisiert durch zusätzliche Dokumente wie Bilder, Fotos, Luftbilder, Karten und Pläne, die auf die eindeutige Fundstelle verlinkt sind. Metadaten als strukturierte Beschreibungen von Informationsobjekten sind erforderlich, um all die Dokumentenvielfalt auf der Basis von Objekten und optionalem Raumbezug interoperabel zu ordnen und zu gruppieren. Interaktive Abfragemöglichkeiten auf die Fachdaten und das medienbruchfreie Verschneiden tragen dazu bei, für Analysen die Such- und Recherchemöglichkeiten effizient zu gestalten.

Neben den bildhaften Ansichten stellen die textuellen Beschreibungen der Fundstellenkartei ein zentrales Element der archäologischen Inventarisierung dar. Das digitale Datenblatt hierzu ist der bisher vertrauten analogen Karteikarte angeglichen. Die Fundstelle bzw. das Denkmal ist durch eine Identifikationsnummer eindeutig festgelegt. Beschreibende Sachdaten sind u. a. Objektbezeichnung, Lage, Hinweise zur Ent-

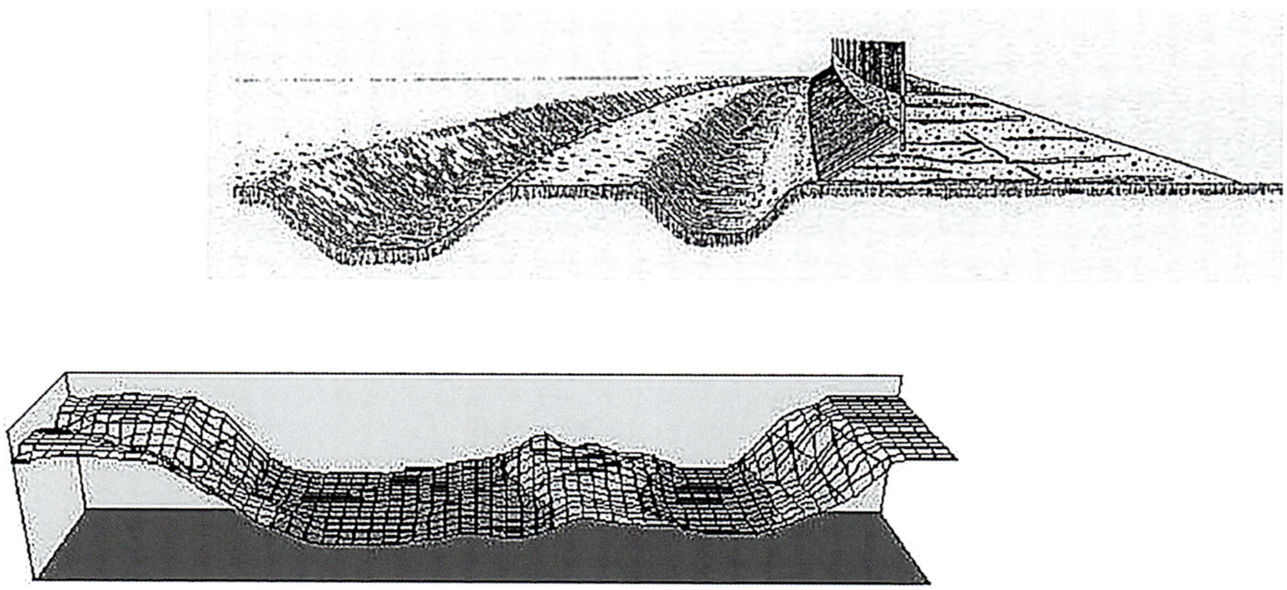

Abb. 115
EXCEL-generiertes Wall-, Grabenprofil – ein archäologischer Grabungsschnitt (Eckhard Heller in AARG-news).

deckung, Datierung, weiteren historischen Bezügen, Literatur und Schriftquellen.

Luftbilder, egal ob es sich um fachspezielle Schrägbilder oder zweckfremde Messbilder handelt, dokumentieren die aus der Vogelperspektive festgehaltenen Merkmale der Luftbildarchäologie, entweder in der Gesamtansicht oder aber durch eine fortlaufende Georeferenzierung von Detailausschnitten. So konnten einzelne Teilausschnitte aneinandergereiht das erste römische Marschlager in der norddeutschen Tiefebene (Wilkenburg bei Hannover) in seiner Gesamtausdehnung bildmosaikartig generieren.

Um an dieser Stelle rückblickend den Bogen aus der archäologischen GIS-Welt (AIS) in die Welt der „zweckfremden" Werkzeuge zu spannen, sei angemerkt, dass Google Earth zwar nicht als GIS, jedoch auch als ein GIS-Dataviewer bezeichnet werden kann, um mit ihm zumindest teilweise Luftbildarchäologie zu „betreiben".

Informationssysteme als professionelles Instrument können archäologischer Forschung durch entsprechende Verschneidungen unterschiedlicher Einflussgrößen helfen und Analyseergebnisse erzielen. Außerhalb dieser Welt ist es jedoch auch möglich, mit einfachen Hilfsmitteln graphisch Visualisierungen für die Interpretation zu generieren – von zweidimensionalen hin zu mehrdimensionalen Darstellungsformen von bildhaften Daten.

Neben den Funktionalitäten eines AIS sei auf die Möglichkeiten von Office-Software/Freeware hingewiesen, mit der aus einem SW-Luftbild (2D) ein Digitales Geländemodell (3D) erzeugt werden kann (Abb. 114).

Mittels eines Tabellenkalkulationsprogrammes dient die importierte ASCII-Bildmatrix dazu, die ursprünglichen Grauton-Pixel in ihre korrespondierenden Ordinalwerte (von 0 bis 255) umzurechnen. Diese repräsentieren quasi die metrischen Höhenwerte und visualisieren pseudo-realistisch ein rekonstruiertes archäologisches Bodendenkmal, um es in seiner Plastizität räumlich weiter analysieren zu können – beispielhaft hier die Lüningsburg bei Neustadt am Rübenberge, eine mittelalterliche Holz-Erde-Ringwallanlage des 9. zum 10. Jahrhundert auf dem Hochufer der Leine in strategischer Positionierung. Weiterführend wurde aus dieser virtuellen Gesamtansicht ein Grabungsprofil herausgeschnitten und der Handzeichnung als Auswertung einer (realen) Grabung validierend gegenübergestellt (Abb. 115).

Anmerkungen

1 Vgl. Wagner 2007; Hauptmann/Pingel 2008; Rosendahl/Madea 2017.
2 Hier sind z. B. die Arbeiten von Helmut Becker, Jörg Fassbinder, Harald Stümpel, Wolfgang Neubauer, Benno Zickgraf, Jörg Leckebusch und Steve Bödecker zu nennen.
3 Kühlborn 1989, 7.
4 Kraus/Schneider 1988, Bd. 1, 7.
5 Vgl. Riley 1987, 58 ff.
6 Vgl. Lyons/Avery 1977; Lyons/Hitchcock 1977.
7 Crawford 1938, 9.
8 Troll 1939, 1-3 (zitiert von Martin 1989, 29).
9 Dassié 1978.
10 Mommsen 1986, 15.
11 Wiegand 1920; Trümpler 2003, bes. 11–14.
12 Crawford/Keiller 1928; Poidebard 1934.
13 Luftbild 1938, 23f.
14 Trümpler 2003, 8, Abb. 1; 10.
15 Deuel 1972, 24 ff.
16 Crawford 1954 und 1955.
17 Rey 1921.
18 Wiegand 1919 und 1920.
19 Schuhhardt 1918.
20 Beazeley 1919 und 1920.
21 Riley 1987, 11.
22 Scollar 1965, 11.
23 Scollar 1965, 4.
24 Crawford 1955, 172.
25 Poidebard 1934.
26 Allen 1984.
27 Gregory/Kennedy 1985.
28 Schmidt 1940.
29 Brimer 1981.
30 Helwing/Song 2008; Kennedy/Bewley 2009.
31 Zu Castell 1938.
32 Die Tochter von W.D. Graf zu Castell hat nach dem Tod ihres Vaters die Originalnegative dem Staatlichen Museum für Völkerkunde (Maximilianstr. 42, 80538 München) vermachtet. 1998 erhielt Baoquan Song den Auftrag, das Bildmaterial im Rahmen eines luftbildarchäologischen Forschungsprojektes aufzuarbeiten. Eine Bilddatenbank wurde daraufhin errichtet und die Bilder inhaltlich und geographisch mit Beschreibungen zugeordnet. Anschließend wurden sämtliche Negative digitalisiert und mit der Bilddatenbank zusammen dem Museum zur Verfügung stellt.
33 Luftbild und Vorgeschichte 1938.
34 Riley 1946.
35 Bradford/William-Hunt 1946; Bradford 1947a, 1947b, 1949, 1950.
36 Alfieri/Arias 1958.
37 Bradford 1957.
38 Caillemer/Chevallier 1954.
39 Baradez 1949.
40 Chevallier 1968.
41 Agache 1964, 1975, 1978; Agache und Bréart 1975; Blanchet/Bréart 2011.
42 Z. B. Stieren 1951.
43 Filtzinger 1967a, 1967b; Zimmermann 1976.
44 Scollar 1963, 1965.
45 Sterz 1976; Krahe 1980, 1981, 1982.
46 Christlein/Braasch 1982; Braasch 1983.
47 Martin 1984; Bérenger/Kühlborn 1987.
48 Ille 1989.
49 Léva/Hus 1975; Léva 1982.
50 Brongers 1964, 1976.
51 Fenster zur Urzeit 1982; Beckel/Harl 1983.
52 Schoder 1974.
53 Bandi 1945; Egloff 1981.
54 Becker 1996.
55 Ebert/Brown 1977; Lyons/Avery 1977; Ebert/Lyons 1980.
56 https://landsat.gsfc.nasa.gov/landsat-8/
57 Wiseman/El-Baz 2007.
58 Li/Pingel 2000.
59 Jacobsen 2004.
60 Weng 2012.
61 Parcak 2009.
62 Borger 1975.
63 Crawford 1938, 9.
64 vgl. Mommsen 1986; Albertz 2007, 10-17.
65 Vgl. Albertz 2007, 9-15.
66 vgl. Kraus/Schneider 1988, 10.
67 Crawford 1938,16.
68 Poidebard 1934; Baradez 1949; Bradford 1957
69 Christlein/Braasch 1982; Braasch 1983; Planck 1994, Schwarz 2003; Braasch 2005
70 Crawford/Keiller 1928; Riley 1946, 1980, 1987; Jones/Evans 1975; Scollar 1965; Martin 1968, 1971, 1984; Christlein/Braasch 1982; Braasch 1983, 2005.
71 Strunk-Lichtenberg 1965.
72 Jones/Evans 1975.
73 Agache 1975.
74 Braasch 1983, 33 ff.
75 Christlein/Braasch 1982, 33 ff.
76 Riley 1987, 30.
77 Deuel 1972, 57.
78 Riley 1987, 30f.
79 Poidebard 1934, 6.
80 Heller 2012.
81 Egloff 1981.
82 Es gibt schon seit längerem entsprechende Untersuchungen, wie beispielsweise Wilson 1975b und Zeitspuren 1993, 96–99.
83 Fröhlich 1997; Schwarz 2003; Aus der Luft 1997.
84 Heller, E. (1999): Luftbildarchäologie – multitemporal und multisensoral, Archäologisches Nachrichtenblatt, Akademie Verlag, 223–232.
85 Deuel, L. (1981): Flug ins Gestern – Das Abenteuer der Luftbildarchäologie, dtv, München.
86 Jensen s. u.
87 Klostius, Jacobsen s. u.
88 Doneus 2013, 210–211.

Literaturverzeichnis

Vorwort

Becker 1996
H. Becker (Hrsg.), Archäologische Prospektion. Luftbildarchäologie und Geophysik. Arbeitshefte des Bayerischen Landesamtes für Denkmalpflege 59 (München 1996).

Bödecker u. a. 2018
St. Bödecker/F. Lüth/L. Berger/E. Rung, „wie eine aus dem Stegreif hingeworfene Stadt" (Flavius Josephus). Erschließung militärischer Raumnutzungskonzepte durch großflächige Magnetometer-Prospektion am Niedergermanischen Limes. In: Das Ganze ist mehr als die Summe seiner Teile. Festschrift für Jürgen Kunow. Materialien zur Bodendenkmalpflege im Rheinland 27 (Bonn 2018) 277–282.

Fassbinder 1994
J. W. E. Faßbinder, Die magnetischen Eigenschaften und die Genese ferrimagnetischer Minerale in Böden im Hinblick auf die magnetische Prospektion archäologischer Bodendenkmäler (Buch am Erlbach 1994).

Fassbinder/Stanjek 1996
J. Faßbinder/H. Stanjek, Magnetische Bodenbakterien und deren Auswirkung auf die Prospektion archäologischer Denkmäler. In: H. Becker (Hrsg.), Archäologische Prospektion. Luftbildarchäologie und Geophysik. Arbeitshefte des Bayerischen Landesamtes für Denkmalpflege 59 (München 1996) 257–260.

Hauptmann/Pingel 2008
A. Hauptmann/V. Pingel (Hrsg.), Archäometrie. Methoden und Anwendungsbeispiele naturwissenschaftlicher Verfahren in der Archäologie (Stuttgart 2008).

Kühlborn 1989
J.-S. Kühlborn, Archäologische Luftbildprospektion. In: Archäologie aus der Luft. Sechs Jahre Luftbildarchäologie in Westfalen (Münster 1989) 7–26.

Leckebusch 2001
J. Leckebusch, Die Anwendung des Bodenradars (GPR) in der archäologischen Prospektion. 3D-Visualisierung und Interpretation. Internationale Archäologie – Naturwissenschaft und Technologie 3 (Rahden/Westf. 2001).

Neubauer 2001
W. Neubauer, Magnetische Prospektion in der Archäologie. Mitteilungen der Prähistorischen Kommission der Österreichischen Akademie der Wissenschaften 44 (Wien 2001).

Posselt/Zickgraf/Dobiat 2007
M. Posselt/B. Zickgraf/C. Dobiat (Hrsg.), Geophysik und Ausgrabung. Einsatz und Auswertung zerstörungsfreier Prospektion in der Archäologie. Internationale Archäologie – Naturwissenschaft und Technologie 6 (Rahden/Westf. 2007).

Rosendahl/Madea 2017
W. Rosendahl/B. Madea (Hrsg.), Tatorte der Vergangenheit. Archäologie und Forensik (Darmstadt 2017).

Von der Osten 2003
H. von der Osten, Geophysikalische Prospektion archäologischer Denkmale unter besonderer Berücksichtigung der kombinierten Anwendung geoelektrischer und geomagnetischer Kartierung, sowie der Verfahren der elektromagnetischen Induktion und des Bodenradars (Aachen 2003).

Wagner 2007
G. A. Wagner (Hrsg.), Einführung in die Archäometrie (Berlin/Heidelberg 2007).

Zickgraf 1999
B. Zickgraf, Geomagnetische und geoelektrische Prospektion in der Archäologie. Internationale Archäologie – Naturwissenschaft und Technologie 2 (Rahden/Westf. 1999).

Kapitel 1: Einleitung

Agache 1964
R. Agache, Aerial reconnaissance in Picardy. Antiquity 38, 1964, 113–119.

Agache 1975
R. Agache, Aerial Reconnaissance in Northern France. In: D.R. Wilson (ed.), Aerial Reconnaissance for Archaeology. C.B.A. Research Report 12 (London 1975) 70–80.

Agache 1978
R. Agache, La Somme pré-romaine et romaine. Société des Antiquarires de Picardie (Amiens 1978).

Agache/Bréart 1975
R. Agache/B. Bréart, Atlas d'archéologie aérinne de Picardie. Société des Antiquaires de Picardie (Amiens 1975).

Alfieri/Arias 1958
N. Alfieri/P. E. Arias, Spina. Die neuentdeckte Etruskerstadt und die griechischen Vasen ihrer Gräber (München 1958).

Allen 1984
G. Allen, Discovery from the Air. Aerial Archaeology 10, 1984.

Archäologie 1989
Archäologie aus der Luft. Sechs Jahre Luftbildarchäologie in Westfalen, Methoden – Ergebnisse – Perspektiven (Münster 1989).

Aus der Luft 1997
Aus der Luft. Bilder unserer Geschichte. Luftbildarchäologie in Zentraleuropa (Dresden 1997).

Bandi 1945
H.-G. Bandi, Erfahrungen der Vermittlungsstelle für Fliegeraufnahmen. Ur-Schweiz 9, 1945, Nr. 3.

Baradez 1949
J. Baradez, Vue aérienne de l' organisation romaine dans le Sud-Algérien: fossatum Africae (Paris 1949).

Beazeley 1919
G. A. Beazeley, Air Photography in Archaeology. The geographical Journal 53, 1919, 330 ff.

Beazeley 1920
G. A. Beazeley, Surveys in Mesopotamia during the war. The geographical Journal 55, 1920, 109 ff.

Beckel/Harl 1983
L. Beckel/O. Harl, Archäologie in Österreich: Flugbilder, Fundstätten, Wanderungen (Salzburg/Wien 1983).

Becker 1996
H. Becker (Hrsg.), Archäologische Prospektion. Luftbildarchäologie und Geophysik. Arbeitshefte des Bayerischen Landesamtes für Denkmalpflege 59 (München 1996).

Bérenger/Kühlborn 1987
D. Bérenger/J.-S. Kühlborn, Zum Beginn der systematischen Luftbildprospektion in Westfalen in den Jahren 1983–1984. Ausgrabungen und Funde in Westfalen-Lippe 4, 1986 (1987) 167–178.

Bewley 1997
R. H. Bewley, From military to civilian: A brief history of the early development of aerial photography for archaeology, in: J. Oexle (Hrsg.), Aus der Luft – Bilder unserer Geschichte (Dresden 1997) 10–21.

Blanchet/Bréart 2011
J.-C. Blanchet/B. Bréart, Roger Agache (1926–2011), Revue archéologique de Picardie, n°3–4, 2011, 5–20.
Borger 1975
H. Borger, Archäologie ist eine leidenschaftslose Leidenschaft. Das neue Bild der alten Welt. Kölner Römer-Illustrierte, 2/1975, 2 ff.
Braasch 1982
O. Braasch, Unter Crawfords Zellenfenster. Die amtliche Luftbildarchäologie in Bayern, in: Ch. Léva (Hrsg.), Luftbild und geophysikalische Prospektion in der Archäologie, Beiträge des internationalen Symposium Brüssel 8-XII-1979. C.I.R.A.-I.C.L. (Brüssel 1982) 51 ff.
Braasch 1983
O. Braasch, Luftbildarchäologie in Süddeutschland. Spuren aus römischer Zeit (Aalen 1983).
Braasch 1995
O. Braasch, 50 Jahre verloren, in: J. Kunow (Hrsg.), Luftbildarchäologie in Ost- und Mitteleuropa/Aerial Archaeology in Eastern and Central Europa. Internationales Symposium 26.–30. September 1994, Kleinmachnow, Land Brandenburg. Forsch. Arch. Land Brandenburg 3 (Potsdam 1995) 109–122.
Braasch 1997
O. Braasch, Bemerkungen zur archäologischen Flugprospektion in West und Ost. In: J. Oexle (Hrsg.), Aus der Luft – Bilder unserer Geschichte (Dresden 1997) 28–37.
Bradford/Williams-Hunt 1946
J. S. P. Bradford/P. Williams-Hunt, Siticulosa Apulia. Antiquity 20 (1946) 191–200.
Bradford 1947a
J. S. P. Bradford, Etruria from the Air. Antiquity 21 (1947) 74–83, Plate I–III.
Bradford 1947b
J. S. P. Bradford, A Technique for the Study of Centuriation. Anitquity 21 (1947) 197– 204, Plate V–VI.
Bradford 1949
J. S. P. Bradford, "Buried Landscapes" in Southern Italy. Antiquity 23 (1949) 58–72.
Bradford 1950
J. S. P. Bradford, The Apulia Expedition: An Interim Report. Antiquity 24 (1950) 84–95.
Bradford 1957
J. S. P. Bradford, Ancient Landscapes: Studies in field archaeology (London 1957).
Brimer 1981
B. Brimer, Shivta – an aerial photographic interpretation. Israel Exploration Journal, 31, 1981, 227 ff.
Brongers 1964
J. A. Brongers, Photo-Archaeology in Holland. In: Colloque international d'Archéologie aérienne (Paris 1964) 141–XX.
Brongers 1976
J. A. Brongers, Air Photography and celtic Field Research in the Netherlands. Nederlandes Oudheden 6 (Amersfoort 1976).
Caillemer/Chevallier 1954
A. Caillemer/R. Chevallier, Atlas des centurations romaines de Tunisie (Paris 1954).
Castell 1938
W. D. Graf zu Castell, Chinaflug (Berlin/Zürich 1938).
Chevallier 1968
E. R. Chevallier, La photo-interprétation archéologique. Bibliographie des applications de la photo-interprétation à l'archéologie. Photo-interprétation, 5. année, 1966-1 (1968) 43 ff.
Christlein/Braasch 1982
R. Christlein/O. Braasch, Das unterirdische Bayern: 7000 Jahre Geschichte und Archäologie im Luftbild (Stuttgart 1982).
Crawford/Keiller 1928
O. G. S. Crawford/A. Keiller, Wessex from the Air (Oxford 1928).
Crawford 1938
Luftbildaufnahmen von archäologischen Bodendenkmälern in England. In: Luftbild und Vorgeschichte. Luftbild und Luftbildmessung Nr. 16 (Berlin 1938) 9–18.
Crawford 1954
O. G. S. Crawford, A Century of Air photography. Antiquity 28, 1954, 206–210.
Crawford 1955
O. G. S. Crawford, Said and Done. The Autobiography of an Archaeologist (London 1955).
Dassié 1978
J. Dassié, Manuel d'Archéologie aérienne (Paris 1978).
Deuel 1972
L. Deuel, Flug ins Gestern. Geschichte der Luftarchäologie (Rüschlikon-Zürich/Stuttgart/Wien 1972).
Ebert/Brown 1977
J. I. Ebert/ G. N. Brown, Ecologic/Cover-Type Mapping for Purposes of Cultural Resources Sampling in NPRA (Albuquerque 1977).
Ebert/Lyons 1980
J. I. Ebert/T. R. Lyons, Prehistoric irrigation canals identified form Skylab III and Landsat imagery in Phoenix Arizona, in: T. R. Lyons/F. J. Mathien (Hrsg.), Cultural Resources Remote Sensing (Washington D.C. 1980) 209 ff.
Egloff 1981
M. Egloff, Versunkene Dörfer der Urnenfelderzeit im Neuenburger See: Forschungen der Luftbildarchäologie. Archäologisches Korrespondenzblatt 11, 1981, 55–63, Taf. 2–22.
Fenster zur Urzeit 1982
Fenster zur Urzeit. Luftbildarchäologie in Niederösterreich. Katalog des Niederösterreichischen Landesmuseums N.F. 177 (Asparn 1982).
Filtzinger 1967a
Ph. Filtzinger, Wehranlagen am Donaulimes in Baden-Württemberg im Luftbild. Fundberichte aus Schwaben NF. 18/1, 1967, 106–112, Taf. 1–28.
Filtzinger 1967b
Ph. Filtzinger, Kastell Hüfingen im Luftbild. Badische Fundberichte 23, 1967, 107–110, Taf. 50–64.
Fröhlich 1997
S. Fröhlich, Luftbildarchäologie in Sachsen-Anhalt. Spuren aus der Luft (Halle an der Saale 1997).
Goguey/Cordier 2015
R. Goguey/A. Cordier, Photographie Aérienne et Archéolgie. Une Aventure sur les traces de l'humanité (Gollion 2015).
Graf zu Castell 1938
W. D. Graf zu Castell, Chinaflug (Berlin/Zürich 1938).
Gregory/Kennedy 1985
S. Gregory/D. L. kennedy, Sir Aurel Stein's Limes Report. British Arch. Repts. International Series 272 (Oxford 1985).
Helwing/Song 2008
B. Helwing/Baoquan Song, Archäologische Flugprospektion im Süd-Iran, in: Th. Stöllner (Hrsg.), Streifzüge durch Persien – 5500 Jahre Geschichte in Ton. Veröffentlichungen aus dem Deutschen Bergbau-Museum Bochum 160 (Bochum 2008) 13–44.

ILLE 1989
Ph. Ille, Ein Jahr Luftbildarchäologie in Hessen. Denkmalpflege in Hessen, 1/1989, 7–10.
JACOBSEN 2004
K. Jacobsen, Use of Very High Resolution Satellite Imagery [https://www.ipi.uni-hannover.de/uploads/tx_tkpublikationen/jac_warschau_05.pdf].
JENSEN 2016
R. J. John, Introductory digital image processing. Pearson Series in Geographic Information Science (London/New York 2016).
JULIAN 2017
S. Julian, Découverte Microsatellites à tout faire, l'express, August 2017, France, 76–79.
KENNEDY/BEWLEY 2009
Aerial archaeology in Jordan. Antiquity 83, 2009, 69–81.
KLOSTIUS/KOSTKA/ SULZER 1994
W. Klostius/R. Kostka/W. Sulzer, Das KFA-3000 Bild als kostengünstige Datenquelle bei Aufgaben der regionalen Planung; Österreichische Zeitschrift für Vermessung und Geoinformation, Bd. 82, Nr. 3, 213–219.
KRAHE 1980
G. Krahe, Luftbildarchäologie mit dem Motorsegler. Jahresbericht der bayerischen Bodendenkmalpflege 21, 1980, 17–25.
KRAHE 1981
G. Krahe, Späthallstattzeitliche Kreisgräben ohne Hügel von Königsbrunn und Oberpeiching, Schwaben. Das archäologische Jahr in Bayern 1980 (1981) 96f.
KRAHE 1982
G. Krahe, Archaéologie aérienne en motoplaneur, in : Ch. Léva (Hrsg.), Photographie aérienne et prospection géophysique en archaéologie C.I.R.A. (Brussel 1982) 197–210.
KRAUS/SCHNEIDER 1988
K. Kraus/W. Schneider, Fernerkundung. Bd. 1: Physikalische Grundlagen und Aufnahmetechniken (Bonn 1988).
KÜHLBORN 1989
J-S. Kühlborn, Archäologische Luftbildprospektion in Westfalen, in: Archäologie aus der Luft. Sechs Jahre Luftbildarchäologie in Westfalen, Methoden – Ergebnisse – Perspektiven (Münster 1989) 7–26.
KUNOW 1995
J. Kunow (Hrsg.), Luftbildarchäologie in Ost- und Mitteleuropa/Aerial Archaeology in Eastern and Central Europa. Internationales Symposium 26.–30. September 1994, Kleinmachnow, Land Brandenburg. Forsch. Arch. Land Brandenburg 3 (Potsdam 1995).
LASAPONARA ET AL. 2012
R. Lasaponara et al., Integration of aerial and satellite remote sensing for archaeological investigations: a case study of the Etruscan site of San Giovenale, Sinopec Geophysical Research Institute, Journal of Geophysics and Engineering 2012, 9(4), 26–39.
LÉVA/HUS 1975
Ch. Léva/J. J. Hus, Recent archaeological discoveries in Belgium by lowlevel aerial photography and geophisical survey, in: D. R. Wilson (Hrsg.), Aerial Reconnaissance for Archaeology. C.B.A. Research Report 12 (London 1975) 81–98.
LÉVA 1982
Ch. Léva, Recherches d'archéologie aérienne en Belgique, in: Ch. Léva (Hrsg.), Photographie aérienne et prospection géophysique en archéologie C.I.R.A. (Brüssel 1982) 229ff.
LI/PINGEL 2000
Ch.-R. Li/V. Pingel (Hrsg.) The archaeological Aerial Photo-Atlas of Linzi, China (Jinan 2000).
LOWMAN 1968
P. D. Lowman, Space Panorama (Feldmeilen/Zürich 1968).
LUFTBILD UND VORGESCHICHTE 1938
Luftbild und Vorgeschichte. Luftbild und Luftbildmessung Nr. 16 (Berlin 1938).
LYONS/AVERY 1977
T. R. Lyons/T. E. Avery, Remote Sensing: A Handbook for Archeologists and Cultural Resource managers (Washington D.C. 1977).
LYONS/HITCHCOCK 1977
T. R. Lyons/R. K. Hitchcock (Hrsg.), Aerial Remote Sensing Techniques in Archeology (Albuquerque 1977).
DE CASTRO 2014
G. D. de Castro et al., Recintos de Fosos Calcolíticos del Valle Medio del Duero. Arquelogía Aérea y Espacial (Valladolid 2014).
MARTIN 1989
A.-M. Martin, Luftbildmethodik und archäologische Geländeaufnahme in Bayern. Inaugural-Dissertation, Fakultät für Geowissenschaften, Ludwig-Maximilian-Universität München (Manuskript).
MOMMSEN 1986
H. Mommsen, Archäometrie. Neuere naturwissenschaftliche Methoden und Erfolge in der Archäologie (Stuttgart 1986).
POIDEBARD 1934
A. Poidebard, La trace de Rome dans le désert de Syrie. Le limes de Trajan à la conquete arabe. Recherches aériennes (1925/1932) (Paris 1934).
PARCAK 2009
S. Parcak, Satellite Remote Sensing for Archaeology (London 2009).
PROST 2014
G. L. Prost, Remote Sensing for Geoscientists, image analysis and integration (Abingdon 2014).
REY 1921
L. Rey, Observations sur les premiers habitats de la Macedoine. Recueillies par le Service Archéologique de l'Armée d'Orient 1916–1919. Bulletin de correspondance hellenique 41, 42, 43 (Paris 1921).
RIECHE 1978
A. Rieche (Hrsg.), Das antike Italien aus der Luft (Gladbach 1978).
RILEY 1946
D. N. Riley, The technique of air-archaeology. Arch. Journal 101, 1946, 1ff.
RILEY 1987
D. N. Riley, Air photography and archaeology (London 1987).
SCHUHHARDT 1918
C. Schuhhardt, Die sogenannten Trajanswälle in der Dobrudscha. Abhandlungen der Preuß. Akademie der Wissenschaften 1918, Phil.-Hist. Klasse, Nr. 12.
SCHMIDT 1940
F. F. Schmidt, Flights over Ancient Cities of Iran (Chicago 1940).
SCHWARZ 2003
R. Schwarz, Pilotstudien. 12 Jahre Luftbildarchäologie in Sachsen-Anhalt (Halle an der Saale 2003).
SCOLLAR 1963
I. Scollar, Einige Ergebnisse der archäologischen Luftbildforschung im Rheinland während des Jahres 1962. Bonner Jahrbücher 163 (1963) 305–310, Taf. 24–42.
SCOLLAR 1965
I. Scollar, Archäologie aus der Luft. Arbeitsergebnisse der Flugjahre 1960 und 1961 im Rheinland. Schriften des Rheinischen Landesmuseums Bonn 1 (Bonn 1965).

SCHODER 1974
R. V. Schoder, Ancient Greece from the Air (London 1974).
STERZ 1976
H. Sterz, Motorsegler-Archäologie. Segelverein im Dienst der Heimatforschung (Weißenburg 1976).
STIEREN 1951
A. Stieren, Englische Luftaufnahmen in Nordwestdeutschland und römische Forschung. Germania 29, H. 1/2, 1951, 72–75.
TROLL 1939
C. Troll, Luftbildplan und ökologische Bodenforschung. Zeitschrift der Gesellschaft für Erdkunde zu Berlin, 1939, 7/8, 241–298.
TRÜMPLER 2003
Ch. Trümpler (Hrsg.), Flug in die Vergangenheit. Archäologische Stätten in Flugbildern von Georg Gerster (München 2003).
WENG 2012
Q. H. Weng, An Introduction to Contemporary Remote Sensing (New York 2012).
WIEGAND 1919
Th. Wiegand, Denkmalschutz und kunstwissenschaftliche Arbeit während des Weltkrieges in Syrien, Palästina und Westarabien, in: P. Clemen (Hrsg.), Kunstschutz im Kriege (Leipzig 1919) 174 ff.
WIEGAND 1920
Th. Wiegand, Sinai. Wissenschaftliche Veröffentlichungen des Deutsch-Türkischen Denkmalschutzkommandos 1 (Berlin-Leipzig 1929).
WISEMAN/EL-BAZ 2007
J. Wiseman/F. El-Baz (Hrsg.), Remote Sensing in Archaeology. Interdisciplinary Contributions to Archaeology (Berlin 2007).
ZIMMERMANN 1976
W. H. Zimmermann, Die Eisenzeitlichen Ackerfluren – Typ „Celtic field" – von Flögeln-Haselhörn, Kr. Wesermünde. Probleme der Küstenforschung im südlichen Nordseegebiet 11, 1976, 79–90, Taf. 1–2.

Kapitel 2 Methoden

AGACHE 1975
R. Agache, Aerial Reconnaissance in Northern France, in: D.R. Wilson (Hrsg.), Aerial Reconnaissance for Archaeology. C.B.A. Research Report 12 (London 1975) 70–80.
ALBERTZ 2007
J. Albertz, Einführung in die Fernerkundung. Grundlagen der Interpretation von Luft- und Satellitenbildern3 (Darmstadt 2007).
ARCHÄOLOGIE AUS DER LUFT 1989.
Archäologie aus der Luft Sechs Jahre Luftbildarchäologie in Westfalen, Methoden – Ergebnisse – Perspektiven (Münster 1989).
BARADEZ 1949
J. Baradez, Vue aérienne de l' organisation romaine dans le Sud-Algérien: fossatum Africae (Paris 1949).
BÖDECKER/SONG/HELD 2017
St. Bödecker/B. Song/S. Held, Alpen-Drüpt. Ein neues Auxiliarkastell am niedergermanischen Limes. Der Limes 11/2017, Heft 2, 8–11.
BRAASCH 1983
O. Braasch, Luftbildarchäologie in Süddeutschland. Spuren aus römischer Zeit (Aalen 1983).
BRAASCH 2005
O. Braasch, Vom heiteren Himmel ... Luftbildarchäologie. Porträt Archäologie 1 (Esslingen 2005).
BROPHY/COWLEY 2005
K. Brophy/D. Cowley, From the Air. Understanding aerial Archaeology (Gloucestershire 2005).
CHRISTLEIN/BRAASCH 1982
R. Christlein/O. Braasch, Das unterirdische Bayern: 7000 Jahre Geschichte und Archäologie im Luftbild (Stuttgart 1982).
CRAWFORD/KEILLER 1928
O. G. S. Crawford/A. Keiller, Wessex from the Air (Oxford 1928).
DASSIÉ 1978
J. Dassié, Manuel d'Archéologie aérienne (Paris 1978).
EGLOFF 1981
M. Egloff, Versunkene Dörfer der Urnenfelderzeit im Neuenburger See: Forschungen der Luftbildarchäologie. Archäologisches Korrespondenzblatt 11, 1981, 55–63, Taf. 8–22.
HELLER 2012
E. Heller, Archäologische Waldinspektion durch den Blick von oben – Das Kronenwerk des Waldes als Indikator für verborgene 3D-Strukturen am Waldboden? VDV-magazin 2/2012, 116–122.
JONES/EVANS 1975
R. J. A. Jones/R. Evans, Soil and crop marks in the recognition of archaeological sites by air photography, in: D. R. Wilson (Hrsg.), Aerial Reconnaissance for Archaeology. C.B.A. Research Report 12 (London 1975) 1–11.
LÉVA 1982
Ch. Léva (Hrsg.), Photographie aérienne et prospection géophysique en archéologie C.I.R.A. (Brussel 1982).
MARTIN 1968
A.-M. Martin, Luftbildarchäologie in der modernen Forschung. Bildmessung und Luftbildwesen 38, 1968, 178 ff.
MARTIN 1971
A.-M. Martin, Das Luftbild in der Archäologie. Archeologicke Rozhledy 23, 1971, 80–90.
MARTIN 1984
A.-M. Martin, Luftbild-Archäologie in Westfalen 1983. Archäologische Informationen 7, 1984, Heft 1, 43–49.
MOMMSEN 1986
H. Mommsen, Archäometrie. Neuere naturwissenschaftliche Methoden und Erfolge in der Archäologie (Stuttgart 1986).
PLANCK 1994
D. Planck, Unterirdisches Baden-Württemberg. 250 000 Jahre Geschichte und Archäologie im Luftbild (Stuttgart 1994).
POIDEBARD 1934
A. Poidebard, La trace de Rome dans le désert de Syrie. Le limes de Trajan à la conquete arabe. Recherches aériennes (1925/1932) (Paris 1934).
RILEY 1946
D. N. Riley, The technique of air-archaeology. Arch. Journal 101, 1946, 1 ff.
RILEY 1980
D. N. Riley, Early Landscape from the Air. Studies of crop marks in south Yorkshire and north Nottinghamshire (Sheffield 1980).
RILEY 1987
D. N. Riley, Air photography and archaeology (London 1987).
SCOLLAR 1965
I. Scollar, Archäologie aus der Luft. Arbeitsergebnisse der Flugjahre 1960 und 1961 im Rheinland. Schriften des Rheinischen Landesmuseums Bonn 1 (Bonn 1965).

SONG 2008
B. Song, Luftbildarchäologie – Methoden und Anwendungen, in: A. Hauptmann/V. Pingel, Archäologie. Methoden und Anwendungsbeispiele (Stuttgart 2008) 203–220.
STRUNK-LICHTENBERG 1965
G. Strunk-Lichtenberg, Bodenkundliche Untersuchungen an archäologischen Objekten, die durch Luftbildaufnahmen entdeckt wurden, in: Archaeo-Physika. Technische und naturwissenschaftliche Beiträge zur Feldarchäologie. Beihefte der Bonner Jahrbücher 15 (Köln 1965) 175–202.
VOGT 1974
E. Z. Vogt (Hrsg.), Aerial Photography in Anthropological Field Research (Cambridge of Massachusetts 1974).
WHIMSTER 1989
R. Whimster, The Emerging Past. Air Photography and the Buried Landscape (London 1989).
WILSON 1975A
D. R. Wilson (Hrsg.), Aerial Reconnaissance for Archaeology. C.B.A. Research Report 12 (London 1975).
WILSON 1975B
D. R. Wilson, Some pitfalls in the interpretation of air photographs, in: D. R. Wilson (Hrsg.), Aerial Reconnaissance for Archaeology. C.B.A. Research Report 12 (London 1975) 59–69.
ZEITSPUREN 1993
Zeitspuren. Luftbildarchäologie in Hessen (Wiesbaden 1993).

Kapitel 3 Flugprospektion

AUS DER LUFT 1997
Aus der Luft. Bilder unserer Geschichte. Luftbildarchäologie in Zentraleuropa (Dresden 1997).
AVERY/LYONS 1981
Remote Sensing. Aerial and terrestrial Photography for Archeologists (Washington D.C. 1981).
BEVAN 1975
B. W. Bevan, Aerial Photography for the Archaeologist. A Report from the Museum Applied Science Center of Archaeology (Pennsylvania 1975).
BRAASCH 1983
O. Braasch, Luftbildarchäologie in Süddeutschland. Spuren aus römischer Zeit (Aalen 1983).
BRAASCH 2005
O. Braasch, Vom heiteren Himmel ... Luftbildarchäologie. Porträt Archäologie 1 (Esslingen 2005).
CRAWSHAW 1994
A. Crawshaw, Oblique Aerial Photography – Aircraft, Cameras and Films, in: J. Kunow (Hrsg.), Luftbildarchäologie in Ost- und Mitteleuropa/Aerial Archaeology in Eastern and Central Europa. Internationales Symposium 26.–30. September 1994, Kleinmachnow, Land Brandenburg. Forsch. Arch. Land Brandenburg 3 (Potsdam 1995) 67–76.
FRÖHLICH 1997
S. Fröhlich, Luftbildarchäologie in Sachsen-Anhalt. Spuren aus der Luft (Halle an der Saale 1997).
KUNOW 1994
J. Kunow (Hrsg.), Luftbildarchäologie in Ost- und Mitteleuropa/Aerial Archaeology in Eastern and Central Europa. Internationales Symposium 26.–30. September 1994, Kleinmachnow, Land Brandenburg. Forsch. Arch. Land Brandenburg 3 (Potsdam 1995).
SCHWARZ 2003
R. Schwarz, Pilotstudien. 12 Jahre Luftbildarchäologie in Sachsen-Anhalt (Halle an der Saale 2003).
SONG/SHAO 2000
B. Song/X. Shao, Yaogan kaogu xue/Remote Sensing in Archaeology (Zhengzhou 2000).
WILSON 1975C
D. R. Wilson, Photographic techniques in the air, in: D. R. Wilson (Hrsg.), Aerial Reconnaissance for Archaeology. C.B.A. Research Report 12 (London 1975) 12–31.

Kapitel 4 Auswertung zweckfremder Luftbilder

ALBERTZ/WIGGENHAGEN 2009
J. Albertz/M. Wiggenhagen, Taschenbuch zur Photogrammetrie und Fernerkundung. Guide for Photogrammetry and Remote Sensing5 (Berlin/Offenbach 2009).
ALBERTZ 2009
J. Albertz, Einführung in die Fernerkundung. Grundlagen der Interpretation von Luft- und Satellitenbildern4 (Darmstadt 2009).
BOWEN 1975
Air photography and the development of the landscape in central parts of southern England, in: D. R. Wilson (Hrsg.), Aerial Reconnaissance for Archaeology. C.B.A. Research Report 12 (London 1975) 103–118.
BRADFORD 1957
J. S. P. Bradford, Ancient Landscapes: Studies in field archaeology (London 1957).
DONEUS/BRIESE 2006
M. Doneus/C. Briese, Full-waveform airborne laser scanning as a tool for archaeological reconnaissance, in: S. & M. Forte (Hrsg.), From Space to Place. 2nd International Conference on Remote Sensing in Archaeology. Proceedings of the 2nd International Workshop, CNR, Rome, Italy, December 4–7, 2006, Campana (Oxford 2006) 99–105.
DONEUS 2013
M. Doneus, Openness as Visualization Technique for Interpretative Mapping of Airborne Lidar Derived Digital Terrain Models. Remote Sensing 5(12), 2013, 6427–6442.
HASSMANN/ORTISI/WULF 2018
H. Haßmann/H. Ortisi/S. F. Wulf, Römer vor Hannover. Das augusteische Marschlager von Wilkenburg, Berichte zur Denkmalpflege in Niedersachsen, 36. Jg. H. 4/2016, 190–193.
HAUPT 2012
P. Haupt, Landschaftsarchäologie. Eine Einführung (Darmstadt 2012).
HAUPTMANN/PINGEL 2008
A. Hauptmann/V. Pingel, Archäometrie – Methoden und Anwendungsbeispiele. (Stuttgart 2008).
HELLER 1987
E. Heller, Suche von Bodendenkmälern mittels Fernerkundung – Beispiel Rodewald – Schotenheide, Diplom-Arbeit am Institut für Photogrammetrie und Ingenieurvermessungen (Hannover 1987).
HELLER 1999
E. Heller, Luftbildarchäologie – multitemporal und multisensoral, Archäologisches Nachrichtenblatt, 1999, 223–232.
HELLER 2006
E. Heller, GoogleEarth. Ein weltweites Hilfsmittel für die Luftbildarchäologie. VDVmagazin 5/2006, 356–358.
HELLER 2007
E. Heller, Virtuelle Luftbildarchäologie im Internet. Feldblock–Finder im Vergleich mit GoogleEarth. VDVmagazin 1/2007, 18–19.
HELLER 2008
E. Heller, Flash Earth – Online – Bilddienste im direkten Vergleich. VDVmagazin 1/2008, 12–13.

Heller 2009
E. Heller, „Wir denken römisch" – Zur Selektiven Wahrnehmung in der Luftbildarchäologie – Methodik, Möglichkeiten und Problematik, VDVmagazin 1/2009, 18–22.

Heller 2010
E. Heller, Geobrowser, EarthViewer, Globenbrowser – GoogleEarth 5.0 – neue Features und mehr. VDVmagazin 2/2010, 96–98.

Heller 2012
E. Heller, Archäologische Waldinspektion durch den Blick von oben – Das Kronenwerk des Waldes als Indikator für verborgene 3D-Strukturen am Waldboden? VDVmagazin 2/2012, 116–122.

Heller 2015
E. Heller, Multisensorale Datentöpfe für die Virtuelle Archäologische Flugprospektion am Beispiel des Brandenburg-Viewer. VDVmagazin 4/2015, 308–311.

Hesse 2010
R. Hesse, LiDAR-derived Local Relief Models – a new tool for archaeological prospection [Wiley Online Library] Archaeological Prospection 17, 2010, 67–72.

Kersten 2017
T. P. Kersten (Hrsg.), Kulturelles Erbe erfassen und bewahren – Von der Dokumentation zum virtuellen Rundgang. 37. Wissenschaftlich-Technische Jahrestagung der DGPF, 8.–10 März 2017 in Würzburg. Publikationen der Deutschen Gesellschaft für Photogrammetrie, Fernerkundung und Geoinformation e.V. 26 (Hamburg 2017).

Kersten et al. 2018
T. P. Kersten et al. (Hrsg.), Photogrammetrie – Fernerkundung – Geoinformatik – Kartographie – 2018. 37. Wissenschaftlich-Technische Jahrestagung der DGPF e.V./5. Münchner GI-Rund Runder Tisch GIS e.V./66. Deutscher Kartographie Kongress der DGFK e.V. 7.–9 März 2018 in München. Publikationen der Deutschen Gesellschaft für Photogrammetrie, Fernerkundung und Geoinformation e.V. 26 (Hamburg 2017) und Geoinformatik / Leibniz Universität Hannover, Publikationen der DGPF 27 (Hamburg 2018).

Koordinierungsstelle GDI-DE (2015)
Leitfaden Geodatendienste im Internet. Bundesamt für Kartographie und Geodäsie (Frankfurt 2015).

Kraus 1996
K. Kraus, Photogrammetrie. Bd. 2 Verfeinerte Methoden und Anwendungen3 (Bonn 1996).

Kraus 2004
K. Kraus, Photogrammetrie. Bd. 1, Geometrische Information aus Photographien und Laserscanaufnahmen7 (Berlin 2004).

Löffler/Honecker/Stabel 2005
E. Löffler/U. Honecker/E. Stabel, Geographie und Fernerkundung. Eine Einführung in die geographische Interpretation von Luftbildern und modernen Fernerdkungsdaten3 (Berlin/Stuttgart 2005).

Meyer/Pfeffer/Jürgens 2017
M. F. Meyer/I. Pfeffer/C. Jürgens, Die automatisierte Auswertung von LiDAR-Daten in der Archäologie, in: T. P. Kersten (Hrsg.), Kulturelles Erbe erfassen und bewahren – Von der Dokumentation zum virtuellen Rundgang. 37. Wissenschaftlich-Technische Jahrestagung der DGPF, 8.–10 März 2017 in Würzburg. Publikationen der Deutschen Gesellschaft für Photogrammetrie, Fernerkundung und Geoinformation e.V. 26 (Hamburg 2017) 216–222.

Meyer/Pfeffer/Jürgens 2018
Methoden zur automatisierten Suche von Bodendenkmälern in LiDAR-Daten – neues aus Westfalen, in: T. P. Kersten et al. (Hrsg.), Photogrammetrie – Fernerkundung – Geoinformatik – Kartographie – 2018. 37. Wissenschaftlich-Technische Jahrestagung der DGPF e.V./5. Münchner GI-Rund Runder Tisch GIS e.V./66. Deutscher Kartographie Kongress der DGFK e.V. 7.–9 März 2018 in München. Publikationen der Deutschen Gesellschaft für Photogrammetrie, Fernerkundung und Geoinformation e.V. 26 (Hamburg 2017) und Geoinformatik / Leibniz Universität Hannover, Publikationen der DGPF 27 (Hamburg 2018) 508–520.

Palafox 2016
L. F. Palafox et al.: Automated detection of geological landforms on Mars using Convolutional Neural Networks. – Research Paper, University of Arizona, USA (Arizona 2016).

Politz/Kazimi/Sester/2018
F. Politz/ B. Kazimi/M. Sester, Classifikation of Laser Scanning Data Using Deep Learning, in: T. P. Kersten et al. (Hrsg.), Photogrammetrie – Fernerkundung – Geoinformatik – Kartographie – 2018. 37. Wissenschaftlich-Technische Jahrestagung der DGPF e.V. 5. Münchner GI-Rund Runder Tisch GIS e.V. 66. Deutscher Kartographie Kongress der DGFK e.V. 7.–9 März 2018 in München. Publikationen der Deutschen Gesellschaft für Photogrammetrie, Fernerkundung und Geoinformation e.V. 26 (Hamburg 2017) und Geoinformatik / Leibniz Universität Hannover, Publikationen der DGPF 27 (Hamburg 2018) 597–610.

Schulz 2015
Th. Schulz, Der Planeten-Scanner. DER SPIEGEL 5/2015, 76–78.

Sester/Brenner/Thiemann/Kazimi 2018
M. Sester/C. Brenner/F. Thiemann/B. Kazimi, Analyse von Laserscannerdaten zur Identifikation von Objekten und Geländestrukturen, Arbeitshefte zur Denkmalpflege in Niedersachsen 48. Denkmalpflege als kulturelle Praxis. Zwischen Wirklichkeit und Anspruch. Dokumentation VDL-Jahrestagung, Oldenburg 2017 CW (Hameln 2018).

Sevara et al. 2016
C. Sevara et al., Pixel versus object – A comparison of strategies for the semi-automated mapping of archaeological features using airborne laser scanning data. Journal of Archaeological Science, Reports 5, 2016, 485–498.

Song 1995
B. Song, Archäologische Luftbildauswertung in China, in: J. Kunow (Hrsg.), Luftbildarchäologie in Ost- und Mitteleuropa/Aerial Archaeology in Eastern and Central Europa. Internationales Symposium 26.–30. September 1994, Kleinmachnow, Land Brandenburg. Forsch. Arch. Land Brandenburg 3 (Potsdam 1995) 295–303.

Song 2000
B. Song, Luftbildarchäologie in China. Das Altertum, 2000, Vol. 46, 9–30.

Song 2008
B. Song, Luftbildarchäologie – Methoden und Anwendungen, in: A. Hauptmann/V. Pingel, Archäologie. Methoden und Anwendungsbeispiele (Stuttgart 2008) 203–220.

Whimster 1989
R. P. Whimster, The Emerging Past. Air Photography and the Buried Landscape (London 1989).

Kapitel 5 3D-Technik

BEWLEY/CRUTCHLEY/SHELL 2005
R. H. Bewley/S. P. Crutchley/C. A. Shell, New light on an ancient landscape: lidar survey in the stonehenge World Heritage Site, Antiquity 79, 2005, 636–647.

DEVEREUX/AMABLE/CROW/CLIFF 2005
B. J. Devereux/G. S. Amable/P. Crow/A. D. Cliff, the potential of airborne lidar for detection of archaeological features under woodland canopies, Antiquity 79, 2005, 648–660.

HELLER 2014
E. Heller, Airborne-Laserscanning für die Archäologie – Mikrotopographische Reliefstrukturen werden erkennbar. VDVmagazin 2/2014, 120–124.

HELLER 2018
E. Heller, Römische Spuren von oben – per Luftbild und Airborne Laser Scanner, in: R. Lehmann/K. Hagemann/H. Haßmann (Hrsg.), Von Drusus bis Maximinus Thrax – Römer in Norddeutschland. Festschrift zum achtzigsten Geburtstag von Wilhelm Dräger. Schriftenreihe des Freundeskreises für Archäologie in Niedersachsen e.V. (Hannover 2018) 272–279.

POMASKA 2016
G. Pomaska, Bildbasierte 3D-Modellierung. Vom digitalen Bild bis zum 3D-Druck (Berlin/Offenbach 2016).

POSLUSCHNY/LAMBERS/HERZOG 2008
A. Posluschny/K. Lambers/I. Herzog (Hrsg.), Layers of Perception. Proceedings of the 35th International Conference on Computer Applications and Quantitative Methods in Archaeology (CAA), Berlin, Germany, April 2–6, 2007. Kolloquien zur Vor- und Frühgeschichte 10 (Bonn 2008), 3D Modelling and Visualisation, 108–145.

PRZYBILLA/GRÜNKEMEIER 2009
H.-J. Przybilla/A. Grünkemeier, Denkmäler3.de – Industriearchäologie. Tagungsband des interdisziplinären Kolloquiums von 5.–7. November 2008 in Essen, Zollverein Scholl (Aachen 2009).

PRZYBILLA/KERSTEN/BOOCHS 2015
H.-J. Przybilla/T. P. Kersten/F. Boochs (Hrsg.), Denkmäler3.de. Von low-cost bis high-tech. 3D-Dokumentation in Archäologie & Denkmalpflege. LWL Industriemuseum Zeche Zollern Dortmund 16.–18. Oktober 2013 (Bochum/Hamburg/Mainz 2015) [online publication].

SCHAICH 2014
M. Schaich, Mit luft- und bodengestützten digitalen Fotoserien zum hochwertigen archäologischen 3D-Modell, in: L. Husty/W. Irlinger/J. Pechtl, *„und es hat doch was gebracht"*. Festschrift für Karl Schmotz. Studia honoraria 35 (Rahden/Westf 2014) 485–495.

SITTLER 2004
B. Sittler, Revealing historical landscapes by using airborne laser scanning. A 3-d model of ridge and furrow in forests near rastatt (Germany), in: Laser-scanners for forest and landscape assessment, international archives of photogrammetry, remote sensing and spatial information sciences, Vol. 36, Part 8/W2, 2004, 258–261.

Kapitel 6 Archäologisches Informationssystem (AIS)

BILL 1999A
R. Bill, Grundlagen der Geo-Informationssysteme.
Bd. 1: Hardware, Software und Daten4 (Heidelberg 1999).

BILL 1999B
R. Bill, Grundlagen der Geo-Informationssysteme.
Bd. 2: Analysen, Anwendungen und neue Entwicklung2 (Heidelberg 1999).

CONOLLY/LAKE 2006
J. Conolly/M. Lake, Geographical Information Systems in Archaeology. Cambridge Manuals in Archaeology (Cambridge 2006).

DE LANGE 2013
N. De Lange, Geoinformatik in Theorie und Praxis3 (Berlin/Heidelberg 2013).

DONEUS 2013
M. Doneus, Die hinterlassene Landschaft – Prospektion und Interpretation in der Landschaftsarchäologie. Mitteilungen der Prähistorischen Kommission 78 (Wien 2013).

ENTER THE PAST 2004
[Enter the Past] The E-Way into the Four Dimensions of Cultural Heritage. CAA 2003. Computer Applications and Quantitative Methods in Archaeology. Proceedings of the 31st Conference, Vienna, Austria, April 2003. BAR International Seires 1227 (Oxford 2004).

HARZER
B. Harzer (Hrsg.), GIS Report 2017/18, Software, Daten, Firmen (Karlsruhe 2017).

HELLER 1997
E. Heller, Digitale Geländemodelle aus der Archäologie – Zeitschrift für Photogrammetrie und Fernerkundung 3/1997, 86–91.

HELLER 1998
E. Heller, Digitale Luftbildarchäologie – Bildverarbeitung und Präsentationsformen. Archäologisches Nachrichtenblatt 3/1998, 6–12.

HELLER 1998
E. Heller, 3D-Visualisierungen von digitalen Bilddaten, Microsoft Office Journal 4/1998, 59–61.

HELLER 1999
E. Heller, Mapping Archaeological Features – GIM International 1999, 60–61.

HELLER 2004
E. Heller, Spatial Visualisations of Aerial-Archaeological Marks. Aerial Archaeology Research Group News 28, 2004, 40–43.

HERZOG/SIEGMUND 1991
I. Herzog/F. Siegmund, Clusteranalyse räumlicher Daten mit Hilfe der gemeinsamen-Nachbarschafts-Gruppierung (GN-Gruppierung). Prähist. Zeitschr. 66, 1991, 219–234.

KAPPAS 2012
M. Kappas, Geographische Informationssysteme2 (Braunschweig 2012).

KOLBE/BILL/DONAUBAUER 2016
T. Kolbe/R. Bill/A. Donaubauer (Hrsg.), Geoinformationssysteme 2016 (Berlin/Offenbach 2016).

LANG/BLASCHKE 2007
St. Lang/Th. Blaschke, Landschaftsanalyse mit GIS (Stuttgart 2007).

LOCK/STANČIČ 1995
G. Lock/Z. Stančič (Hrsg.), Archaeology and Geographical Information Systems: An European Perspective (London 1995).

LÜNING 1997
J. Lüning, Landschaftsarchäologie in Deutschland – Ein Programm. Arch. Nachrbl. 2, 1997, 277–285.

MATTINGLY/VAN DALEN 1999
D. Mattingly/J. Van Dalen (Hrsg.), Geographical Information Systems and Landscape Archaeology (Oxford 1999).

POSLUSCHNY 2002
A. Posluschny, Die hallstattzeitliche Besiedlung im Maindreieck. GIS – gestützte Fundstellenanalysen. British Archaeological Reports, International Series 1077 (Oxoford 2002).

SAILE 1997
Th. Saile, Landschaftsarchäologie in der nördlichen Wetterau (Hessen): Umfeldanalysen mit einem geographischen Informationssystem (GIS). Arch. Korrbl. 27, 1997, 221–232.

SCHUPPERT 2013
Ch. Schuppert, GIS-gestützte historisch-geographische Untersuchungen frühkeltischer Fürstensitze in Südwestdeutschland. Forschungen und Berichte zur Vor- und Frühgeschichte in Baden-Württemberg 126 (Darmstadt 2013).

WHEATLEY/GILLINGS 2002
D. Wheatley/M. Gillings, Spatial Technology and Archaeology. The archaeological applications of GIS (London/New York 2002).

WILBERTZ 2004
O. M. Wilbertz/T. H. Gohlisch, Landesweit im Einsatz: ADABweb – das Denkmal – Informationssystem mit GIS-Funktionalität. Archäologische Informationen 27/2, 2004, 251–255.

WINGHART 2013
St. Winghart, Archäologie und Informationssysteme. Arbeitshefte zur Denkmalpflege in Niedersachsen 42, 2013.